The Cost of Discipleship

The Cost of Discipleship
Korean Edition ⓒ 2021 by Precept Korea
91, Sadang-ro 2ga-gil, Dongjak-ku, Seoul, Korea

PRECEPT CLASSIC ⑬

현대인을 위한
제자도의 대가

디트리히 본회퍼 지음 | 최예자 · 백요한 옮김

묵상하는사람들
프리셉트

| 차례 |

발간사

머리말

회고의 글

서문

1부 은혜와 제자도
1장 값비싼 은혜	52
2장 제자도에 대한 소명	73
3장 무조건적인 순종	106
4장 제자도와 십자가	117
5장 제자도와 홀로서기	129

2부 제자로서의 사도들

6장 추수할 일꾼들	144
7장 사도들	148
8장 사역	151
9장 사도들의 고난	160
10장 결단	166
11장 열매	170

3부 예수 그리스도의 교회와 제자도의 삶

12장 궁금한 사항들	174
13장 세례	180
14장 그리스도의 몸	190
15장 보이는 공동체	208
16장 성도들	242
17장 그리스도의 형상	274

디트리히 본회퍼 연대표

발간사

저자 본회퍼는 1906년 2월 4일 독일 브레슬라우에서 출생하여 1945년 4월 9일 플로센뷔르크에 있는 수용소에서 사형당함으로 생을 마감하였습니다. 그는 독일의 대다수의 교단과 목회자들이 히틀러와 나치스를 추종할 때, 그리스도의 제자로서 순교를 각오하고 히틀러 제거 운동에 은밀히 가담했다가 사전에 발각되어 처형당한 것입니다.

1934년 3월에 히틀러를 지지했던 독일 제국교회의 주교 루드비히 뮐러Ludwig Muller는 알트프로이센Altpreu ßen에 있는 목사 양성 훈련소를 모두 폐쇄하였습니다. 이에 독일 제국교회에 저항하던 목회자들은 별도의 고백교회를 형성하고 고백교회 목회 후보생들을 양성하는 '고백교회 목사 양성소'의 소장을 맡아 줄 것을 본회퍼에게 요청하였습니다. 본회퍼는 이를 수락하여 다섯 번에 걸쳐서 '그리스도의 제자도'라는 주제로 강연을 하였고, 이는 청중들에게 숨 막힐 정도로 놀라운 충격과 감동을 주었습니다. 본회퍼는 성경 전체가 '제자도'의 본을 보여 주신 주님 한 분을 선포하고 있다고 확신하였습니다.

1937년 초판이 출판된 이후로 이 책은 본회퍼의 책으로서는 『성도의 공동생활』 다음으로 가장 많이 팔린 책입니다. 우리나라에서는 『나를 따르라』는 제목으로 여러 출판사에서 출판되었으나 프리셉트에서는 독일 원서의 제목이 시사하는 원래의 의미를 존중하고 이 책이 전체적으로 다루고 있는 내용을 고려하여 『제자도의 대가』로 제목을 정하게 되었습니다.

국내에서 지금까지 발간된 『나를 따르라』는 책들은 복잡한 내용을 직역한 자료들이 대다수여서 책 내용을 이해하기가 대단히 난해한 점을 특별히 고려하여, 이 책에서는 원문의 의미를 최대한 살리되 한글로서 이해하기 쉽도록 윤문화하는 데 최선을 다하였습니다. 이를 위하여 초고를 번역한 최예자 님의 작품을 백요한 님이 심혈을 기울여 감수하는 작업을 진행하였습니다. 이에 두 분에게 전심을 다하여 수고해 주심에 심심한 감사를 표합니다.

지금까지 산상수훈에 대해서는 한국 교계에 여러 작품들이 다수 발간되었습니다[예: 마틴 로이드 존스 산상설교(베드로서원), 하늘의 음성(프리셉트) 등]. 따라서 이 책에서는 산상수훈의 내용을 싣지 아니하고 그리스도인들이 참된 제자의 삶을 살 때 어떤 대가를 치르는가에 대해서 그리고 제자도를 실천하는 삶이 무엇인가에 대해서 집중하도록 편제하였습니다. 특별히 이 책은 21세기를 사는 한국의 그리스도인들에게 특별히 중요한 시사점을 제시하는 책이라 아니할 수 없습니다.

첫째로 한국 교회는 급작스레 코로나19의 강타를 맞으면서 참된 예배의 정신과 순교자적 영성을 상당히 상실한 면이 없지 아니합니다. 국가의 총리는 2020년 9월 교회발 코로나 확진자가 50%에 달한다고 발표하였고, 도하都下 모든 언론은 이를 대서특필하였습니다. 국가는 코로나 4단계일 때 대면 예배를 일절 중지한다고 공표함으로 마치 공산주의 국가나 사회주의 국가가 예배를 폐쇄하듯이 쉽게 대면 예배를 금지하였습니다.

그런데 질병관리본부는 2021년 2월 교회의 예배를 통해서는 코로나19의 전염이 거의 없었다고 발표하였고, 2021년 8월 교회발 코로나19 전염은 1.8%에 불과했다고 발표를 하였습니다.

허위 정보에 기초하여 교회당의 현장 예배가 봉쇄됨으로 한국 교회 성도들은 현장 예배의 역동성과 성령충만을 많이 잃어버리게 되었습니다. 이런 시대를 관통하면서 우리는 참된 그리스도의 제자로서 어떤 대가를 치르며 살아야 하는지 심사숙고할 때가 되었습니다.

둘째로 한국 교회는 오늘의 시대에 신자유주의의 역기능과 부패한 자본주의의 병폐에 깊이 물든 모습을 보여 주고 있습니다. 현대의 한국인들은 어린 시절부터 배타적 경쟁에 익숙하고 돈을 숭배하며 무조건 큰 것을 숭배하는 배금주의拜金主義와 물신주의物神主義에 매몰埋沒되어 있습니다. 교회도 이 같은 사회적 사조에 깊이 물들어서 예수님을 전적으로 따르는 제자도의 실천이 형해화形骸化되어 버린 실정입니다.

셋째로 한국 교회는 오늘날 이론만 무성하고 실천적 의지를 상실한 모양새를 보여 주고 있으며, 이는 마치 잎만 무성하고 열매가 없는 무화과나무의 형체를 보여 주고 있다고 아니할 수 없습니다.

이 책은 이 모든 역기능을 부수어 버리고 녹여 버리는 불타는 용광

로와 같은 책입니다. 그렇다고 누워서 술술 넘기며 읽을 수 있는 책이 아닙니다. 하루에 한 장씩 곱씹으며 찬찬히 읽고 또 읽고 묵상하고 또 묵상하며 읽을 만한 가치가 있는 책입니다. 따라서 소그룹이 함께 매주 한 장씩 읽고 와서 토의할 때 진미를 느낄 수 있는 책입니다. 또한 한 공동체에 속한 성도 전체가 한 장씩 매일 읽고 나눔을 가질 때 더욱 진가를 발휘하는 책입니다.

이 책이 독자 여러분의 영성을 더욱 밝혀 주는 등불이 되기를 축원합니다.

김경섭 목사
프리셉트성경연구원장
죽전 · 광교 안디옥교회 담임목사

머리말

"그리스도께서 사람을 부르실 때, 그리스도인들은 그리스도 당신에게로 와서 죽으라고 명하신다"고 디트리히 본회퍼는 말한다. 사실 죽음의 의미를 다양하게 해석할 수 있겠지만 '와서 죽으라'는 이 말에 제자도의 본질이 들어 있으며, 이 책은 그 제자도에 따르는 희생을 심도 있게 논하고 있다. 본회퍼는 죽기 전에 수차례 고난을 겪었다. 그는 히틀러 숭배를 반대한 가장 용감한 증인들 속에 포함되었을 뿐만 아니라 그중에서도 단연코 으뜸이었다. 그가 히틀러를 향해서 저항을 선택하였을 때, 그는 본인의 선택이 무엇을 의미하는가를 충분히 인식하고 있었다.

악의 통치가 시작될 즈음, 나는 런던에서 그를 만나게 되었다. 그와 친밀하게 교제하면서 나는 누구보다 더욱 그를 통해서 독재자 히틀러에게 저항해야 하는 싸움의 진상을 확실히 알게 되었다. 그는 독일 회중會衆을 위한 사역을 충실히 감당하고 있었다. 그가 얼마나 충직하게 사역을 감당해 왔는가에 대해서는 한 치의 의문도 없었다. 그러나 영국에서 목회하는 동안, 그는 자신의 동포들 외에도 많은 이들을 가르쳤다. 그의 확신은 수정처럼 맑고 선명하였다. 젊은 나이에도 불구하고 겸손한 사람이었고, 그는 정황을 꿰뚫어 보는 시야를 가졌으며 그것을 어떤 두려움도 없이 당당하게 전달하였다.

1942년 그는 나치 저항단체에서 파견한 밀사密使 자격으로 스톡홀름에 있는 나를 만나러 왔는데, 당시 나로서는 전혀 예상하지 못한 일이었다. 그는 이전과 같이 자기의 역할에 대해서 한 점의 거리낌도 없었고 자신의 안전 따위는 전혀 개의치 않았다. 반면에 자신이 사랑하는 조국에 대해서 느끼는 수치심 때문에 무척이나 상심한 상태였다.

어디를 가든지, 누구와 함께 있든지 간에 그는 위축되는 법이 없었다. 상대가 학생이든, 동년배나 연장자이든 간에 누구 앞에서도 움츠러들지 않았다. 그는 자기 몸의 안전에 관한 문제에는 초연하였고, 오로지 친구들과 자신의 가정, 하나님께서 뜻하신 조국의 미래와 자신이 섬기는 교회, 그리고 주님께 전적으로 헌신하고 있었다.

『제자도의 대가』The Cost of Discipleship의 최신판에 '제자도'Nachfolge의 전체 내용이 수록되어 있어 아주 기쁘다. 이 책은 사람들에게 이 젊은 독일 목회자의 가슴속에 어떤 불꽃이 타오르고 있었는지 알려 줄 것이다. 또한 전 세계의 그리스도인들에게 제자가 되기 위해서 치러야 하는 대가가 무엇인지를 분명하게 보여 줄 것이다.

영국 치체스터의 주교 조지 벨G. K. A. BELL, late Bishop of Chichester

회고의 글

1

디트리히 본회퍼는 1906년 2월 4일에 브레슬라우에서 태어났다. 그의 아버지는 대학교수로서 정신 의학과 신경학에 탁월한 대가였다. 그의 부친 쪽 혈통을 살펴보면 신학자, 교수, 법률가, 예술가들을 많이 만나게 된다. 또 그의 몸속에는 귀족의 피도 흐르고 있었는데 이것은 외가 쪽으로부터 물려받은 것이었다.

양친은 성품이나 안목, 이 두 가지 면에서 대단히 비범한 분들이었다. 그들은 명석한 판단력에 교양을 더하였으며, 삶의 중요한 가치에 관해서 타협을 허용하지 않았다. 그는 아버지로부터 선량함과 공평함, 자제력과 재능을 이어받았다. 한편 인간에 대한 놀라운 통찰력과 동정심, 압제당하는 자들의 복지에 대한 헌신과 흔들리지 않는 굳건함은 외가로부터 나온 성품이었다.

그에게는 세 명의 형제와 쌍둥이 누이 그리고 다른 세 명의 누이들이 있었다. 양친은 자녀들을 브레슬라우에서 양육하다가 1912년부터는 베를린에서 키웠다. 기독교적 가풍에서 자란 본회퍼에게는 인간을 사랑하고 자유를 존중하는 이런 분위기가 숨 쉬듯 자연스러운 것이었다. 디트리히 본회퍼의 삶을 처음부터 결정지은 것 역시 이런 가정 배경이었다.

본회퍼는 삶을 아름답게 만드는 모든 것에 대해서 누구 못지않게 열린 마음을 가지고 있었다. 그는 양친과 형제자매, 약혼자 및 많은 친구로부터 사랑받았다. 그는 인간의 삶 가운데서 가장 위대하면서도 가장 단순한 것들, 즉 산과 꽃 그리고 동물들을 사랑하였다. 친절함과 몸에 밴 정중함, 음악·예술·문학에 대한 사랑, 기품 있는 성격, 인간적인 매력과 다른 사람들의 말을 경청할 줄 아는 그의 성품 때문에 어디를 가든 친구들이 따랐다.

하지만 그를 가장 돋보이게 했던 것은 자신을 희생하면서까지 다른 사람들을 돕고자 하는 이타성과 기꺼이 실행하는 마음이었다. 특별한 용기가 필요한 일이라서 누구도 쉽사리 덤벼들지 못하는 일이라도 본회퍼는 몸을 사리지 않았다.

신학적 사조는 그의 몸속에 흐르고 있었다. 본회퍼의 외할아버지 폰 하세von Hase는 황제를 섬기는 궁정 목사chaplain였는데, 황제와 정치적 견해를 달리해서 황제의 심기를 불편하게 한 적이 있었다. 황제가 예배 참석을 중단하자 결국 하세는 사직을 권고받았다. 본회퍼의 증조부 칼 폰 하세Carl von Hase는 19세기 독일에서 가장 저명한 교회 역사가였는데, 그의 자서전을 보면 1830년 바이마르에서 그가 괴테Goethe를 만난 사실을 알 수 있다. 그리고 그 또한 디트리히 본회퍼의 친할아버지와 마찬가지로 그 당시 체제에 반하는 자유주의적 견해 때문에, 1825년에 하이 아스페르크High Asperg 요새에 감금되었다. 본회퍼의 친할아버지 쪽은 1450년 이후로 위템베르그에서 살고 있던 오래된 스와비언Swabian가의 혈통에 속해 있었다. 이 가문 역시 선조 대에서부터 적지 않은 신학자들을 배출하였다.

  이 같은 가문의 전통은 디트리히 본회퍼가 14세라는 어린 나이에 신학을 연구하기로 결심을 굳힌 이유에 대한 설명이 될 수 있을 것이다. 17세에 그는 튀빙겐 대학에 들어갔다. 1년 후 그는 베를린 대학에서 교육과정을 이수하면서 아돌프 폰 하르낙Adolf von Harnack, 세베르크R. Seeberg, 리에츠만Lietzmann과 그 밖의 인물들 밑에서 수학하였다. 얼마 지나지 않아 하르낙은 그의 인물됨과 재능을 높이 평가하였다. 후에 그는 한 번도 강의를 듣거나 수학해 본 적이 없는 칼 바르트 신학의 영향을 받게 되는데 그 흔적이 첫 작품인 '상토룸 코뮤니오'Sanctorum Communio(교회 사회학에 관한 신학적 연구이다. —역자 주)에서 묻어난다.

  1928년에 그는 바르셀로나에서 1년간 강사 생활을 하다가 1930년 24세의 나이로 베를린 대학의 조직 신학 강사가 되었다. 그가 본격적으로 학자의 길을 걷기 전에 뉴욕에 있는 유니온 신학교Union Theological Seminary에서 수학했는데, 그 학교에서 '신학적으로 예리한 두뇌를 가진 명석한 젊은이'라고 인정을 받았다. 그는 자신의 저서들을 통해서 신학계에서 확고한 평판을 다지게 되었다. 특히 그의 사후에, 그에 대해 새로운 시각에서 깊은 의미를 전해 준 『제자도』Nachfolge라는 저서가 처음으로 모습을 드러냈을 때 당시 전 세계의 신학자들은 충격에 가까운 감동을 받았다. 그 외에도, 감옥에서 집필한 『윤리학』Ethics을 포함한 그의 다른 저서 몇 권이 영어로 출간되어 있고 기타 저서들도 머지않아 모습을 드러낼 것이다.

그 과정을 통해서 신학계에서 학자로서 명성을 쌓아갈 탄탄대로가 그 앞에 펼쳐졌다. 그가 이루어 놓은 업적과 이후로도 이룰 것으로 예상된 업적에 비추어 보면, 그의 죽음은 엄청난 비극이 아닐 수 없다. 그러나 그의 죽음으로 말미암아 야기된 손실을 세상적인 기준으로 평가할 수는 없다고 본다. 왜냐하면 하나님은 그리스도인이 감당할 수 있는 가장 고귀한 임무를 수행하도록 그를 선택하셨기 때문이다. 그는 순교자가 되었다. 본회퍼는 옥중에서 다음과 같은 글을 썼다. "네가 너를 위하여 큰 일을 찾느냐 그것을 찾지 말라 보라 내가 모든 육체에 재난을 내리리라 그러나 네가 가는 모든 곳에서는 내가 너에게 네 생명을 노략물 주듯 하리라"렘 45:5上. 그러면서 그는 이렇게 기록하였다. "나는 예레미야 45장의 말씀으로부터 도망칠 수 없다."

2

디트리히 본회퍼는 위대한 현실주의자였다. 그는 히틀러가 권좌에 오르기도 전에, 히틀러가 주장하는 '국가 사회주의National Socialism가 하나님 없이 인간의 힘으로만 역사를 만들어 가려는 무자비한 시도임'을 민첩하게 파악한 극소수 인물 중의 한 사람이었다. 그래서 1933년 히틀러가 권력을 장악하게 되자 그는 대학교수라는 직업이 더는 의미가 없다고 판단하여 그 길을 포기해 버렸다. 그렇지만 1936년까지도 대학 측에서는 그를 면직시키지 않아서 1935년에서 이듬해까지, 여름과 겨울 학기에도 강의를 하였다. 1933년 2월 말경에 있었던 라디오 방송을 통해서, 한 정치 조직이 나라를 극도로 잘못된 길로 이끌어 가고 있으며, 총통Fuhrer을 우상과 신으로 만들었다고 통렬하게 비판하였다. 독일 교회가 히틀러 정권에 대한 투쟁을 시작한 지 6개월 후인 1933년 10월, 그는 베를린을 떠나 런던으로 가기로 작정하였다. 거기서 그는 두 곳에서 사역하면서 자신의 영국인 친구들, 그중에서도 특별히 치체스터Chichester 주교에게 '독일 교회가 히틀러 정권에 대항해 벌이고 있는 투쟁'의 참된 의미를 이해시키고자 모든 노력을 기울였다.

본회퍼는 세계와 교회들이 자성하고 자각해 가는 30년대의 상황에서, 더 이상 낡은 교리와 신조에 매달려서는 교회적으로 유익이 없다는 사실을 재빨리 간파하였다. 그가 보기에 에큐메니칼(교회 연합을 말한다. -역자 주) 운동이 그리스도의 몸을 이루고 있는 다양한 지체들을 재규합할 수 있는 유일한 길을 제공하는 듯 보였다.

이런 관점에서 보면, 성경의 메시지를 새로이 듣고 전체 교회라는 맥락에서 자신들의 사상을 정립시켜야 한다는 것이 개個 교회의 임무라고 생각한 본회퍼의 마음을 이해할 수 있다. 따라서 본회퍼가 에큐메니칼 운동에서 혁혁한 역할을 감당하게 된 것도 자연스러운 결과였다. 그리고 독일의 대학이나 신학교에서 그 어떤 교수들보다도 더 활발하게 '비非 루터파' 교회들의 삶, 역사 및 발전에 친숙해지도록 독일 학생들을 움직인 사람도 바로 그였다는 사실 역시 당연하다고 본다.

이미 고백교회Confessional Church의 리더로서 활동하고 있던 본회퍼는 1935년에 독일로 돌아왔다. 그는 포메라니아Pomerania로 가서 처음에는 발틱Baltic에 있는 조그마한 반도에서, 나중에는 슈테틴Stettin 근처의 핑켄발데Finkenwalde에서 히틀러 정권이 보기에는 불법적인 '목회자 훈련학교'를 지도하였다. 이 대학은 기존의 어떤 모델을 본 따 설립된 것도 아니었고, 은둔생활을 하는 고행자들을 모아 놓은 수도회도 아니었다. 그렇다고 해서 '훈련대학'Training College이라는 명칭에서 일상적으로 느낄 수 있는 그런 의미의 훈련학교도 아니었다. 디트리히 본회퍼가 여러 소책자에서 설명하고 있듯이, 여기서 시도했던 바는 그리스도인의 '공동체적 삶'community life이었다.

독일 전역에서 모여든 젊은 목회자들은 당대에 가장 절실히 필요한 것을 이곳에서 깨우쳐 나갔다. 즉, 20세기를 맞이하여 주님께 전적으로 헌신한 형제들이 진정한 형제애의 공동체에서 어떻게 서로 사랑하며 살아갈 수 있는지, 또한 어떻게 하면 그런 삶이 자연스럽고도 자유로이 배양될 수 있는지를 배워 나갔다. 1940년이 되자 마침내 그 학교도 게쉬타포Gestapo(히틀러 정권의 비밀경찰을 말한다. —역자 주)에 의해 폐쇄되었다.

전쟁이 불가피해지자, 침략 전쟁에서 군복무를 한다는 것은 본회퍼에게 타협할 수 없는 일이었기에, 해외에 있던 그의 친구들은 그가 독일을 떠나 목숨을 보전하기를 원하였다. 1934년 덴마크 파노에서 열린 에큐메니칼 회의에서 한 스웨덴 사람으로부터 전쟁이 터지면 어떻게 할 것이냐는 질문을 받자, 본회퍼는 "무기를 들지 않을 힘을 달라고 그리스도께 기도할 것입니다"라고 대답하였다.

1939년 6월, 미국인 친구들이 그를 독일에서 탈출하도록 도왔다. 하지만 얼마 못 가 그는 그곳에 그대로 주저앉아 있을 것이 아니라 고국으로 돌아가야만 한다는 마음을 굳히게 되었다. 귀국하던 차에 영국에 들른 그를 만나본 친구들은, 그의 마음이 독일에서 억압과 박해를 받는 동료 그리스도인들에게 쏠려 있었으며 그를 가장 필요로 하는 때에 그들을 저버리지 않으리라는 것을 한눈에 알 수 있었다.

본회퍼가 그런 결정을 내린 의사결정과정reasoning은, 라인홀드 니버Reinhold Niebuhr의 말처럼 '순교를 각오하는 그리스도인의 가장 훌륭한 논리'에 속한다. 미국을 떠나기 전 본회퍼는 니버에게 이런 글을 보냈다. "만일 내가 이 시련의 때를 내 동포들과 함께 나누지 않는다면, 전쟁이 끝난 후 독일에서 그리스도인의 삶을 재건하는 일이 일어날 때, 그 일에 참여할 어떤 권리도 나에게 주어지지 않을 것입니다. 독일에 있는 그리스도인들은 기독교 문화가 살아남도록 조국의 패망을 원하든지, 아니면 조국이 승리를 해서 우리의 문화가 풍비박산風飛雹散되도록 할 것인지 양자택일해야 하는 끔찍한 상황에 직면하게 될 것입니다. 나는 어느 것을 택해야 하는지 잘 알고 있습니다. 하지만 이런 선택에서 몸을 사릴 수는 없습니다."

수년 후, 그가 옥중에서 쓴 글을 보아도 디트리히 본회퍼는 자신의 결정을 후회하지 않았다. "나는 하나님의 손길과 그분의 인도하심을 확신합니다. 내가 주님의 인도를 받아서 가는 그 길을 감사하고 기뻐한다는 사실에 대해서 염려를 그치기 바랍니다. 지난간 삶을 돌이켜 보니 하나님의 풍성하신 자비가 넘쳐흘렀습니다. 나의 온갖 죄에도 불구하고 십자가에 못 박히신 주님의 용서하시는 사랑을 누리고 있다는 사실은 지금도 변함이 없습니다."

전쟁이 발발했을 때 독일에 있던 그의 친구들은 그가 군복무의 시련을 면할 수 있도록 손을 써 주었다. 그 결과 그는 고백교회를 위해 계속 사역을 해 나갈 수 있었고, 그것이 연결고리가 되어 전쟁을 통해서 기회를 얻게 된 정치적 지하운동을 위한 몇 가지 활동을 이어 갈 수 있었다. 인품이나 전반적인 가치관, 이 두 가지 면에서 모두 자격을 갖춘 본회퍼는 얼마 지나지 않아, 독일에서 점점 규모가 커지고 있던 저항 세력에게 영적인 영향력을 미칠 수 있는 소수의 사람 중 한 사람으로 속하게 되었다.

본회퍼는(누이 크리스텔Christel과 매형 한스 폰 도흐나니Hans von Dohnanyi와 함께) 1943년 4월 5일 부모님의 저택에서 게쉬타포에 의해 체포되었다. 본회퍼는 감옥과 강제 노동 수용소에서 그와 교제를 나눈 모든 사람에게 굽힐 줄 모르는 용기, 이타심, 선한 양심을 보여 줌으로 엄청난 감동을 주었다. 심지어 그는 자기를 지키고 있던 간수들에게 존경을 살 정도로 감화를 끼쳤다. 그중에서 몇몇은 그의 문서와 작품들을 감옥 밖으로 실어 내 보존할 정도로 그를 소중하게 여겼으며, 감옥의 뜰을 산책한 본회퍼를 다시 가두기 위해서 감옥 문을 잠가야만 할 때, 간수들은 자신들의 행위를 송구스럽게 여겼다.

옥살이하는 동안, 그의 유일한 관심사는 병자들과 동료 죄수들을 돌볼 수 있도록 간수들에게 허락을 구하는 것이었다. 근심하는 자들과 눌린 자들을 위로하는 그의 능력은 탁월하였다. 특히 그들이 그들 생애의 마지막 시간을 보내는 동안, 본회퍼의 말과 신앙적인 도움이 동료 죄수들(뷔켄발트에서 본회퍼와 함께 투옥되어 그리스도의 교훈을 깊이 깨닫게 된 몰로토프Molotov의 조카 코코린Kokorin에게도)에게 의미하는 바가 어떤 것이었는지를 우리는 익히 알고 있다.

1943년과 1944년, 군사 법정에 의해 매주 10-20명이 사형선고를 받는 정치 재판이 열린 시기에, 본회퍼는 죄수들에게 실제적인 도움을 베풀었으며, 이는 테겔 구치소에 있던 죄수들에게 어떤 의미를 주었는지를 우리는 잘 안다. 이들 중 지하운동이나 공작원으로 활동하다 붙잡힌 몇몇은 본회퍼에 의해(그리고 성부와 위로자인 성령에 의해서) 영원한 사망으로부터 구원을 받았는데, 그중에는 영국 군인도 있었다.

감옥에서 함께 지낸 동료들은 가장 끔찍한 상황에서조차 그가 보여준 고요함과 자제심으로 인해 깊은 감동을 받았다는 소리를 들은 적이 있다. 한 예로 베를린 폭격이 최고조에 달했을 때 폭음이 들리면 동료 죄수들의 고함이 이어졌는데, 그들은 안전한 지하 벙커로 이송해 달라는 고함과 함께 잠겨 있는 감옥 문을 두 주먹으로 두들겨 대곤 하였다. 그런 아수라장 속에서도 본회퍼는 사람들 앞에 거인처럼 묵묵히 서 있었다고 한다.

그러나 이것은 그림의 한 면일 뿐이다. 다른 쪽에는 이 세상에 살고 이 세상을 사랑한 보통 사람인 본회퍼의 모습이 담겨 있다. 그는 사람들 앞에서는 거인이었으나 하나님 앞에서는 어린아이였다. 육신을 입고 사는 동안 육과 영, 아담과 그리스도 사이의 싸움이 그 안에서 계속 진행되고 있었다. 때로 그는 자신에게조차 풀리지 않는 수수께끼처럼 보이기도 하였다. 어느 날 그는 감옥에서 다음과 같은 제목으로 영혼 깊이 고뇌하는 갈등을 감동적인 필치로 그려 놓았다.

난 누구일까[1]

---

[1] 라이쉬만(J. B. Leishman)이 번역하였다.

난 누구일까?
사람들이 종종 날 두고 말하길
조용하고도 활기차면서 단호한 걸음걸이로
감방문을 열고 나가는 내 모습이
마치 자신의 시골집을 나서는 영주 같다고 한다.

난 누구일까?
사람들이 종종 날 두고 말하길
난 나를 지키는 간수들에게
마치 명령하는 것이 내 쪽인 양,
자유롭고 다정하고 명쾌하게 말한다고들 한다.

난 누구일까?
그들은 날 두고 이렇게도 말을 한다.
승리가 몸에 밴 자처럼
평온하게 미소 지으며 당당하게
불운의 시절을 견뎌 낸다고.

그렇다면 사람들이 날 두고 하는 말이 진정 내 모습일까?
아니면 내가 알고 있는 자신이 나의 본 모습일까?
마치 양손으로 내 목을 조이기나 하듯이
한 호흡 이어가고파 몸부림치는 나.
새장에 갇힌 새처럼

불안하고 그리워하고 아파하는 나.
색채, 꽃, 새들의 지저귐에 허덕이는 나.
친절한 언어, 이웃끼리의 다정한 말들에 목말라하는 나.
즐거운 행사에 대한 기대로 마음 설레는 나.
멀리 떨어져 있는 친구들 생각에 힘없이 떨고 있는 나.
기도, 생각, 저술에 지치고 공허해지는 나.
기진하여, 그 모든 것에 작별을 고할 준비가 되어 있는 나.

난 누구일까? 이쪽일까? 저쪽일까?
현재의 내 모습일까? 아니면 후일에 그려질 또 다른 나일까?
동시에 두 가지 모습을 다 담고 있는 걸까? 사람들 앞에서는 위선자,
자신 앞에서는 경멸스러울 정도로 수심에 찬 약골일까?
아니면 이미 성취된 승리로부터 무질서 쪽으로 도망가는
오합지졸의 근성이 아직도 내 속에 있다는 걸까?

난 누구일까? 외로운 나의 이 질문들, 그것들이 날 조롱거리로 삼는다.
오 하나님, 내 모습이 어떠하든 간에
제가 당신의 것임은 당신이 친히 알고 계십니다.

 1944년 10월 5일, 본회퍼는 테겔에서 베를린의 프린츠 알브레히트스 트라세에 있는 게쉬타포 감옥 본부로 이송되었다. 비록 거기서 어떤 일이 기다리고 있는지를 충분히 예견하면서도, 그는 한 치의 흔들림도 없이, 마치 아무런 일도 일어나지 않았다는 듯이 친구들에게 작별 인사

를 나누었다. 하지만 그의 두 눈동자는 어디에 초점을 두어야 할지 몰라 몹시도 흔들리고 있었다. 이전에는 그나마 유지되었던 외부 세상과의 직접적인 연락이 여기서는 완전히 단절된 것이다. 그로부터 받은 마지막 메시지 하나는 베를린 대공습 기간 중 감옥에서 만들어진 한 편의 시였다. '1945년 새해'라는 타이틀로 다음과 같은 내용을 담고 있다.[2]

영원토록 함께하시면서 나를 인도하시는 주님의 온전한 능력을 덧입어,
어떤 두려움도 이겨 낼 수 있는 위로와 감동 가운데,
내 곁에서 함께하시는 당신과 더불어 생각함으로
이런 날들을 견뎌 내고
다가오는 새해를 당신과 함께 맞이하렵니다.

묵은해는 아직도 어기적거리면서 우리의 마음을 괴롭게 합니다.
우리를 슬프게 하는 기나긴 날들은 아직도 끝나지 않았습니다.
아버지, 당신이 연단해 오신 영혼,
당신이 약속하신 영혼에게 치유와 회복을 허락하소서.

당신의 명령에 따라 슬픔의 잔을 마시는 것이 우리의 몫이 되어야 한다면,
당신의 사랑스러운 손길에 의해서
주어진 모든 것을 고통의 찌꺼기까지도
우리는 주저치 않고 감사로 받아들일 것입니다.

---

[2] 제프리 윈스럽 영(Geoffrey Winthrop Young)이 번역하였다.

그러나 인생의 즐거움과 인생이 던져 주는 찬란한 빛으로
다시 한번 우리를 놓아주시는 것이 당신의 뜻이라면
슬픔으로부터 우리가 배운 것이 발판이 되어
우리의 모든 삶은 당신의 것으로 올려질 것입니다.

오늘, 촛불이 보여 주는 찬란한 인사를 끝내게 하소서.
주님, 어둠 가운데 있는 우리에게는 촛불이 당신의 빛이 될 수 없습니다.
우리가 그토록 열망하는 만남으로 우리를 인도해 주실 수는 없는지요?
당신은 우리의 어두운 밤까지도 밝히실 수 있습니다.

침묵이 우리의 청각을 더욱 예민하게 할 때,
우리를 둘러싼 칠흑같이 어두운 세상으로부터
당신의 자녀들이 당신을 찬미하는 소리로 온 우주를 가득 채우는 소리를
이제 들을 수 있게 하소서.

선이 가진 온갖 능력이 우리를 돕고 섬길 때, 다가올 미래가 어떤 모습이든
우리는 담대하게 맞이할 것입니다.
아침에도 저녁에도 우리의 친구가 되사 도우시는 하나님,
오, 주님 신년이 되면 매일 매일이 반드시 그런 날이 되게 하소서!

   2월에 접어들어 베를린에 있는 게쉬타포 감옥이 공습으로 파괴되었다. 그러자 본회퍼는 뷔켄발트 강제 노동 수용소로 끌려갔으며 거기서 여러 곳으로 이송되어 급기야 연합군에 의해 해방되기 직전인

1945년 4월 9일, 플로센뷔르크의 강제 노동 수용소에서 히틀러의 특별 지시에 의해서 처형되고 말았다. 이와 때를 같이해서 형 클라우스Klaus와 매형인 한스 폰 도흐나니와 뤼디거 슐라이허Rudiger Schleicher 역시 베를린 감옥과 작센하우젠 강제 노동 수용소에서 게쉬타포에 의해서 처형되었다.

3

본회퍼가 행하고 일하고 인내하는 데 기초가 된 힘, 즉 그의 인생을 이끌어 갔던 힘은 하나님에 대한 신앙과 사랑에서 나온 것이다. 그는 하나님 안에서 평안과 행복을 발견하였다. 사실상 그가 품게 된 비전의 넓이는 자신의 신앙에서 나온 것이다. 자신의 신앙이 그로 하여금 삶의 불순물에서 정금을 구별해 낼 수 있게 했고 삶의 부차적인 것으로부터 인간의 참된 본질을 구분할 수 있게 해 주었다.

한 치의 흔들림도 없이 목적을 추구하는 일관된 마음, 고통당하는 인간에 대한 연민 그리고 진리, 정의, 선에 대한 사랑 역시 그가 가진 신앙의 기초에서 나온 것이었다. 하지만 그에게는 정의와 진리, 정직과 선을 추구하는 명분이 그 자체를 위한 것이거나 그 자체를 위해 고통을 감수하는 것으로는 충분하지 않았다. 절대 그런 것이 아니었다. 우리가 이런 것을 추구하고 거기에 따르는 희생을 감내하는 것은 하나님께 대한 절대적인 순종에서 출발해야 한다는 것이 본회퍼의 입장이었다. 왜냐하면 온갖 선함, 정의, 진리의 근원은 바로 하나님 자신이기 때문에, 그런 부분에 대해서 하나님께 절대적으로 의존해야 한다고 그는 느꼈기 때문이다.

우리가 책임을 깊이 통감하고 자유를 선용하는 것 역시 동일하신 하나님께서 부르시는 동일한 소명에 기초한다. 본회퍼는 인간을 자유로운 영적 존재로 믿었다. 그러나 이 자유는 하나님의 은혜를 통해서 베풀어지고 허용받은 사람이 누리게 되는 것이다. 그리고 이 자유는 인간의 영화를 위해서가 아니라 인간의 삶에 대한 하나님의 질서ordering를 보전하기 위해 사용되어야 한다. 기독교의 교훈이 우리가 자유를 향유하도록 인도하지 못한다면, 그리하여 우리가 하나님을 부인하게 된다면(히틀러가 이끄는 나치 정권의 시녀가 된 독일 교회의 오류를 가리킨다. —역자 주), 거룩한 모든 의무와 책임들이 망가지게 될 것이다. 그렇다면 그리스도인은 행동해야 하고 고통을 감수해야 하며 상황에 따라서는 죽음도 불사하는 것 외에 달리 어떤 선택도 있을 수 없다. 그는 이 부분을 '자유로 가는 여정의 길목에서'Stations on the Road to Freedom라는 시로 표현하였다. 이 시는 그가 자신의 죽음이 임박하다는 것을 확신했을 때 옥중에서 지은 것으로 마지막 시구는 다음과 같다.

죽음[3]

이제는 와라.
영원한 자유로 향하는 길목에서의
장엄한 축제인, 죽음이여,
그리하여 우리의 이 덧없는 삶,

---

3) 라이쉬만이 번역하였다.

어둠 속에서 어른거리고 있는 이런 영혼들을
묶고 가두고 있는 저 족쇄들과 벽들을 부서뜨려라.
그래서 마침내 여기에 무엇이 감금되어 있는가를
우리 눈으로 똑똑히 볼 수 있도록.
참으로 오래도록 우리는 훈련과 행동과 고통 가운데서
바로 너, 자유를 찾았노라.
이제 우리가 죽으면, 우리는 하나님의 존전에서
너를 바라보게 되리라.

  본회퍼로 하여금 설교나 강의와 저술로는 그리스도를 따르기에 충분하지 않다고 믿게 만든 것 또한 역시 '동료들에 대한 그의 형제 사랑'이었다. 사실 그리스도인으로서 정의 구현을 위한 행동과 희생에 대한 소명을 받았을 때 그는 진실로 진지하였다. 이것을 보면 본회퍼가 항시 대중의 평판에 대해서 초연하게 '은밀히' 그것도 자발적으로 행동한 이유를 알 수 있게 된다. 또한 '성령을 거스르는 자기 의와 자기만족을 무서운 죄악으로 간주한 이유'와 '야망과 허영심을 지옥문으로 들어가는 출발점'이라고 생각한 까닭도 이 부분을 통해서 알 수 있다.
  본회퍼는 오늘날 '크리스쳔 휴머니즘'(기독교적 인간애)Christian Humanism이라고 불리는 것을 지지하고 있었다. 왜냐하면 그는 기독교 신앙에 뿌리를 내리고 있는 개인의 삶에 대한 새로운 통찰력을 얻기 위해 자신의 목숨을 내놓았기 때문이다. 사람의 영혼은 여호와의 등불이며 잠 20:27 하나님의 계시는 인간을 통해서 그리고 인간을 위해서만 존재한다는 하나님의 말씀을 그대로 구현시킨 이가 바로 그였다.

본회퍼의 입장에서 본 기독교는 성스러운 영역이라는 테두리 안에 자신을 차단시켜 스스로를 보존해 나가는 거룩한 믿음만을 추구하는 것이 아니었다. 오히려 그에게 조명된 기독교는 이 세상 가운데서 그리고 그리스도의 몸인 교회 안에서 존재하는 것이며, 그리스도 안에서 누리는 교제가 있을 때만 가시적인 교회가 될 수 있었다.

인간은 주님을 따라가야 하는데, 그분은 이 세상에 오셔서 세상 사람들을 섬기다가 그들을 위해서 죽으시고 그들을 위해서 다시 살아나셨다. 그러므로 하나님께서 그분의 선하신 뜻 가운데서 우리를 이 세상 어디에 두셨든지 간에 그리스도인이라면 마땅히 순교와 죽음에 대한 준비가 되어 있어야만 한다. 인간이 신앙을 깨우치게 되는 것은 오직 이 같은 방식을 통해서만 가능하다.

그는 이 부분을 다음과 같이 표현하였다. "그리스도인은 종교적 인간이 아니라, 세례 요한과는 명백하게 구별되지만, 예수님께서 사람이신 것처럼 그저 하나의 인간일 뿐이다. 내가 여기서 말하는 초월적 현실인식[4]이란, 계몽주의자들의 단조롭고도 평범한 그런 '초월적 현실인식'이 아니라, '최고도의 훈련과 죽음과 부활에 대한 지식이 언제나 표현되어 있는 그런 깊이 있는 초월적 현실인식'을 말한다. 인간이 성도, 혹은 회개한 죄인, 혹은 성직자(소위 교역자), 의인, 혹은 불의한 사람 등등, 자기 자신으로부터 무엇인가를 만들어 내고자 하는 노력을 정말로 포기했을 때 어떤 일이 일어나는가? 갖가지 의문들, 성

---

4) This-sideness; 매일의 삶 속에서 그리스도의 죽음과 부활을 따르며, 때로는 현실에 저항하며 때로는 진리에 순응하는 초월적 삶의 태도를 말한다. -역자 주

공 혹은 불행, 여러 가지 경험과 당혹스러운 일과 같은 다양한 상황 속에서 하나님의 품 안에 자신을 내던지게 될 때 어떤 일이 일어나는가? 인간은 그제야 비로소 겟세마네 동산에서 그리스도와 함께 눈을 뜨게 된다. 이것이 신앙이자 회개metanoia이며 이것으로 인해 그는 비로소 인간이자 그리스도인이 되는 것이다. 만일 이 초월적 현실인식의 삶 속에서 하나님의 고난에 동참한다면 인간이 어떻게 교만해질 수 있겠는가?"

하나님께서 친히 그리스도를 통해서 이 세상에서 고난을 당하셨다는 것과 그리스도는 이 세상에 대해서 초연한 삶을 사셨다는 생각이 본회퍼의 마음을 몇 번이고 관통하였다. 본회퍼는 자신의 고통 속에 하나님께서 친히 함께하신다는 느낌을 수차례 강하게 경험하곤 하였다. '그리스도인과 불신자'Christian and Unbeliever라는 시의 두 번째 구절 속에 이런 감정이 다음과 같은 식으로 표현되어 있다.

사람들은 위기를 만날 때 하나님께로 나아간다.
사람들은 몸을 가릴 곳도 일용할 양식도 없이
사악한 자들, 나약한 자들, 죽은 자들의 무게에 짓눌려진
가엾고 모멸스러운 자신의 모습을 발견한다.
그리스도인들은 고뇌의 시간에 하나님 곁에 선다.

결국 본회퍼가 자신의 고난을 심각하게 받아들이지 않았던 이유, 그리고 그의 용기가 그렇게도 대단하여 세상과 타협할 수 없었던 이유는 슬픔의 때에 하나님의 곁에 서 있었기 때문이다.

이토록 확고한 마음으로 모든 희생을 감수하려는 자세는 수차례 검증되었다. 예를 들어 1940년 여름, 나치 정부를 적극적으로 반대하던 대부분의 사람들에게 절망이 엄습했고 그 결과 히틀러에게 순교자의 인상을 주지 않기 위해서 더 적극적인 행동은 차후로 미루어 피하자는 제안이 나왔을 때, 본회퍼는 한 치의 굽힘도 없이 당당하게 맞섰다. "만일 스스로를 그리스도인이라 칭한다면 형편에 따라 움직이는 편법이란 있을 수 없습니다." 그리하여 그의 지도를 받던 그룹들은 독일 안팎에 있던 세상 사람들이 나치의 승리를 믿었던 그 당시에도 나치를 저지하려는 활동을 중단하지 않았다.

뿐만 아니라, 독일 내에 있는 나치에 대한 저항 세력들은 독일 저항 운동의 정확한 정보를 치체스터 주교를 거쳐서 영국 정부에 알려 줌으로써 연합군들로부터 공감과 이해를 받아 내려고 계획하였다. 이 계획을 실행하고자 누구를 보낼 것인지 의견이 분분했을 때도 이전에 1942년 3월 31일에 했듯이, 본회퍼는 그의 매형 한스 폰 도흐나니의 권면을 받아 목숨을 걸고 그 일을 떠맡아서 수행하였다.

그 외에도 투옥된 동안 한 사람의 조력도 받지 아니한 채, 게쉬타포 앞에서 조사를 받을 때도 그는 오로지 가슴에 품고 있는 하나님의 말씀을 요새로 삼아 심문자들 앞에서도 흔들리지 않고 자신을 바로 변호하고 있었다. 그는 자신이 그리스도인이기에 '국가 사회주의와 시민들을 향한 국가 사회주의적 요구에는 도저히 타협할 수 없는 완강한 반대자'라고 공개적으로 인정함으로써 자신의 고백을 취소하지 않았으며 게쉬타포라는 조직을 무색하게 만들었다.

이런 상황에서 자신의 활동을 돕고 있었던 부모님과 여동생들 그리고 약혼자가 체포되었고, 그 어려운 상황에서 본회퍼 자신은 끊임없는 협박과 고문에 시달렸지만 결코 굴복하지 않았다. 1944년 10월에는 이런 일도 있었다. 당시 친구들이 그를 감옥에서 출옥시켜서 해외로 안전하게 도피시킬 계획을 세웠는데도 그는 다른 사람들을 위험에 빠뜨리지 않으려고 감옥에 남기로 결심을 굳혔다.

함께 수감된 한 영국인 장교로부터 들어서 알게 된 사실도 있는데, 그는 디트리히 본회퍼가 죽기 직전에 인도한 마지막 예배에 대해서 언급하였다. "단순할 정도로 신실한 그의 우직함이 구교도나 개신교도 할 것 없이 모두를 다 크나큰 감동의 도가니로 몰아넣었다." 히틀러에 대한 역모를 꾸미다가 발각된 사람들이 사형 언도를 받게 되자, 사형수의 아내들도 투옥되었다. 본회퍼는 사형수의 아내들이 침울해하거나 염려하지 않도록 위로하면서 처형장의 이슬로 사라졌다. 우리가 알기로 한 번도 재판을 받아 본 적이 없는 디트리히 본회퍼는 마지막까지 자신의 길을 꿋꿋이 간 후에 사형 언도를 받고 경탄할 만한 고요함과 위엄을 가지고 죽음에 임하였다.

하나님은 그의 기도를 들으시고 그에게 '값비싼 은혜'를 허락하셨다. 그는 사람들을 위해 십자가를 지고 순교함으로 자신의 신앙을 확증하는 특권을 부여받은 것이다.

4

디트리히 본회퍼의 인생과 사역은 의미심장하게도 먼 곳까지 영향을 끼쳤다. 첫째, 본회퍼와 그의 친구들이 펼친 정치 활동은 1944년 7월에 일어난 내란음모 사건에 대해서 일반인들의 견해가 잘못된 것임을 보여 준다. 사람들은 아직도 그 사건을 히틀러가 전쟁에서 패배하고 있음을 보고 자기 일들이 다 글렀다고 판단한 낙심한 장교들이 당을 지어 벌인 소규모의 반란쯤으로 생각하고 있다.

하지만 독일의 저항 운동권 속에는 히틀러와 국가 사회주의에 반대하는, 타락하지 않은 영적 세력들이 있었다. 이들은 기독교와 삶의 기본적인 가치들을 근거로 해서 진리, 정의와 선 그리고 품위를 옹호하였다. 이 사조思潮는 기존의 세력과는 완전히 다른 정치적 당파와 종교 그룹에서 회원들을 규합하였다. 여기에 소속된 사람들은 누구도 특별 정당의 신념을 지지하지 않았다. 그들은 특정한 생활 방식을 옹호하며 국가 사회주의가 공포하는 목적을 무너뜨리는 방향으로 나아갔다.

이들 중에 1930년대에 수많은 이야기가 나온 '다른 독일'other Germany이 있었다. 이 사람들은 사실 독일에서 유럽과 서구의 전통을 따르는 사람들이었다. 그리고 그들 중에서 기독교 신앙으로 돌아가지 않고서는 그 어떤 것으로도 독일을 구할 수 없다고 그 누구보다도 명백히 인식한 이는 바로 디트리히 본회퍼였다. 이 사람들의 실패는 독일의 비극뿐만 아니라 유럽 전역에 대한 비극이기도 하였다.

독일의 저항 운동권 안에 이런 부류가 있다는 것은, 결국 지난 전쟁은 기본적인 성격상 이념에 관한 것이라는 점과 오늘날 우리가 최초로 이념의 시대를 살아가고 있다는 점을 확실히 보여 주는 것이다. 그렇기에 우리만이 디트리히 본회퍼가 행동했던 동기들을 충분히 이해할 수 있다. 본회퍼가 훌륭한 애국자이며, 자신의 안전보다 죽음을 택한 동기가 조국에 대한 사랑 때문이라는 점에는 그 어떤 오해의 여지도 남기지 않는다.

그러나 그는 정치에도 예민한 통찰력을 가지고 있었기에, 임박한 재난으로 인해 독일이 무너지게 될 것을 예견하지 않을 수 없었다. '국가 사회주의' 안에서 미쳐 날뛰는 악마의 세력들은 어느 대안도 남겨 두지 않았다. 그들이 지향하는 바는 오로지 유럽과 기독교 국가로서의 독일을 파괴하는 것이었다. 본회퍼가 바란 것은 계획화된 정치적 행동으로 이 비극적인 재난을 막는 것이었다. 그는 곧잘 이런 말을 하곤 하였다. "미친 사람이 자동차를 몰고 혼잡한 거리를 질주하고 있는데, 그에게 희생당한 자들을 보살피는 것이 나의 일일뿐만 아니라 온 힘을 다해 그 질주를 막는 것 또한 나의 역할이다."

결국 국가 사회주의(National Socialism)에 대항하는 것뿐만 아니라 조국의 패전을 위한 사역 또한, 본회퍼 자신에게 은혜를 베푸신 하나님과 그로 하여금 그 어려운 결정(조국의 패전을 위한 사역을 말한다. -역자 주)을 내리도록 하신 주님에 대한 충정에서 우러나온 결론이었다. 당시 독일인이 거주하는 모든 나라의 지하 운동은 하나같이 국가 사회주의 척결이 목적이었다. 국수주의(Nationalism)가 득세하던 당시에 본회퍼가 조국의 패전을 위해 일한다는 것은 저들의 기치와 극명하게 대치되는 모순이 아닐 수 없었다.

하지만 독일이 멸망당하지 않고 독일을 기독교 국가이자 유럽의 한 국가로서 존속시키려면 그 방법밖에 없었다. 바로 이 같은 이유로 인해 본회퍼와 그의 친구들은 고문을 당하고 교수형에 처해졌던 것이다. 본회퍼와 그의 친구들은 민족 국가 시대(nation-state)에서조차 죽음을 불사한 저항을 통해서 민족(nation)과 국가(state)에 대한 충성심을 능가하는 또 다른 충정이 있다는 것을 증명하였다. 그뿐만 아니라 이런 민족 국가 시대에서조차 국수주의는 하나님의 통치 아래에 있으므로, 만일 국수주의가 자국의 이익과 탐욕으로 타락한다면 바로 그 국수주의는 열방과 우호를 다지라는 하나님의 소명을 거스르는 죄라는 사실을 본회퍼와 그 친구들이 입증하였던 것이다.

이 같은 메시지는 아직도 득세하고 있는 '유물론적 국수주의'에 대해서 실제적인 사형 선고를 의미하였다. 이 메시지는 디트리히 본회퍼와 그의 친구들의 순교가 남긴 영적 유산이다. 히틀러와 그의 일당은 유럽의 파괴자들일 뿐만 아니라, 자신의 조국까지 멸망시키려 했던 매국노임이 분명하였다. 그리고 독일이 반기독교 체제의 표본이 된다면, 히틀러와 그 일당도 자신의 진정한 조국을 잃을 수 있다는 견해는 이런 관점을 통해서만 명확하게 입증될 것이었다.

하지만 이 같은 이념적인 노선으로만 서방 세계가 각축을 벌이고 있었다는 것은 올바른 견해가 아니다. 전쟁의 후반부에 들어서서 유감스럽기 이를 데 없는 '무조건적 항복'(전범 국가의 이념 문제가 해결되어도 전쟁 재발을 막기 위해서 재기 불능의 상태로 만드는 정책을 뜻한다. -역자 주)이라는 카사블랑카 정책(1943년 1월에 루스벨트Roosevelt 대통령과 처칠Churchill 수상이 카사블랑카 회담에서 세운 정책이다. 독일, 이탈리아, 일본의 무조건적인 항복을 요구함으로써, 평화나 협상을 제안할 가능성을 없애 버렸다. 이 정책이 독일에서는 히틀러의 입지를 강화시켜 주었고 전쟁에 반대하는 자국의 반대파들이 득세할 기회를 빼앗았다. -역자 주)을 서구 국가에서 용인했을 때 전쟁은 점점 이념적인 특색을 잃어버렸고 국수주의로 한층 더 치우치게 되었다.

독일에 있는 그리스도인들은 조국에 대한 진정한 충성심의 동기로, 전범국戰犯國인 조국과 맞서야만 하는 비극적인 갈등에 직면하였다. 서방의 정치 지도자들은 독일 그리스도인들이 그들의 충정 때문에 겪는 갈등을 외면한 것이다. 물론 전쟁 당시, 서방 세계에서도 훌륭한 그리스도인들의 충정에서 시작된 비그리스도인들과의 갈등 속에서 그리스도인들의 충정이 비그리스도인들의 양심과 생각에 큰 영향력을 끼침으로 대중의 여론에 굴복하지 않는 용기를 보여 주었다. 이 사람들은 국수주의자들보다도 더 고결한 충절을 견지하면서 국수주의자들인 정치인과 성직자 무리에게 도전하였다. 그러나 서방의 그리스도인들은 위기 속에서 이 비극적인 문제들이 주는 엄청난 무게를 겪어 보지 않았다. 조국에 대한 충절 때문에 생긴 비극적인 갈등 속에서 자신의 목숨으로 충절의 대가를 지불한 사람들만이 새로운 시대를 준비하는 순교자라고 주장할 수 있을 것이다.

5

둘째, 특별히 독일의 개신교(프로테스탄트) 교회에 관한 종교적 시사점은 교회 전체에게도 영향을 미친다. 학문에 몸담기 시작한 초창기에 본회퍼는 정치와 종교가 뚜렷이 구별되는 루터교의 전통적인 관점을 받아들였다. 하지만 점차 그는 자신의 의견을 수정해 나갔는데, 그것은 자신이 정치인이었거나 혹은 황제에게 그의 몫을 바치는 의무를 거절하기 위해서가 아니었다. 오히려 독일의 정치권이 전적으로 부패하고 타락했기에, 잘못된 신앙이 끔찍하고도 무시무시한 일들을 일으킬 여지가 있다는 결론을 내렸기 때문이다.

본회퍼에게 있어서 히틀러라는 인물은 인간을 산 노예로 만들고 죽이며 파멸시키는 비극적인 일 자체를 즐기며, 부정적인 것들을 긍정적이고 창의적인 것으로 속이는 적그리스도이자 세상의 기본적인 가치를 파괴하는 주범이었다.

폭정에 반대하는 것은 하나님께 대한 그리스도인의 권리이자 의무이며 정부는 자연법이 아니라 하나님의 법에 기초해야 한다고 본회퍼는 확신하였다. 이는 올바른 신념이라 아니할 수 없다. 이 세상에서 영향력 있는 힘을 보유한 교회로 존속하려면 전적으로 교회의 이 같은 초월적 현실인식her/his this-sideness에 의존해야 한다는 사실에 기반을 둔 것이었다. 물론 본회퍼는 이 용어를 현대 자유주의 신학의 의미나 사회주의자들이 신조로 삼는 개념으로 이해한 것은 아니었다.

현대의 자유주의 신학이나 세속적인 전체주의는 둘 다 성경의 메시지를 어느 정도 이 세상의 요구 조건에 맞추어 개정해야 한다고 주장하는 점에서는 많은 공통점이 있다. 이 때문에 자유주의 신학에서 시작된 기독교의 변조 과정이 국가 사회주의의 손길을 거치고 나면 결국에는 기독교 교훈의 정수에서 완전히 벗어난 오류투성이의 왜곡된 모습으로 망가지게 되는 것도 전혀 이상한 일이 아니다.

'이런 초월적 현실인식'this side이 올바른 모습을 하려면 그리스도인의 사랑과 연결되어 충분히 녹아져야 하며, 그리스도인은 필요에 따라 기독교적 진리를 위해 자신의 목숨도 내놓을 수 있도록 준비되어 있어야 한다는 강한 확신이 본회퍼의 마음속에 자리 잡고 있었다. 그러므로 하나님에 대한 종교적 도덕적 임무를 내팽개치고 국가의 정의와 도덕법에 대한 복종을 강요하는 세속적인 전체주의적 행태는 본회퍼의 사상과 결코 양립될 수 없었다.

비록 귀족적인 고귀한 심성과 매력적인 온유함이 본회퍼를 평화주의자로 만들었을지라도, 본회퍼가 반전론자의 노선을 취하지 않았던 이유는 이 같은 확신에 근거하고 있다. 국가 사회주의 체제를 전복하기 위한 시도에 과감히 가담한 것은 그리스도인의 원리가 인간의 삶으로 표현되어야 하며, 물질적인 영역과 국가 그리고 사회 안에서 책임 있는 사랑으로 구현되어야만 한다는 그의 견해에 기초한 것이다.

한편, 자신의 행동을 통해서 교회의 입장을 분명히 밝히지 않는 것은 본회퍼의 전형적인 모습이었다. 그 책임은 자신의 것이지 교회의 것이 아니었다. 그래서 애석하게도 그의 활약상이 고백교회 전체를 대표한다고는 말할 수 없다. 사실, 바멘 선언Barmen Declaration(1934)에서는 교회가 종교적인 영역과 마찬가지로 정치 영역에서도 기독교적 진리의 입장에서 행동을 취하도록 명시하였다. 한때 그가 말했듯이 "고백교회에서 분리되는 자는 하나님의 은총에서 분리된다." 그러나 바멘의 메시지를 진지하게 받아들여서 순교를 겪어야 하는 실제적인 결과에 대해서 용기를 가지고 준비된 회원은 극소수였다.

따라서 고백교회가 국가 사회주의 체제 말년에 택했던 노선에 대해서 본회퍼의 슬픔이 점차 가중되었다는 사실에 대해서 뜻밖이라는 반응을 보일 필요는 없는 것 같다. 그는 고백교회가 전쟁에 반대하고 억압받고 박해당하는 자들의 운명에 연관된 설교를 하기보다는 고백교회 자체의 존속 여부와 계승권에 더 관심을 둔다고 느꼈다. 본회퍼는 '교회의 삶은 사람들의 삶과 반드시 연계되어 있어야 한다'는 옥스퍼드 회의Oxford Conference의 전체 교훈을 독일의 루터교회가 깨닫게 한 인물이었다. 우리는 바로 이 면에서 독일의 프로테스탄트 교회를 위해서 본회퍼가 감행했던 순교와 죽음의 의미를 더욱 깊이 만나 볼 수 있다. 독일 프로테스탄트 교회의 미래는 바로 이 교훈에 따라서 얼마나 올바르게 행하는가에 달려 있다.

6

1945년 7월 27일, 고故 치체스터 주교의 독려로 런던의 홀리 트리니티Holy Trinity에서 개최된 예배에 참석한 사람들은, 디트리히 본회퍼가 나치 친위대원들의 손에 죽어 갈 때인 1945년 4월 9일에 인간적인 기준으로는 판단할 수 없는 어떤 일이 일어났다는 것을 깨닫게 되었다. 그들은 지금까지 온 세계가 목격한 가장 끔찍한 싸움에서 악마의 체제를 종식시키고 유럽의 문명을 회복시키는 데 기초가 되는 기독교 정신을 회복시키기 위해 하나님께서 친히 중재자로 나서셔서 자신의 가장 신실하고 용기 있는 아들 중 한 명을 희생시키셨다는 것을 알게 되었다.

진정 자기희생이 인간이 추구할 수 있는 가장 고상한 가치라면, 그리고 육신을 입고 있는 인간의 존재 가치가 그가 처한 세속적인 환경에서 책임 있는 사랑을 베푼 희생의 정도로 측정된다면, 그리스도인으로서 본회퍼의 삶과 죽음은 순교자의 반열에 속한다. 아니면 니버가 말했듯이, 현대판 사도행전에 속한다.

그의 선한 싸움은 영적인 것들이 세속적인 것들에 우선한다는 것을 입증하는 살아 있는 상징이다. 그의 삶은 사랑과 진실의 정신으로 무장한 한 인간이 악에 맞서 싸운 승리의 이야기이다. 그리고 그 악은 책임감 있는 영적 자유의 마지막 요새를 결코 깨뜨릴 수 없었다. "그 정신으로 살아가는 인생은 죽음을 회피하거나 파멸을 피해 멀찍이 떨어져 있는 식으로 살아가지 않는다. 오히려 그 정신으로 죽음을 견디며 죽음을 통해서 생명을 보존한다. 그 정신은 완전한 파멸 가운데서 그 진실을 드러낸다."

히틀러 정권이 벌인 범죄들에 대해서, 직접적으로 책임이 없지만 수동적인 태도를 보인 사람들도 처벌해야만 한다는 말이 자주 등장했던 적이 있다. 하지만 국민을 압박하는 모든 은밀한 수단을 곳곳에 숨기고 있는 당시의 독재정권 치하에서, 저항 세력은 그 저항 세력을 지지하는 것만으로도 죽음을 의미하였다. 당시의 폭정 아래서 실패로 끝난 저항의 책임을 물어 한 민족을 통째로 비난하는 것은, 마치 엄중하게 경비를 세운 감옥을 탈출하지 못한 한 죄수를 비난하는 것과 같다.

마찬가지로 각 나라를 이루고 있는 구성원의 상당수가 모두 다 영웅들은 아니다. 디트리히 본회퍼와 그와 함께한 세력이 했던 것을 많은 이들로부터 기대할 수는 없는 노릇이다. 현대 사회의 미래는 하나님에게 감동을 받은 극소수의 조용한 영웅들이 한층 더 중요한 역할을 하게 될 것이다.

이런 극소수는 거룩한 영감을 크게 즐거워할 것이며 인간의 고귀함과 진정한 자유를 지지하여 비록 그것이 순교나 죽음을 의미한다 할지라도 하나님의 말씀을 지켜나갈 준비를 갖추게 될 것이다. 이 같은 소수의 사람들은 그 말씀대로 살아간다. 왜냐하면 그들은 "보이는 것들에 눈길을 주는 것이 아니라 보이지 않는 것들에 시선을 던지기 때문이다. 이는 보이는 것들은 일시적이지만 보이지 않는 것들은 영원하기 때문이다."

본회퍼는 자신의 삶이 단절되고 혼란스러워 보일 때, 자신의 인생이 어떤 의미를 지니는가에 대해서 자기 자신에게 종종 묻곤 하였다. 죽기 몇 달 전, 여러 사건이 그에게 죽음의 그림자를 드리우자 그는 감옥에서 다음과 같은 글을 남겼다.

"우리 인생의 단편은 전체 인생의 계획과 그 계획의 재료임을 얼마만큼 드러내는지에 따라 그 비중을 보여 준다. 내다 버리는 것 외에는 아무 쓸데 없는 단편들도 있고, 오고 오는 세대에게 수 세기 동안 중요하게 여겨질 단편들도 있다. 왜냐하면 그런 단편들을 모아서 완성하는 일은 하나님만이 하실 수 있는 일이기 때문이다. 그것들은 모두 쓸모가 있는 단편들이다. 우리의 삶이 그 조각들을 아무리 희미하게 반영한다고 해도, 우리는 단편적인 삶으로 인해 비통해할 필요는 없다. 오히려 그와 반대로 그 속에서 기뻐해야 할 것이다."

정녕 우리는 하나님의 자비하심 가운데서 기뻐해야 한다. 우리는 지금도 디트리히 본회퍼의 무덤을 찾아내지 못하였다. 하지만 그의 삶에 대한 기억은 안전하게 보존될 것이다. 그에게 온전히 연합된 이들의 마음을 통해서뿐만 아니라, '그를 따르는' 자들로부터 계속해서 생명과 같은 피를 공급받는 교회의 심장을 통해서도 길이 보존될 것이다.

그 외에도 우리가 알고 있는 사실이 또 하나 있다. 서구 문명이 구원받을 수 있는 것은 디트리히 본회퍼의 삶과 죽음 및 그와 함께 죽은 자들이 주는 영감의 은덕임을 깨달아야만 하는 시기가 도래하리라는 것이다. 왜냐하면 물질적인 기준뿐만 아니라 영적 활력에서도 서구 문명은 추락하고 있으며 파멸과 황폐가 가속화되고 있기 때문이다.

디트리히 본회퍼의 삶과 죽음에 대한 선한 메시지는 서구 문명이 사멸해서는 안 된다는 것이다. 그것은 젊음으로 거듭나게 될 것이다. 다행히 서구 문명은 신앙과 활력을 되찾기 시작하였다. 열조에게로 돌아가야 할 시점에 여호와 하나님은 모세에게 가나안의 모든 땅을 보여 주셨다. 이처럼 "모세가 모압 평지에서 느보 산에 올라가 여리고 맞은편 비스가 산꼭대기에 이르매 여호와께서 길르앗 온 땅을 단까지 보이시고"신 34:1라는 말씀을 본회퍼와 함께 새로운 인간애人間愛를 위해 자신의 생명을 내놓은 이들에게 적용한다면, 그들의 순교를 통해서 그 말씀은 우리에게 새롭게 다가오게 될 것이다.

이런 관점에서 본다면, 본회퍼의 삶과 죽음은 우리에게 미래에 대한 엄청난 소망을 안겨 준다. 그는 진정한 리더십의 모형을 새로운 유형으로 세워 놓았다. 그것은 복음이 주는 영감에 힘입어 날마다 순교와 죽음을 각오하는 것이며 '기독교적인 인간애'라는 새로운 정신과 시민의 임무에 대한 창의적인 의식으로 고취되는 것이다. 그가 이루어 놓은 승리는 우리 모두를 위한 승리이자 결단코 미완성으로 두어서는 안 될 사랑, 빛 그리고 자유의 획득인 것이다.

G. 라이브홀츠G. Leibholz

서문

    교회 갱신은 결과적으로 언제나 성경에 대한 더 깊은 이해를 가져온다. 교회에서 일어나는 논쟁에는 하나같이 슬로건과 표어가 붙는다. 하지만 그 이면에는 그 모든 것의 유일한 목적이 되시는 예수 그리스도를 알고자 하는 열망이 내포되어 있다. 우리에게 말씀하시는 예수님의 의도는 무엇이었을까? 오늘날 우리를 향한 그분의 뜻은 무엇일까? 지금 이 시점에서 주님은 어떤 방식으로 우리가 선한 그리스도인이 되도록 도우실 수 있을까?

    결국 우리가 알고자 하는 것은 이런저런 사람이나 이 교회 저 교회가 우리에 대해서 품고 있는 생각이 아닌, 우리를 향한 예수 그리스도 그분의 소원이다. 예배 시간에 설교를 들을 때, 우리가 듣고자 하는 것은 그분의 말씀이다. 그것은 단지 개인적인 유익만을 위한 것이 아니라, 교회와 교회의 메시지가 낯설게 여겨지는 많은 사람을 위해서이기도 하다.

우리는 설교를 듣고 있노라면, 만일 설교 시간에 예수님께서 자신의 말씀을 통해서 직접 우리에게로 오신다면 어떤 현상이 벌어질지, 이런 엉뚱한 생각이 때때로 들기도 한다. 그렇게 된다면 그분의 말씀을 받아들이는 쪽과 전적으로 거부하는 무리로 명확하게 구분되지 않을까?

그렇다고 해서 교회에서 계속되는 설교를 통해서 우리가 하나님의 말씀을 들을 수 있다는 것을 부정하는 것은 아니다. 진짜 문제는 순수한 예수님의 말씀이 부담스러운 규칙과 법규들, 거짓된 소망과 위로와 같은 인간이 깔아 놓은 포장으로 두껍게 뒤덮여 있다는 것이다. 그래서 그리스도를 위한 참된 결정을 내리기가 만만하지 않다는 것이 회중의 입장이다.

물론 그리스도, 오직 그분만을 전하는 것이 설교자들인 우리의 목표이다. 하지만 할 말을 다 쏟아붓고 나면 비판의 목소리가 들려온다. 우리의 설교가 이해하기에 너무 어렵고, 회중會衆이 살고 있는 문화의 지적 분위기로는 이해하지 못하는 생각과 표현들로 인해 소망은커녕 부담만 커진다는 것이다. 그것은 그 사람들의 잘못이 아니다. 현대의 설교에 대해서 쏟아지는 비판의 목소리는 하나같이 그리스도를 직접적으로 거부하는 것이고 적그리스도의 정신에서 나온다고 하는 논리는 엄밀히 말해서 사실이 아니다. 많은 사람이 주님께서 말씀하시는 것을 듣고자 하는 진심 어린 소원을 품고 교회로 온다. 하지만 언제나 설교자가 내용을 너무 어렵게 만들어서 예수님께 나아갈 수 없게 만든다는 불편한 감정을 안고 집으로 돌아가게 된다.

우리는 이 같은 설교자들과 무관하다고 자신하는가? 그들이 선뜻 나아오지 못하는 것은 예수님께서 친히 들려주시는 말씀 때문이 아니다.

그들은 우리의 설교 속에 있는 인간적, 제도적, 교리적 요소라는 상부구조superstructure를 이유로 들이댄다. 물론 우리는 이 반대 이유에 대한 온갖 답변을 알고 있다. 그리고 그 답변들로 우리의 책임을 모면하기에 대단히 쉽다는 것도 확실하다.

그러나 어쩌면 우리가 예수님과 그분의 말씀을 가로막는 자로 행동할 수 있다는 것이다. 따라서 자신에게 다음과 같은 질문을 자주 해 보는 것이 더욱 올바른 태도일 것이다. 자신이 가장 좋아하는 복음서 제시에 너무 집착하는 경향은 없는가? 아니면 복음서가 기록될 당시의 시간, 장소 및 사회적 배경에나 잘 어울렸을 그런 설교 유형에 고착되어 있지는 않은가?

결국 우리 설교가 너무 독단적이고 삶과는 아무런 관계가 없어 어쩔 도리가 없다는 푸념에도 일말의 진실이 있다면 그것이 어불성설일까? 중요성의 관점에서 동등한 가치를 가진 일부 구절은 무시하고 특정 개념에 관한 것만 가지고 장황하게 읊어 대는 모습은 아닌지? 설교자 개인의 의견과 확신은 넘쳐나고 예수 그리스도에 대한 언급은 미미할 수도 있을 것이다.

예수님은 수고하고 무거운 짐 진 자들에게 다 자신에게로 오라고 하신다. 그렇다면 인간이 만든 교리를 강요함으로써 그들을 주님으로부터 내쫓는다는 것은 예수님의 가장 선한 의도에 완전히 역행하는 것이다. 진정 그렇다면 우리가 선포하는 메시지에 이보다 더 치명적인 것은 없을 것이다. 행여 그런 짓을 했다면 우리는 그리스도인들이나 이교도들 모두에게 예수 그리스도의 사랑을 웃음거리로 팔아넘긴 것이다.

추상적인 논쟁거리를 위안으로 삼거나 기를 쓰고 변명해 봤자 아무 소용이 없다. 그러니 성경으로 돌아가서 그분의 말씀과 그분의 소명에 응답하도록 하자. 우리 자신의 미미한 확신과 문젯거리가 안고 있는 가련함과 졸렬함에서 벗어나 예수 그리스도 안에서 우리에게 베풀어 주신 부요함과 찬란함을 추구하도록 힘쓰자.

예수님께서 우리를 불러내어 어떻게 제자로 변화시켜 가시는지, 그것을 전할 수 있었으면 하는 것이 우리의 바람이다. 하지만 이 부분은 갖가지 의구심을 불러일으킨다. 그것이 오히려 사람들의 양쪽 어깨에 더 무거운 짐을 얹어 놓을 수도 있다는 것이다.

사람들의 영과 육이 인간에 의해서 만들어진 수많은 교리에 짓눌려 탄식할 때, 우리가 할 수 있는 것이라고는 이것밖에 없을까? 만일 우리가 예수님의 발자취를 따르라고 또다시 가르친다면, 이미 불안에 떨고 상처받은 양심에 한층 더 예리한 대못을 박는 꼴이 되지는 않을까? 교회의 역사에서 일상적인 것이 되어 버린 관행을 따라서 인간이 감당하기에 벅찬 요구들을 굳이 부과해야만 하는 것일까? 사실 이 같은 요구들은 그리스도인에게 있어서 가장 중요한 믿음과는 하등의 관계가 없는, 어쩌면 소수를 위한 종교적 사치가 될 수 있지 않겠는가?

세상에는 일용할 양식, 일자리, 가족들 생각에 염려와 근심이 끊일 날이 없이 살아가는 인생들도 있다. 과연 그들의 입장에서는 제자도에 대한 예수님의 요청이 어떻게 여겨지겠는가? 하나님에 대한 완전한 불경죄와 하나님을 시험하는 범죄로서 정죄되더라도 거절할 수밖에 없을 것이다.

교회가 하는 일이 고작 무엇을 믿어야 하며 구원받기 위해서는 무슨 일을 해야 하는가를 지시함으로써 사람들 위에 영적인 폭정(暴政)을 세우는 것인가? 굳건한 믿음과 올바른 품행을 위해 일시적인 형벌과 영원한 형벌이라는 제재 규약을 믿도록 하는 것이 교회의 중차대한 과업일까? 그것은 오히려 사람들에게 새로운 방식의 영적 폭정을 일삼는 것은 아닐까? 교회의 말씀이 인간의 영혼에 학대와 억압을 다시금 초래할 것인가? 어쩌면 이런 것이 많은 사람이 원하는 것일지도 모른다. 하지만 교회가 그런 요구에 손을 들어주어도 된다는 말인가?

예수님을 따를 것을 이야기할 때, 성경이 선포하고 있는 제자도의 모습은 이런 것이 아니다. 거기서 선포되는 내용은 인간이 만든 모든 교리로부터, 모든 짐과 억압으로부터, 양심을 괴롭히는 모든 염려와 고통으로부터 인간을 자유롭게 하는 것이다. 만일 예수님을 따른다면, 인간들은 그들 자신이 만든 율법의 가혹한 멍에에서 벗어나 온유하신 예수 그리스도의 멍에를 메고 복종하게 된다.

그러나 이런 말을 한다고 해서 우리가 그리스도의 계명이 지닌 심각성을 무시한다고 보는가? 전혀 그렇지 않다. 제자로 불러 주시는 주님의 명령에 절대적으로 순종하고 전적으로 감사할 때 우리는 완벽한 자유를 성취할 수 있고 예수님과의 교제를 누릴 수 있다. 예수님의 계명을 일관된 마음으로 저항 없이 따르는 자만이 주님께 자신의 멍에를 내려놓게 되고 그의 짐이 가볍다는 걸 알게 된다. 그리고 온유하신 주님의 계명 아래서 올바른 방식으로 견뎌 내는 힘을 받게 된다.

예수님의 계명을 받아들이지 않으려는 자들에게는 그 계명이 힘들고 말할 수 없을 만큼 가혹한 것이 된다. 그러나 기꺼이 따르려는 자들에게 그 멍에는 쉽고 그 짐은 가볍다. "그의 계명들은 무거운 것이 아니로다"요일 5:3. 예수님의 계명은 영적 충격 요법과 같은 종류가 아니다. 예수님은 우리에게 행할 힘을 공급하지 않고서는 아무것도 요구하지 않으신다. 결단코 그분의 계명은 인생을 파괴하는 것이 아니라 오히려 보호하고 굳건하게 하고 치료하는 것이다.

그러나 한 가지 질문이 아직도 우리를 괴롭힌다. 현대를 살아가는 노동자, 상인, 지주와 군인들의 입장에서 제자도에 대한 부르심은 어떤 것이 될 수 있을까? 주님의 부르심은 이 세상을 살아가는 일꾼으로서의 우리의 삶과 그리스도인으로 사는 삶 간에 서로 양립할 수 없는 확연한 분기점을 형성할 수도 있을 것이다. 만일 오늘날 현존하는 종교로서의 기독교가 그리스도를 따르는 것을 의미한다면 그것은 소수나 영적 엘리트 집단을 위한 종교로 전락할 수도 있지 않겠는가? 어떻게 보면 그것은 사회의 대다수 군중에 대한 배척뿐만 아니라, 약자들과 빈자들에 대해서 심한 경멸이 될 수도 있다.

만일 이 부분을 인정한다면 그런 태도는 은혜가 풍성하신 예수 그리스도의 자비와는 정반대라는 것은 확실하다. 그분은 세리들과 죄인들, 약자들과 가난한 자들, 부정한 자들과 소망 없는 자들에게로 오셨다. 그렇다면 예수님께 속한 자는 극소수일까? 아니면 다수일까? 그분은 제자들에게 버림받은 상태로 홀로 십자가의 죽음을 감당하셨다. 주님과 함께 십자가형을 당한 이들은 그분을 따르는 자들이 아닌 두 명의 행악자였다눅 23:39-41. 하지만 원수들과 믿는 자들, 의심하는 자들과 비겁자들, 욕하는 자들과 헌신된 추종자들, 이들은 모두 십자가 밑에 서 있었다.

이런 상황에서도 십자가에 못 박히는 그 순간 주님은 배신자들과 헌신자들 그리고 원수들의 모든 죄를 안고 용서하기 위해서 죽으셨고, 최후의 순간까지 저들을 위해서 기도하셨다. 하나님의 자비와 사랑은 예수님을 죽인 원수들 한가운데서도 역사하고 있었다. 동일하신 예수 그리스도는 그분의 은혜 가운데서 우리에게 자신을 따르라고 부르시는 분이다. 그분의 은혜는 십자가 위에서 운명하시는 그 마지막 순간에 자신을 조롱하는 행악자도 구원해 내셨다.

그러면 이런 주님의 은혜를 근거로 해서 제자도에 대한 부르심에 반응한다면 우리는 어디로 가게 되는 것일까? 그렇게 되면 어떤 결정을 내리고 어떤 것과 작별해야 할까? 이런 질문에 대한 해결책을 얻으려면 우선 그분께로 나아가야 한다. 왜냐하면 그분만이 답을 알고 계시기 때문이다. 자신을 따르라고 우리에게 명령하신 예수 그리스도만이 이 여정의 종착지를 알고 계신다. 그러나 우리는 그것이 무한한 자비의 길인 것을 잘 알고 있다. 제자도는 기쁨을 뜻한다.

현대 세계에서 교회의 결단이라는 좁은 길을 절대적인 확신을 가지고 나아가면서 동시에 예수 그리스도의 무차별적인 사랑, 약한 자들과 믿지 않는 자들에 대한 하나님의 오래 참으심, 자비, "사람 사랑하심"딛 3:4이라는 넓게 열려 있는 광활한 영역 속에 머문다는 것은 대단히 힘든 것처럼 여겨진다. 하지만 어쩌면 우리는 행동하는 것과 머무는 것, 이 두 가지를 다 보유해야 할 것이다. 그렇게 하지 않을 경우 우리는 인간이 만든 길을 따라가게 될 위험성이 있다.

전심으로 제자도의 길을 따르기로 힘쓸 때, 하나님이여 우리에게 기쁨을 허락하소서. 우리로 하여금 죄에 대해서는 "아니요"라고, 죄인을 향해서는 "예"라고 말할 수 있게 하소서(죄는 미워하되 죄인은 사랑하게 하소서 -역자 주). 우리가 원수들을 참아 내면서 그 영혼들을 권면해서 돌아오게 하는 복음의 말씀을 저들에게도 전하게 하소서.

수고하고 무거운 짐 진 자들아 다 내게로 오라 내가 너희를 쉬게 하리라 나는 마음이 온유하고 겸손하니 나의 멍에를 메고 내게 배우라 그리하면 너희 마음이 쉼을 얻으리니 이는 내 멍에는 쉽고 내 짐은 가벼움이라 하시니라_마 11:28-30

1부

은혜와 제자도

1장

값비싼 은혜
Costly Grace

'값싼 은혜'cheap grace는 교회를 무너뜨릴 수 있는 적이다. 우리는 오늘도 '값비싼 은혜'costly grace를 위해서 싸우고 있다.

'값싼 은혜'는 '싸구려 물건들을 파는 장터에서 떨이로 팔아 치우는 은혜'를 의미한다. 성례(세례와 성찬)와 죄 용서, 그리고 종교적인 위로를 헐값에 넘겨 버린다. 은혜는 교회의 한없는 보물을 대표하기에, 교회는 가격을 묻거나 따지지도 않고 자비로운 손길로 그 은혜로부터 축복을 쏟아붓는다. 값없는 은혜! 대가 없는 은혜! 계산은 벌써 끝났고 값이 이미 지불되었기 때문에 모든 것을 공짜로 가질 수 있는 것, 그것이 바로 은혜의 본질이라고 우리는 생각한다. 지불된 대가가 무한하므로, 사용하거나 지불할 수 있는 한도가 무한하다. 은혜가 값비싸지 않으면 무슨 쓸모가 있겠는가?

'값싼 은혜'는 '하나의 교리, 원리, 체계'를 의미한다. '값싼 은혜'란 '일반적인 진리로 선포되는 죄 용서'를 의미하며, 하나님에 관해서 기독교적 개념conception으로 교육되고 있는 '하나님의 사랑'을 의미한다.

이 사상idea에 지적으로 동의하면, 죄를 용서받기에 충분하다고 여겨지고 있다. 은혜에 대한 올바른 교리를 이런 식으로 신봉하는 교회라면 그 역시 은혜 가운데 들어와 있다고 생각한다. 이 같은 교회로부터 세상은 자기 죄를 가릴 값싼 포장을 발견한다. 회개에 대한 권면은 일절 없고 죄로부터 구원받고자 하는 진실한 소원도 찾아볼 수 없다. 그러므로 값싼 은혜는 살아 계신 하나님의 말씀을 부인하는 지경에 이르게 되어 사실상 하나님의 말씀이 육신으로 오신 성육신까지도 부인하는 꼴이 되고 만다.

'값싼 은혜'는 '죄인들에 대한 칭의가 없는, 죄에 대한 칭의'(죄인의 참된 회개가 없는 습관적 죄의 처리를 말한다. -역자 주)를 의미한다. 그들은 은혜만으로 모든 것이 다 완성되기 때문에 모든 것을 이전대로 해 나가도 된다면서 이처럼 변명을 한다. "죄에 대한 모든 것을 속죄할 수는 없다." 세상은 옛날 방식대로 흘러가고 있으며 루터Luther가 말했듯이 "최선의 삶을 살아도" 우리는 여전히 죄인들이다.[1] 상황이 그렇다면 그리스도인도 나머지 세상 사람들처럼 그렇게 살도록 내버려 두자. 죄 아래에 있는 옛 삶을 벗어나 주제넘게 은혜 아래에 있는 색다른 삶을 살아가려는 소원을 가질 것이 아니다. 오히려 삶의 모든 국면에서 세상 사람들의 수준에 맞추어 자신을 빚어 가도록 하자. 세상과 다른 색다른 삶은 광신자나 이단에 속한 집단들이 주장하는 비성경적인 사상에 근거한다.

그리스도인들을 잘 단속해서 한량없이 풍부한 하나님의 은혜를 거

---

[1] 루터의 말은 "우리는 날마다 하나님의 은혜가 필요한 죄인이다"가 본래의 의미이다. '값싼 은혜'를 주장하는 사람들이 루터의 말을 부분적으로 인용하여 진정한 회개가 없어도 된다고 말한다. -역자 주

스르고 깎아내리는 배교자들의 외침에 빠져든다 할지라도 내버려 두도록 하자. 예수 그리스도의 계명에 전적으로 순종하는 삶을 살아 보자고 부르짖는 그런 유형의 새로운 종교를 일으키지 않도록 주의를 주자!

이렇게 해서 값싼 은혜는 교회와 세상에서 편안하게 퍼져 나갔다. 세상은 은혜로 말미암아 의롭게 되었다. 그리스도인은 그 사실을 알고 있으며 그것을 진지하게 받아들인다. 그리스도인은 없어서는 안 될 이 값싼 은혜를 거스르는 싸움을 해서는 안 된다는 것 또한 잘 알고 있다. 그렇기에 나머지 세상 사람들처럼 살라는 것이다. 이것이 값싼 은혜이다.

물론 그도 가서 뭔가 특별한 일을 하고 싶을 것이고, 그런 시도를 하지 않도록 자제하기 위해서, 또한 나머지 세상 사람들처럼 사는 것에 대해서 스스로 만족하기 위해서 큰 노력을 기울여야 한다. 사실 그리스도인이라면 자기주장을 포기하고, 자기를 드러내지 않고, 세상 사람들과는 다른 삶을 사는 것이 당연하다. 그러나 그는 정말로 은혜가 은혜 되도록 해야만 한다. 그렇지 않으면 그는 은혜로 거저 주시는 선물에 대한 믿음을 파괴하게 될 것이다.

그러니 그리스도인으로 하여금 세상보다 더 높은 기준은 포기하고 세상적인 삶에서 만족을 누리며 살도록 하자. 결국 그는 은혜를 위해서가 아니라 세상을 위해서 그렇게 처신하고 있는 것이다. 은혜만으로 모든 것이 다 된다고 믿는 그리스도인으로 하여금 자신이 소유한 그 은혜 가운데서 위로를 받고 안식을 누리도록 해 주자. 그리스도인으로 하여금 그리스도를 따르는 것이 아니라, 그가 소유한 이 은혜가 주는 위안을 즐기도록 해 주자! 이렇게 값싼 은혜는 편리한 위안을 안겨 준다.

　이것이 바로 우리가 의미하는 값싼 은혜의 모습이다. 값싼 은혜는 결국 회개한 죄인에 대한 칭의 없이, 죄에 대한 칭의에 이르게 된다. 값싼 은혜는 죄의 고통에서 우리를 풀어 주는 성격의 죄 사함이 아니다. 값싼 은혜는 우리가 자신에게 베푸는 은혜이다.

　값싼 은혜는 회개를 요구하지 않는 용서, 신앙훈련이 없는 세례, 신앙고백이 없는 성찬식, 개인적인 신앙고백이 없는 죄 사함의 선언이다. 값싼 은혜는 제자도가 없는 은혜, 십자가가 없는 은혜, 살아 계셔서 성육신하신 예수 그리스도가 없는 은혜를 뜻한다.

　이와 반대로, 값비싼 은혜는 밭에 숨겨진 보화와 같은 것이다. 이것을 발견한 자는 집으로 돌아가 자신이 가진 모든 것을 팔아 기쁨으로 이 보화를 산다. 값비싼 은혜란 상인 자신이 가진 모든 물건을 팔아서라도 사려고 하는 엄청난 가치를 지닌 진주와 같은 것이다. 값비싼 은혜란 그것을 위해서라면 자신을 실족시키는 한쪽 눈이라도 뽑아 버릴 정도로 위엄 있는 그리스도의 통치이다. 값비싼 은혜란 제자를 부르실 때 그물을 버려두고 자신을 따르라는 예수 그리스도의 소명이다. 값비싼 은혜는 언제나 다시 찾아야 할 복음이자, 반드시 구해야 하는 은사이며, 두드려야만 하는 문이다.

　그런 은혜는 소명을 따라야 하는 우리의 희생을 전제로 하고 있으므로 값비싼 것이고, 또한 그것이 은혜가 되는 이유는 우리가 소명을 받들어 헌신할 대상이 예수 그리스도이기 때문이다. 그것이 값비싼 이유는 자기 목숨을 대가로 지불해야 하기 때문이며, 그것이 은혜가 되는 이유는 그것을 통해서 인간은 유일한 참 생명을 얻기 때문이다. 그것이 값비싼 이유는 그것이 죄를 정죄하기 때문이며, 은혜가 되는 이유는 그것을 통해서 죄인이 칭의를 받기 때문이다.[2] 그 무엇보다도 그것이 값비싼 이유는 그 때문에 하나님은 자신의 독생자의 생명을 내놓으셔야 했기 때문이다. "너는 값으로 산 것이 되었다." 그러므로 하나님께서 엄청난 대가를 지불한 은혜가 우리에게 값싼 은혜가 될 수는 없다. 무엇보다도 하나님께서 대가를 지불하심이 은혜가 되는 이유는 하나님께서 우리의 목숨을 위한 대가로 자신의 독생자를 너무나 귀하게 여기지 않으신 것 때문이 아니라, 우리를 위해 존귀하신 독생자를 내어 주셨기 때문이다. 은혜가 값비싼 이유는 하나님께서 인간의 몸을 입고 성육신하셨기 때문이다.

값비싼 은혜는 세상으로부터 보호되어야 하고 개들에게 짓밟혀서는 안 되는 하나님의 성역이다. 값비싼 은혜는 살아 계신 말씀 자체이며, 자신의 기쁘신 뜻을 드러내신 하나님의 말씀이다. 값비싼 은혜는 예수님을 따르라는 인자하신 부르심으로 우리를 만나 주며, 값비싼 은혜는 상한 심령과 통회하는 마음에 용서의 말씀으로 다가온다. 은혜가 값비싼 이유는 은혜에는 사람이 저항하기 어려운 힘을 가지고 있어서 그리스도의 멍에를 메고 그를 따르도록 이끌어가기 때문이다. 그런데도 이 멍에가 은혜가 되는 이유는 "내 멍에는 쉽고 내 짐은 가볍다"는 예수님의 말씀 때문이다.

베드로는 각기 다른 현장에서 두 차례나 "나를 따르라"는 부르심을 받았다. 예수님은 당신의 제자에게 최초의 명령으로 이 말씀을 하셨고, 마지막 명령으로도 이 말씀을 하셨다막 1:17; 요 21:22. 베드로의 일생

---

[2] 죄인이 칭의의 은혜를 받고 변화되어 성화의 열매를 맺어가게 됨을 의미한다.
 −역자 주

은 두 번에 걸친 이 부르심 사이에서 전개되고 있다. 첫 번째 경우는 게네사렛 호숫가에서였고 그때 베드로는 예수님께서 말씀하시자마자 자신의 그물과 배를 버려두고 그를 따랐다. 두 번째는 그가 다시 이전 생활로 돌아가 고기잡이를 할 때 부활하신 주님께서 찾아오신 경우였다. 그때도 역시 게네사렛 호숫가였고 그때도 동일하게 "나를 따르라"는 주님의 부르심이 있었다. 그 두 번의 부르심 사이에 제자로서 그리스도를 따르는 삶 전체가 펼쳐진다.

베드로가 예수님을 하나님께서 보내신 메시야로 인정하게 되었을 때, 그는 바로 예수님을 구세주로 고백한다. 베드로는 처음 부르심의 자리와 마지막 부르심의 자리 그리고 가이사랴 빌립보 지역에서, 세 번 동일하게 '주는 그리스도이시요 살아 계신 하나님의 아들이시니이다'라고 고백한다. "나를 따르라"고 그를 불러 주신 것은 그리스도의 은혜이며, 하나님의 아들이시라는 그의 고백을 통해서 계시된 것 역시 동일하게 그리스도의 은혜이다. 베드로의 인생에서 은혜가 세 번에 걸쳐 그를 붙들었다. 동일한 하나의 은혜가 세 번에 걸쳐 다르게 선포되었다.

이 은혜는 분명 스스로 부여한 것이 아니었다. 그것은 그리스도께서 직접 베푸신 은혜로, 모든 것을 버려두고 주님을 따라갈 정도로 베드로에게는 압도적인 것이었다. 그 은혜가 베드로 안에서 역사하자 그는 세상 사람들이 들으면 필시 신성모독이라고 여겨질 정도의 고백을 하게 된다. 은혜가 그를 붙들자 결국에는 자신이 부인했던 그 주님을 위해서 목숨을 바치는 순교로 섬김의 절정을 보여 주었다. 그리고 그가 모든 죄를 사함받은 것도 바로 은혜를 통해서였다. 이처럼 베드로의 삶에서 은혜와 제자도는 분리할 수 없는 것이다. 그는 '대가가 지불된 값비싼 은혜'를 받았던 것이다.

기독교가 확산되고 교회가 점점 세속화되자 은혜의 값비싼 가치 costliness에 대한 인식은 점차 희미해졌다. 세계가 기독교화되자 은혜는 공동 소유가 되었다. 그것은 헐값으로 팔려나가는 운명이 되었다. 하지만 로마의 교회들은 초기의 비전을 완전히 잃어버리지는 않았다. 로마의 교회들은 수도원 운동이 일어날 수 있는 여지를 마련해 줄 정도의 기민機敏함을 보였다. 그로 인해 로마 교회가 분열되는 실수를 막을 수 있었다는 것은 교회사에서 볼 때 대단히 높이 살 만한 일이다.

과거의 비전이 로마 교회에서 계속 존재할 수 있었던 것은 교회 외곽에 포진한 수도원 때문이었다. 수도원에 있는 사람들은 은혜의 가치를 알았고, 그 은혜는 그리스도를 따르는 것을 의미한다고 이해하였다. 수도원에서 수도사들은 그리스도를 위해서 자신의 모든 소유를 버리고 그분의 엄격한 계명을 실천하느라 날마다 고군분투하였다. 그리하여 수도원 운동이 기독교의 세속화에 저항하고, 은혜를 싸구려로 만드는 것에 대해서 강력하게 저지하였다. 그러나 로마의 교회는 이런 저항을 관용하였고 세속화를 저지함으로 마침내 폭발할 수 있는 길을 미리 차단할 만큼 이해가 밝았다. 그렇게 함으로써 교회는 이 저항을 적절히 다루는 데 성공하였다.

수도원 생활은 대다수 평신도가 흉내조차 낼 수 없었던 개인적인 성취의 표상으로 인식되었다. 이처럼 예수님의 계명을 소수 특정 그룹에만 한정시켜 적용함으로써 교회는 그리스도인에게 있어서 순종의 표준을 최대치와 최소치라는 이중 잣대로 전개해 나갔다. 극히 세속화되었다는 비난의 소리를 들을 때마다 교회는, 교회라는 울타리를 벗어나지 않고도 더 고상한 삶을 위한 기회로 수도원을 가리킬 수 있었으며 수도원을 통해서 수준 낮은 삶을 살아갈 소지가 있는 일반 사람들도 변명의 구실을 찾을 수 있었다.

그래서 수도원의 사명은 로마 교회 안에서 초대 교회가 인식하고 있었던 은혜의 값비싼 가치를 보존하는 것인데 그것이 오히려 교회의 세속화를 정당화하는 데 결정적인 이바지를 하였다. 일반적으로 수도원의 치명적인 실수는 엄격한 규율에 있다기보다는 (비록 여기서조차 예수님의 뜻에 대한 정확한 내용을 상당 부분 오해하긴 했지만) 선택된 소수의 개인적인 업적을 부추김으로써 참된 기독교 정신에서 벗어나서 수도원 자체의 특별한 공로를 강조한 데 있다.

종교개혁 시대에 하나님은 자신의 종 마틴 루터를 통해서 순수하고 값비싼 은혜의 복음을 다시금 회복하려는 뜻을 품고 계셨다. 루터는 수도원 생활을 경험하였다. 그는 수도사였으며 이 모든 것이 하나님께서 예정해 놓으신 계획의 한 부분이었다. 루터는 절대적인 순종의 길에서 그리스도를 따르기 위해서 모든 것을 버렸다. 그는 순종하는 자만이 믿을 수 있으므로 참된 그리스도인의 삶을 살아가기 위해서 세상을 포기하고 그리스도와 교회에 순종하는 법을 체득해 나갔다.

루터에게 있어서 수도사로서의 소명을 받아들이는 것은 자신의 삶을 송두리째 포기하는 것을 의미하였다. 그러나 하나님은 그의 소망을 산산이 부숴 놓으셨다. 하나님은 그에게 그리스도를 따르는 것은 선택된 소수의 업적이나 공로가 아님을 성경을 통해서 보여 주셨다. 그것은 차별 없이 모든 그리스도인에게 부과된 하나님의 명령이었다.

수도원 생활은 '제자도'라는 겸손한 사역을 성자들의 공로 행위로 변질시켰고 제자도의 자기 포기를 '경건한' 자들의 노골적인 영적 자기주장으로 변형시켰다. 세상이 수도원 생활의 중심으로 기어들어 와 다시 한번 엄청난 혼란을 일으키고 있었다. 세상으로부터 도피하려던 그 수도

사의 시도는 세상을 향한 미묘한 형태의 사랑이라는 사실이 드러났다.

이처럼 경건 생활의 밑바닥이 드러나자 루터는 은혜를 붙잡았다. 수도원 생활이 통째로 무너져 내릴 때 그는 그리스도 안에서 구원의 손길을 펼치시는 하나님을 보게 되었다. '최선의 삶에서도 우리의 행위는 무익하기 이를 데 없다'(롬 3:23 참조 -역자 주)는 것을 인식하면서 그는 믿음으로 그 손길을 붙잡았다. 그에게 부여된 은혜는 값비싼 은혜였다. 그 값비싼 은혜는 그의 전 존재를 산산조각 냈다.

다시 한번 그는 그물을 버려두고 따라야만 하였다. 첫 번째는 수도원에 입문할 때였으며, 그때 그는 자신의 경건한 모습만 남겨두고 모든 것을 뒤로하고 세상으로부터 떠났다. 이번에는 그것조차 빼앗기게 되었다. 그는 자신의 공로를 통해서가 아니라 그저 하나님의 은혜로 말미암아 부르심에 순종하였다. 루터는 다음과 같이 속삭이는 말에 귀를 기울이지 않았다. "물론 넌 죄를 지었어. 그러나 이젠 모든 것을 용서받았잖아. 그러니 현재 모습 그대로 지내면서 용서의 위안을 누릴 수 있는 거야." 루터는 그렇게 하지 않았다. 루터는 수도원을 떠나 세상으로 돌아가야만 하였다. 세상이 선하고 거룩해서가 아니라 수도원도 세상의 일부분이었기 때문이다.

수도원을 떠나 세상으로 돌아간 루터의 행보는 초대 교회 시절 이후로 이 세상이 겪었던 최악의 충격이었다. 수도사가 되었을 때의 자기 포기는 세상으로 돌아왔을 때의 포기와 비교해 보면 그야말로 어린애 장난이었다. 이제는 정면 공격의 화살이 날아왔다. 예수님을 따르는 유일한 길은 세상 가운데서 살아가는 것이었다. 지금까지는 그리스도인의 삶이 수도원 생활이라는 특별히 호의적인 환경 속에서 선택된 소수의 영혼을 위한 공적이었다. 하지만 이제 그리스도인의 삶은 세상 속에서 살아가는 모든 그리스도인에게 부과된 임무가 되었다. 일상적인 삶 가운데서 예수님의 계명에 완벽하게 순종하는 모습을 드러내야 한다. 그리하여 그리스도인의 삶과 세상적인 삶이 극한 갈등으로 대립되었다. 그것은 그리스도인과 세상이 맞붙어 싸우는 백병전이었다.

  루터가 순전한 은혜 pure grace의 복음을 재조명함으로써 예수님의 계명을 전적으로 순종할 필요가 없다는 빌미를 제공했다고 생각하는 것은 크나큰 오해이다. 하나님께서 베푸시는 죄 용서의 은혜는 자동적으로 세상 사람들에게 의와 거룩 두 가지 모두를 부여한다는 것이 종교개혁의 위대한 발견일까? 아니다. 이는 치명적인 오해이다.

  그와 반대로 루터의 입장에서 보면, 세상 속의 그리스도인에게 주시는 소명은 그 부르심을 따라 세상에 대해서 최종적이고도 급진적인 저항을 표명할 때만 거룩해진다. 예수님을 따라감에 있어서 세상 속의 그리스도인에게 주신 소명이 실행될 때만 복음으로부터 나오는 새로운 인정과 칭의를 받게 된다. 루터가 수도원을 벗어나 세상으로 돌아가게 된 동기는 '죄에 대한 칭의'(죄를 정당화하다. −역자 주)가 아니라, 죄인에 대한 칭의(죄인이 회개하고 예수 그리스도를 믿음으로 의롭다 함을 받다. −역자 주)에서 비롯되었다. 그가 받은 은혜는 값비싼 은혜였다. 값비싼 은혜는 메마른 땅을 적시는 단비와 같은 것이었고, 고난 가운데서 얻는 위로였다. 값비싼 은혜는 스스로 선택한 길 때문에 걸려든 굴레에서 벗어나는 자유이자 모든 죄가 용서받는 죄 사함이었기에 은혜가 되었다.

  은혜가 값비싼 이유는 은혜란 그가 행한 선행으로부터 그에게 베풀어지는 것이 아니며, 어느 때보다도 더 그 소명을 귀하게 받들어 제자도의 길을 따라야 한다는 것을 뜻하기 때문이다. 은혜가 은혜가 되는 이유는 은혜가 엄청난 대가를 지불한 것이기 때문이고, 그 이유로 대가의 지불이 도리어 은혜가 되었다. 죄인에 대한 칭의, 이것이 바로 종교개혁의 불씨가 된 복음의 비밀이었다. 하지만 종교개혁은 은혜의 순수성, 은혜의 값비싼 가치라는 루터의 인식이 아니라 은혜를 가장 값싸게 얻을 수 있는 곳을 재빨리 알아차리는 인간의 종교적 본능의 승리로 끝이 났다. 그것은 감지하지 못할 정도로 강조점만 살짝 바꾸면 되는 것이었다. 그 결과 은혜가 훼손당하였다.

아무리 경건한 길을 가고 선한 일을 한다 해도 인간은 하나님 앞에 설 수 없다는 것이 루터의 가르침이었다(롬 3:23 참조 –역자 주). 왜냐하면 인간의 밑바탕에는 언제나 자신의 이익을 도모하고자 하는 본능이 자리하고 있기 때문이다. 극도로 비참한 상태에서 루터는 자신의 모든 죄를 값없이 무조건적으로 용서해 주시는 사죄의 은혜를 믿음으로 붙잡았다. 이 같은 경험을 통해서 루터는 이 은혜가 바로 자신의 생명을 대가로 요구한다는 것을 체득하게 되었고 그것도 날마다 계속해서 동일한 대가를 지불해야 한다는 것을 깨닫게 되었다.

이 은혜는 제자도를 면제해 주기는커녕 더욱더 제자의 길에 정진하도록 만들었다. 은혜에 대해서 말할 때마다 루터는 자신의 삶을 대가로 바쳐야 하였고, 그때 처음으로 그리스도께 굴복하는 절대적인 순종에 이르게 된 것이 은혜의 당연한 결과라는 것을 의미하였다. 그러므로 그는 은혜에 관해서 이렇게 말할 수밖에 없었다.

루터는 은혜로만 구원받을 수 있다고 말하였다. 루터의 제자들은 그의 가르침을 액면 그대로 받아들여 되풀이하였다. 그러나 그들은 '제자도의 의무'라는 바뀔 수 없는, 당연한 결론을 빠뜨렸다. 루터는 그 결과를 항상 명백하게 언급할 필요는 전혀 없었다. 왜냐하면, 그는 은혜를 힘입어 그리스도를 따르는 제자도를 가장 엄격하게 수행하고 있었기 때문이다.

루터가 가르친 교리의 기준에서 판단해 보면, 그의 제자들이 주장한 교리의 수준은 논쟁의 여지가 없었다. 그런데도 그들의 정통 교리는 '하나님의 값비싼 은혜를 이 세상에 드러낸 종교개혁'의 종말을 가져오고 오히려 망쳐 놓는 결과를 낳았다. 세상 속의 죄인에 대한 칭의는 죄와 세상에 대한 칭의(정당화를 의미한다. -역자 주)로 변질되고 말았다. 값비싼 은혜는 제자도가 없는 값싼 은혜로 변질되어 버렸다.

비록 최선의 삶을 살더라도 우리의 행위는 무익하다는 것이 루터의 지론이다. 그는 우리가 하나님 앞에 내세울 것은 아무것도 없고 오로지 "은혜grace와 은총favor을 통해서만 죄가 용서된다"고 말하였다. 하지만 그가 이런 말을 한 것은 자신이 위기에 처해 있던 바로 그 순간에 그가 가진 모든 것을 버리고 예수님을 따르라는 부르심을 두 번째로 받은 경험이 있었기 때문이다.

루터가 자신을 끊임없이 괴롭히는 죄로부터 빠져나올 수 있었던 최종적이고도 급진적인 돌파구는 은혜의 깨달음이었지, 그 죄에 대한 칭의(정당화를 의미한다. -역자 주)가 아니었다. 하나님께서 베푸시는 사죄의 은총을 견고히 붙듦으로, 자기 고집대로 살아가던 자신의 삶에 철저히 최종적이고도 급진적인 종지부를 찍게 되었고, 이런 돌파구가 결국 진지하게 그리스도를 따르는 결단으로 이끈 것은 당연한 이치였다. 루터는 '나를 따르라'는 부르심에 응하는 결단을 언제나 '값비싼 은혜'를 받은 자의 해답으로 간주하였다. 그 해답은 인간의 영역이 아닌 하나님에게서 나왔다.

그러나 루터의 후예들은 '값비싼 은혜'를 받은 자의 해답으로서의 결단을 '값싼 은혜'의 결과로 바꾸어 버렸다. 여기서 모든 재앙이 시작되었다. 만일 은혜가 하나님의 해답이며 그리스도인의 삶이라는 선물이라면, 우리는 그리스도를 따르지 않고서는 한순간도 살아갈 수 없다는 결론이 나온다. 그러나 만일 은혜가 그리스도인의 삶을 위한 장식에 불과한 것이라면, 그것은 이미 칭의받음으로(값싼 은혜에 의해서 정당화되어 용서받은 줄로 여기는 -역자 주) 정당화된 온갖 죄를 안고 세상 속에서 그리스도인으로 사는 삶을 시작해도 된다는 결론이 난다. 즉, 마음이 끌리는 대로 돌아다니며 죄를 짓고 나서는 다시 용서해 주시는 이 은혜를 의지하면 그만이라는 말이다. 왜냐하면 온 세상이 결국 이 은혜의 원리에 의해서 의롭다 칭함을 받을 것이기 때문이다.

그러면 여태껏 그랬듯이 속물적인 근성을 가지고 세속적인 삶을 계속 누릴 수 있고 하나님의 은혜가 나를 덮어 줄 것이라는 자신감마저 더 생기게 된다. '세속에 물든 그리스도인'이 만들어지는 것은 바로 '이런 유형의 은혜'에 영향을 받고 있기 때문인데 그로 인해서 그리스도인의 신앙은 그 어느 때보다도 더욱 세속화되었다. 참된 그리스도인의 삶과 세속적으로 각광받는 삶 사이의 대조적인 색채는 이제 빛을 잃었다. 세상 속에서 그리스도인으로 살아가는 것은 세상 사람들의 삶과 별다른 의미가 없게 되었다. 세상과 전혀 구별되지 않는 것은 물론이고 사실은 은혜로 인해서 세상으로부터 구별되는 것이 금기시되고 있다.

한마디로 요약하자면 그리스도인으로서의 유일한 임무는 주일날 아침 한 시간 정도 세상을 떠나 교회로 가서 모든 죄가 용서받았다는 확신을 되새기면 되는 것이다. 값싼 은혜로 인해서 이제는 더 이상 그리스도를 따를 필요가 전혀 없다. 값싼 은혜는 제자도를 철천지원수(徹天之怨讐)로 생각한다. 값싼 은혜는 참된 제자도를 혐오스럽게 여겨 피해야 한다고 가르치면서 제자의 의무에서 우리를 해방시켜 주었다.

제자도 없는 은혜는 싸구려 은혜이다. 전적으로 주님을 따르는 결과로 주어지는 은혜는 값비싼 은혜이다. 복음의 참된 가르침이 어떤 식으로 사용될 수 있는가를 깨닫게 되면 간담이 서늘해진다. 두 가지 경우 모두 '믿음으로만 구원을 얻는다'는 '이신칭의'(以信稱義)라는 동일한 공식이 있다. 하지만 이 공식을 오용하게 되면 본질의 의미는 깡그리 소멸되고 만다.

지식을 추구하다 세월을 보낸 파우스트(Faust)는 말년에 이렇게 고백을 한다. "우리는 아무것도 알 수 없다는 사실을 나는 이제야 깨닫게 되었다." 그의 말은 결과로서 한 말이다. 그것은 기나긴 경험의 결과이다. 그러나 키에르케고르(Kierkegaard)가 말했듯이 이제 갓 대학에 입학한 신입생이 자신의 태만을 정당화하려는 입장에서 이런 문장을 사용하면 전혀 다른 뉘앙스를 풍기게 된다. 파우스트의 말은 결과로서는 참말이지만 초기에 전제되는 언어로 사용하면 일종의 자기기만의 언어가 된다. 획득된 후천적 인식은 획득된 실체와 불가분의 관계이기 때문이다.

은혜로만 구원을 받는다고 말할 수 있는 권리를 얻을 수 있는 유일한 사람은 예수 그리스도를 따르기 위해서 모든 것을 버린 자이다. 그런 자는 제자도의 부르심이 은혜의 선물이며 그 소명은 은혜와 분리될 수 없다는 것을 잘 알고 있다. 그러나 이 은혜를 예수 그리스도를 따르지 않아도 되는 면제용으로 오용하려 드는 자들은 한마디로 자신을 기만하고 있는 것이다.

그러나 다음과 같은 문구를 보면 '위험스럽게도 루터 자신도 은혜를 이런 식으로 왜곡할 뻔하지 않았나?'라는 의문을 제기할 수도 있다. "대담하게 죄를 지어라. 그러나 이보다 더 담대하게 그리스도를 믿고 즐거워하라 Pecca fortier, sed fortius fide et gaude in Christo. 어쨌든 우리는 모두 죄인이며, 죄 문제에 관해서 누구든 손쓸 방도가 전혀 없지 않은가. 수도사이든 세상 사람이든 경건한 사람이든 수준 이하의 사람이든, 세상살이의 노고와 죄로부터 몸을 피할 곳은 한 군데도 없다. 그러니 담대한 얼굴을 하고 '은혜에 의해서 수행된 작업' opus operatum of Grace을 의지할 수 있기에 한층 더 담대하라."

과연 이 말이 값싼 은혜의 노골적인 선포이자, 죄에 대한 면죄부이며, 제자도의 폐기를 선언하는 것일까? 이 말은 하나님께서 베풀어 주신 은혜를 빙자해서 제멋대로 죄를 지으라는 불경스러운 권면일까? 그렇다면 가톨릭의 교리문답서에 따라 이것을 성령을 거스르는 죄로 탄핵하는 것이 타당하지 않을까?

만일 루터의 공식을 은혜 교리를 위한 전제로 삼는다면 그것은 값싼 은혜의 망령을 불러들이는 꼴이 된다. 그러나 루터의 명제는 본래 전제가 아닌 결론으로, 그 주제를 확정짓는 마지막 말로 이해하게 되어 있다.

"대담하게 죄를 지으라"는 문구 속에 담긴 원리는 은혜의 원리와 일치해야 하는데, 만일 그것을 전제로 이해한다면 그것은 윤리적 원리의 성격을 띠게 된다. 그렇게 되면 죄에 대한 칭의로 전도되어 루터의 명제는 정반대로 왜곡되고 만다. 루터에게 있어서 "대담하게 죄를 지으라"는 그의 명제는 그리스도를 따라가려는 시도 속에서도 자신은 결코 죄 없는 인간이 될 수 없다는 것을 절감하게 된 자나 자신의 죄가 두려워 하나님의 은혜를 포기하려는 자에게 마지막 남은 유일한 피난처이자, 위로가 될 수 있다는 의미를 내포하고 있다.

루터가 보았듯이, "대담하게 죄를 지으라"는 것은 그가 그의 불순종적인 삶을 근본적으로 자백하는 일은 일어나지 않았다는 것이다. 우리는 언제나 죄인이며 어떤 상태에서나 죄인일 수밖에 없다는 자신의 참모습을 발견하게 되는 것은 오로지 하나님께서 주신 은혜의 복음 앞에 섰을 때만 가능한 것이다. 하지만 이 은혜는 우리가 죄인이라 할지라도 그런 우리를 찾아와 의롭다고 인정한다. 그렇다면 죄에서 도망치지 말고 더욱 담대한 믿음을 가지고 용기를 내어 죄를 고백하라고 루터는 말한다. "당신은 죄인이다. 그러니 죄인이 되어라. 당신이 아닌 다른 모습이 되고자 애쓰지 말라. 정말이지 몇 번이라도 더 죄인이 되어라. 그것에 대해서 담대하라."[3]

하지만 이 같은 말은 매일같이 마음속 깊은 곳에서부터 죄를 물리치고자 애를 쓰고 그리스도를 따라가지 못하도록 방해하는 모든 장벽을 걷어내려고 허우적거리지만, 결국 자신의 불신과 죄로 인해서 고민하는 자들에게나 들려줄 수 있는 것이다. 신앙을 위태롭게 하지 않는 한, 이런 말을 위로 삼아 재차 힘을 얻어 그리스도를 따르는 자 외에, 어느 누가 그 말을 들을 수 있겠는가? 이런 식으로 받아들인다면 루터의 말은 은혜를 진짜 은혜 되게 하는 '은혜의 값비싼 가치'에 대한 간증이 된다.

"대담하게 죄를 지으라"는 원리를 값싼 은혜의 원리로 해석한다면

---

[3] "그러므로 형제들아 우리가 예수의 피를 힘입어 성소에 들어갈 담력을 얻었나니"(히 10:19)의 적용으로 보인다. −역자 주

그 은혜는 결국 도움도 자유도 주지 못하는 새로운 율법에 지나지 않는다. 한편, 은혜를 살아 있는 하나님의 말씀으로 "대담하게 죄를 지으라"는 명제를 고난 가운데서 우리가 만나는 위로이자 제자도의 부르심으로 이해한다면, 값비싼 은혜만이 순수한 은혜이며 그것만이 죄를 용서하고 죄인에게 자유를 안겨 준다.

루터교도들은 값싼 은혜라는 시체의 주변에 독수리처럼 모여들었고, 거기서 저들은 그리스도를 따르는 자들의 목숨을 앗아간 그 독을 빨아들였다. 물론 저들이 순수한 은혜에 대한 가르침에 대해서, 교계에서는 유례가 없을 정도로 거룩한 존경심으로 예우를 표했다는 것은 사실이다. 사실 저들은 그 가르침을 너무 숭배한 나머지 하나님의 위치에까지 올려놓았다. 곳곳에서 루터의 말들이 인용되고 있지만, 그 진리는 자기기만으로 다음과 같은 식으로 왜곡되고 있다. 만일 교회가 칭의의 교리를 올바르게 견지하고 있다면, 교회가 어떤 모습이든지 칭의된 교회임이 분명하다. 그래서 그들은 이렇게 말하였다. 우리는 이 은혜를 가장 싸고도 가장 쉬운 말로 바꾸어 누구나 접할 수 있도록 해야 한다. 그렇게 해야만 루터의 유산을 지켜나갈 수 있다.

이것이 바로 우리들의 생각이었다. 결과적으로 독일의 개신교도들은 루터교인이 되었다. '루터교도'가 된다는 것은 그리스도를 따르는 제자도를 율법주의자, 칼빈주의자, 광신자들의 몫으로 떠맡긴다는 것을 의미하였다. 이런 모든 것에 은혜가 방패막이로 사용되었다. 우리는 세상을 의롭다고 하고, 그리스도를 따르기 위해서 고심하는 자들을 이단으로 몰아세웠다. 그 결과 한 나라의 백성이 모두 그리스도인이 되고 루터교도가 되었다. 거기에 지불해야 하는 모든 대가는 너무나 값싼 것이었다. 값싼 은혜가 결국 승리하고 만 것이다.

그러나 이 같은 값싼 은혜가 자업자득이 되어 우리에게 되돌아왔다는 사실 역시 알고 있는가? 오늘날 조직 교회의 붕괴라는 형태로 우리가 치러야 할 대가는 은혜를 모두가 다 이용하도록 헐값으로 팔아넘긴, 우리가 취한 정책의 피할 수 없는 결과인 것이다. 우리들은 말씀과 성례전을 도매금으로 넘겨주었고, 묻지도 않고 무조건 세례를 주고 입교를 베풀었으며, 온 국민의 죄를 용서해 주었다. 우리들은 인간적인 사랑으로 비방자들과 불신자들에게 성스러운 것을 주었으며, 은혜의 폭포수를 한없이 쏟아부었다.

그러나 좁은 문으로 들어가 예수님을 따르라는 소리는 여간해서 들리지 않았다. 초대 교회로 하여금 세례문답을 만들도록 하고, 교회와 세상 사이에 그어 놓은 경계선을 지킬 수 있도록 엄격하게 파수꾼을 세워 두었던, 값비싼 은혜를 보호하기 위해서 적절한 조치를 가능하게 했던 그 진리는 어디로 사라진 것일까? 불신앙의 삶 가운데서 안주하게 만드는 값싼 복음 선포를 그렇게도 경고했던 루터의 외침은 다 어떻게 된 것일까? 세상이 기독교의 세상이 되었는데도 이보다 더 끔찍하거나 절망적인 사례를 달리 찾아볼 수 있었던가? 오늘날 독일에서 신앙생활을 하는 수백만 명에 이르는 영적 송장들을 샤를마뉴 Charlemagne 대제에 의해서 죽임을 당한 3,000명의 작센족들과 비교해 보면 어떻겠는가? 샤를마뉴 대제는 기독교를 포교한다는 명분으로 개종을 거부하는 이교도인 작센족을 무자비하게 죽였다. 아비의 죄가 대물림되어 삼사 대까지 내려간다는 것이 우리에게는 너무나 자명한 사실이 되었다. 값싼 은혜는 우리 개신교회의 입장에서 보면 극히 무자비한 것으로 드러났다.

값싼 이 은혜는 우리 자신의 영적 삶에도 재난을 초래하였다. 그것은 그리스도께로 가는 길을 열어 주는 것이 아니라 오히려 닫아 버리고 말았다. 그것은 그리스도를 따르도록 우리를 불러내는 것이 아니라 더욱 완악하게 만들어 불순종 가운데로 끌어들였다. 어쩌면 우리도 한때 그를 따르라는 은혜의 부르심에 귀를 기울인 적이 있었을 것이다. 그리고 그 명령을 따라 제자도의 길을 걷는 순종의 발걸음을 시도해 보기도 하였을 것이다. 하지만 결국 우리를 기다리고 있던 것이 값싼 은혜의 말씀이었을 때 그것은 정말 가혹하고도 황당한 경험이 아니었던가!

그들의 말이 우리에게 미치는 단 하나의 영향력은 우리가 나아가는 길을 막아서서 세상 사람들의 평범한 수준으로 내려오라고 우리를 미혹하는 것이다. 그들은 우리가 스스로 택한 길을 따르느라 쓸데없이 힘만 낭비하고 있다고 하면서 제자도의 기쁨을 소멸시키려 든다. 그것도 아무리 힘써봤자 무익하고, 위험스럽기 짝이 없는 일이라고들 입방아를 찧는다. 결국 우리의 구원은 하나님의 은혜로 말미암아 이미 완성되어 있다는 게 그들의 논지다.

그리하여 가물거리던 등불은 무참히 꺼지고 말았다. 사람들에게 그렇게 말하는 것은 친절한 처사가 아니었다. 값싼 제안은 그리스도의 부르심을 받고 따라가던 이들을 난처한 처지로 몰아넣어 그 길에서 돌아서도록 미혹했기 때문이다. 값싼 은혜에 매달리게 되자 값비싼 은혜를 깨달을 길이 요원해지고 말았다. 속임을 당하고 연약해진 인간들은 이제 그들이 이 같은 값싼 은혜를 소유하게 되었기 때문에 강해졌다고 느꼈다. 그러나 사실은 제자도와 순종의 삶을 살아갈 능력을 상실하였다. 행위를 요구하는 계명 commandment 이 아니라 은혜를 운운하는 값싼 은혜란 이 말이 수많은 그리스도인을 파멸로 내몰았다.

이제는 이런 문제로 고민하는 자들과 은혜라는 말이 지닌 그 모든 의미를 잃어버린 자들에게 필요한 메시지를 고민하면서 다음 장을 열어 갈 것이다. 이 메시지는 진리를 위해서, 그리고 값싼 은혜로 인해서 그리스도를 따르는 제자도를 상실했거나 아니면 그리스도를 따라가면서도 값비싼 은혜에 대한 올바른 인식을 잃어버렸다고 고백하는 자들을 위해서 반드시 선포되어야 한다.

간단히 말해서, 이제 우리는 더 이상 진정한 제자도의 길에 서 있지 않다는 것을 인정할 각오가 되어 있으므로 이 일을 반드시 감행해야 한다. 은혜 교리에 관해서 우리 교회가 정통인 것은 사실이나 이제 우리는 더 이상 교회의 주인이신 주님Lord을 따르는 교회의 한 지체라고 확신할 수 없다는 것을 스스로 고백하고 있다. 따라서 우리는 은혜와 제자도의 상호 연관성을 제대로 파악해서 원상태로 돌려놓을 시도를 해야 한다. 이 문제를 더 이상 도외시해서는 안 될 것이다. 현시대를 그리스도인으로 올바르게 살아가려면 어떻게 해야 하는 것일까? 이것이 바로 교회를 괴롭히는 가장 긴급한 문제라는 사실이 날이 갈수록 더욱 명백하게 드러나고 있다.

즉, 은혜란 예수 그리스도 안에 거할 때 값없이 주시는 하나님의 은총이기 때문에 값비싸다는 것을 조금도 놀라지 않고 자명한 이치로 받아들이는 이들은 참으로 복되지 않은가. 예수 그리스도의 은혜에 정복되어, 아무런 조건 없이 그를 따르면서 겸손한 마음으로 그리스도의 충만하신 은혜를 찬양하는 이들은 정말 복 있는 자들이다.

그 은혜를 알기에 세상 속에서도 세상에 물들지 않고 살 수 있는 자들, 예수 그리스도를 따라감으로써 시민권이 하늘에 있다는 것을 확신하기 때문에 이 세상에서 삶을 살아가기에 진정 자유로운 자들이야말로 진정 복 있는 사람들이다. 제자도는 은혜로부터 나오는 삶을 뜻하며, 그리고 그 은혜가 바로 제자도를 뜻한다는 것을 깨달은 자들은 복이 있다. 이런 의미에서 볼 때, 은혜를 아는 그리스도인이 된 자들은 진정 복 있는 자들이다. 그들에게 '은혜의 말씀이 자비의 원천'임이 증명되었기 때문이다.

2장

제자도에 대한 소명
The Call to Discipleship

또 지나가시다가 알패오의 아들 레위가 세관에 앉아 있는 것을 보시고 그에게 이르시되 나를 따르라 하시니 일어나 따르니라_막 2:14

예수님께서 소명을 주셨을 때, 제자들은 즉시 순종하였다. 제자들은 예수님께 대한 신앙고백으로 그친 것이 아니고, 순종이라는 행위로 반응하였다. 그 소명이 어떻게 그런 즉각적인 순종을 유발할 수 있었을까? 이것은 논리적인 생각으로는 도무지 이해가 되지 않는 일이다. 그래서 이 두 가지, 즉 소명과 순종을 분리하고자 하는 필사적인 시도가 아직도 계속되고 있다. 어떻게 하든 이 두 가지 사건을 연결할 수 있는 고리를 찾아내야만 한다. 심리적이든 역사적이든 간에 이 둘 사이에 무슨 일이 일어난 것만은 틀림이 없다.

이런 맥락에서 우리는 다음과 같은 어리석은 추론을 펼치게 된다. 레위라고 불렸던 세리 마태는 분명 이전부터 예수님을 알고 있었고 스승Master의 부르심을 즉각적으로 받아들일 수 있었던 것은 이전에 안면이 있었기 때문이다. 하지만 본문은 이 같은 관점에 대해서 한 치의 양보도 없이 완전한 침묵으로 일관하면서, 오히려 소명과 응답의 직접적인 연속성을 가장 중요한 문제로 본다. 본문은 인간이 신앙의 결단을 내릴 때의 심리적인 이유 같은 것은 관심조차 보이지 않는다. 무엇 때문일까? 이유는 간단하다.

소명에 즉각적으로 순종하는 반응을 보인 주된 동기는 바로 그분이 예수 그리스도이시기 때문이다. 부르시는 이는 예수님이시기 때문에 세리 마태는 당장에 따른 것이다. 이 만남은 예수님의 절대적이고, 직접적이며, 이해할 수 없는 권위를 증언한다. 그 만남에는 그 어떤 예비단계도, 순종 외에 그 어떤 다른 결과도 없다.

예수님은 그리스도이시다. 그러므로 제자를 부르실 수 있고 자신의 말씀에 대한 순종을 요구하실 수 있는 권세가 있는 것이다. 예수님은 단지 선생으로서 또는 훌륭한 인생을 사신 모범적인 인물로서 자신을 따르라는 것이 아니고, 예수님 자신이 하나님의 아들이요 구세주임을 알고 자신을 따르라고 명하셨다. 이렇게 짧은 본문을 통해서 예수 그리스도께서 누구신지 그리고 예수 그리스도께서 무엇을 삶 속에서 요청하시는지에 대해서 사람들을 향하여 선포하신다.

그리스도를 따르기로 한 그 제자의 결단을 칭찬하는 말은 한 군데도 없다. 우리의 시선은 그 제자가 아니라 오직 그를 부르시는 자, 그분의 권세로 쏠려야 한다. 본문에 의하면, 예수님의 부르심에 대한 순종 외에는 신앙이나 제자도에 이르는 길은 한 군데도 없다. 다른 길은 결코 존재하지 않는다.

제자도에 관해서 본문이 우리에게 가르쳐 주는 내용은 무엇인가? "나를 따르라, 내 뒤를 따라오라!" 이것이 전부다. 예수님의 발자취를 따라가는 데 다른 내용은 없다. 제자도는 인생행로에 필요한 알기 쉬운 프로그램을 제시하는 것이 아니다. 그렇다고 해서 인생이 추구해 나아가야 할 목표나 이상을 제시해 주는 것도 아니다. 인간적으로 계산해 보면, 제자도는 우리 자신을 바칠 만한 가치가 있을 것 같지 않은 대의명분이다.

그렇다면 무슨 일이 일어났을까? 소명이 떨어지자마자 마태는 자신이 가진 모든 것을 버린다. 뭔가 가치 있는 일을 할지도 모른다는 생각에서가 아니라, 정말 소명 그 자체 때문이다. 그렇게 하지 않고서는 예수님의 발자취를 따를 수 없기 때문이다. 예수님의 소명에 대한 마태의 순종 자체는 아무런 가치가 없으며 의미도 없고 깊이 생각해 볼 것도 없다. 제자 레위는 단지 배수의 진을 치고 행동한 것뿐이다. 그는 밖으로 나오라는 예수님의 부르심을 받고, 문자 그대로 '제자'로 살아가기 위해서 그 옛 생활을 청산해야 한다.

그는 이미 등진 옛 생활을 완전히 포기해 버린다. 그 제자는 상대적으로 안정된 삶에서 완전히 불안정한 삶으로 불려 나간다. 하지만 예수님과 함께 교제한다는 점에서 절대적으로 안정되고 편안한 삶이다. 전망할 수 있고, 예측할 수 있는 삶에서 전혀 예측할 수 없고 우연히 전개되는 듯한 삶으로 불려 나간다. 하지만 예수님과 함께하고 있다는 점에서 필연적이며 예측 가능한 삶이다. 한정된 영역에서 떠나 무한한 가능성의 영역, 즉 현실을 해방시키는 영역으로 불려 나간다.

다시 강조하지만 제자도는 일반적인 법칙이 아니다. 모든 법칙의 정반대이다. 제자도는 모든 프로그램, 온갖 이념理念, 갖가지 원칙을 철저히 벗어던지고 오직 예수 그리스도의 멍에를 메는 것이다. 다른 것이 끼어들 여지가 없다. 예수님만이 유일하게 의미를 지니기 때문이다. 여기서 예수님 외에 중요한 것은 아무것도 없다. 오로지 예수님이 시면 되는 것이다.

그리스도를 따르라는 소명을 받을 때, 우리는 전적으로 그분에게 접붙인 바 되도록 소환되는 것이다. 우리를 불러 주시는 주님의 은혜는 우리를 얽어매고 있는 율법의 모든 속박으로부터 우리를 해방시킨다. 그것은 은혜로운 부르심이자, 은혜로운 계명이다. 그것은 율법과 복음의 차이점을 초월한다. 그리스도는 부르시고, 제자 마태는 따른다. 그것은 은혜인 동시에 계명이다.

내가 주의 법도들을 구하였사오니 자유롭게 걸어갈 것이오며_시 119:45

제자도란 '그리스도께 충실히 붙어 있는 것'요 15:4을 의미한다. 그리고 붙어 있는 대상이 그리스도이시기 때문에 그것은 제자도의 형태를 취해야만 한다. 그리스도에 관한 추상적인 지식, 교리체계, 은혜나 죄 용서에 관한 일반적인 종교 지식은 제자도를 불필요한 것으로 만든다. 따라서 그런 지식은 그리스도를 따르는 제자도의 전체 개념에 대해서 본질적으로 적대적이다.

추상적인 이념만으로 형식적인 지식에 들어갈 수 있다. 그러다가 열광하는 상태가 되면 그 지식을 실천에 옮길 수도 있다. 그러나 거기에 개인적인 순종이 뒤따르는 법은 없다. 살아 계신 그리스도가 없는 기독교는 반드시 제자도가 없는 기독교가 된다. 그리고 제자도가 없는 기독교는 언제나 그리스도가 없는 기독교가 된다. 그것은 추상적인 이념인 신화에 그치고 만다. 추상적인 이념으로서 신화에는 성부聖父이신 하나님을 위한 여지는 있지만, 살아 계신 하나님의 아들로서 그리스도가 배제되는 것이다. 그런 성격의 기독교는 제자도에 종지부를 찍는 것과 다를 바 없다. 그 신앙에는 하나님에 대한 신뢰는 있지만, 그리스도를 따르는 일은 있을 수 없다.

하나님의 아들께서 사람으로 오시고 우리의 중보자가 되신 그 이유만으로도 우리는 그분을 따를 수밖에 없다. 그것이 우리가 그분과 가지게 되는 유일하고도 참된 관계이다. 제자도는 중보자 되시는 그리스도와 결부되어 있다. 따라서 이 부분을 올바르게 이해한다면 제자도에는 반드시 하나님의 아들을 중보자로 받아들이는 신앙이 수반되는 것이다. 하나님이자 사람이신 중보자만이 사람들을 불러내어 당신을 따르도록 하실 수 있다.

예수 그리스도가 없는 제자도는 우리가 스스로 선택한 길이다. 그것이 이상적인 길이 될 수도 있다. 심지어 순교로 인도할지도 모른다. 하지만 그것은 아무런 약속도 보장받을 수 없는 공허한 길이다. 예수님은 그 길을 분명히 배척하실 것이다.

> 길 가실 때에 어떤 사람이 여짜오되 어디로 가시든지 나는 따르리이다 예수께서 이르시되 여우도 굴이 있고 공중의 새도 집이 있으되 인자는 머리 둘 곳이 없도다 하시고 또 다른 사람에게 나를 따르라 하시니 그가 이르되 나로 먼저 가서 내 아버지를 장사하게 허락하옵소서 이르시되 죽은 자들로 자기의 죽은 자들을 장사하게 하고 너는 가서 하나님의 나라를 전파하라 하시고 또 다른 사람이 이르되 주여 내가 주를 따르겠나이다마는 나로 먼저 내 가족을 작별하게 허락하소서 예수께서 이르시되 손에 쟁기를 잡고 뒤를 돌아보는 자는 하나님의 나라에 합당하지 아니하니라 하시니라_눅 9:57-62

첫 번째 사람은 불러 주실 때까지 기다리지도 않고 예수님을 따르기로 자청한다. 예수님은 그가 무엇을 하고 있는지 본인도 알지 못한다고 주의를 주시는 것으로 그의 충정을 꺾어 버리신다. 사실상 그는 그런 것을 알 도리가 없다. 그것이 예수님께서 의도하신 답변이다. 예수님은 제자가 되려는 자에게 자신과 함께하는 삶이 어떤 것인가를 보여 주신다.

우리는 십자가를 지기 위해 걸어가시는 주님의 음성을 듣고 있다. 사도신경은 그분의 전 생애를 "고난을 받으사" suffered 라는 표현을 써서 간략하게 설명하고 있다. 아무도 이런 생애를 스스로 선택할 수 없다. 어느 누구도 자신을 스스로 그런 운명에 내던질 수 없다고 예수님은 말씀하신다. 그러자 주님께서 하신 이 말씀에 대해서 상대방은 묵묵부답이다. 자원하겠다는 제안과 참된 제자가 되어 주님을 따르겠다는 제안 사이에는 넘을 수 없는 큰 장벽이 있다. 그러나 예수님의 부르심이 있다면 제아무리 장벽이 높다 해도 그분이 친히 사다리를 놓아 길을 만들어 주신다.

제자가 되려는 두 번째 사람은 주님을 따라나서기 전에 먼저 죽은 아버지의 장례식을 치르기를 원한다. 율법이 장애가 되어 그의 발을 묶어 버린 것이다. 그는 자신이 원하는 바가 무엇이며 무엇을 해야 하는가를 알고 있다. 먼저 율법을 이행하고 난 다음에 주님을 따르도록 허락을 구하고 있다. 여기서는 율법이 결정적인 역할을 하여 부르심을 받은 자와 예수님 사이를 가로막고 있다.

그러나 예수님의 부르심이 그 장벽보다 더 강하다. 이처럼 결정적인 순간, 세상 어느 것도 그것이 거룩하다 할지라도 심지어는 율법이라도, 예수님과 부르심을 받은 자 사이에 끼어들어서는 안 된다. 이전에는 한 번도 그런 적이 없었더라도 이제는 예수님을 위해 율법과도 헤어져야 한다. 제자도를 가로막는 방해 요인으로 작용한다면 그 율법은 모든 권리를 잃는다. 따라서 이 시점에서 예수님은 율법을 반대하는 입장에서 자신을 따르라고 명하신다. 오직 그리스도만이 이처럼 말씀하실 수 있다. 그분만이 최후의 일격으로 상대방의 입을 봉하실 수 있다. 따라서 주님 앞에 선 자는 거역할 수 없다. 이 소명, 이 은혜는 저항할 수 없을 정도로 압도적이다.

제자가 되려고 하는 세 번째 사람은 첫 번째 사람처럼, 그리스도를 따르는 것은 자기가 계획한 대로 자기가 주도권을 우선적으로 거머쥐어야 하는 것으로 생각한다. 하지만 첫 번째 사람과 세 번째 사람 사이에는 차이가 있다. 그는 자신의 요구 조건을 들먹일 정도로 담력이 있다. 하지만 안타깝게도 그는 스스로를 모순 가운데로 몰아넣는 무익한 짓을 하고 있다. 왜냐하면 그는 자신의 운명을 예수님께 내던질 각오는 되어 있을지라도 "먼저 허락해 달라"는 말로 계속해서 자신과 예수님 사이에 장벽을 세우고 있기 때문이다. 그는 따르고자 하는 소원은 있지만, 자신의 요구 조건을 관철시켜야겠다는 생각을 하고 있다.

그에게 있어서 제자도란 어떤 조건들이 충족되었을 때에만 실현될 수 있는 타산적인 것이다. 이것은 제자도를 인간이 이해할 수 있는 수준으로 끌어내리는 것이다. 너는 먼저 이것을 한 다음 저것을 해야 한다. 모든 것에는 다 올바른 때가 있는 법이다. 이것이 세상 사람들의 관점이다. 세 번째 사람은 자신을 예수님의 처분에 내맡긴다. 그러나 동시에 자신의 조건을 관철시킬 권리는 포기하지 않는다. 그러나 제자도가 그런 식이라면 그것은 이미 제자도에서 벗어난 것이다. 오히려 그것은 자신에게 맞게끔 정리해서, 사리에 맞는 윤리적 기준과 부합되는 결정을 내려야 하는 프로그램인 것이다.

제자가 되려는 이 세 번째 사람의 문제는 따르겠다는 자신의 각오를 표현하는 바로 그 순간에 따르고자 하는 소원을 포기해 버리는 것이다. 자신의 요구 조건을 제시함으로써 그는 입장을 완전히 뒤바꾸어 버린다. 왜냐하면 제자도는 예수님과 그분에 대한 우리의 순종 사이에 끼어들 만한 것은 어떤 것도 허락할 수 없기 때문이다.

여기서 세 번째 사람은 예수님뿐만 아니라 자기 자신과도 충돌하고 있음을 깨닫게 된다. 그의 소원은 예수님께서 원하시는 것만 아니라 자신이 원하는 것과도 갈등을 일으키고 있다. 그는 오로지 "먼저 허락해 달라"는 말로 일관함으로써 자신의 판단 때문에 자신에게 불리한 결정을 내린다. 다음과 같은 예수님의 답변이 자기모순에 빠져 있으면서 제자도 역시 배척하고 있는 그 사람의 입장을 선명하게 대변하고 있다. "손에 쟁기를 잡고 뒤를 돌아보는 자는 하나님의 나라에 합당하지 아니하니라"눅 9:62.

예수님을 따르려면 분명하고도 결정적인 조치를 취해야 한다. 부르심에 응하는 첫걸음에서 제자 마태는 이전의 삶으로부터 단절된다. 따르라는 소명이 떨어지는 즉시 새로운 상황이 전개된다. 과거의 상황에 머물면서 제자가 된다는 것은 불가능하다. 예수님을 따르기 위해서 마태는 세관의 영수증을 버려야 하고, 베드로는 그물을 버려야 한다. 어떤 이는 이런 초기 단계에서 그런 과감한 결단 같은 것은 필요하지 않으리라고 생각할 수도 있다.

예수님께서 세리에게 새로운 신앙 체험을 전수하시더라도 그 세리는 아무런 변화 없이 이전의 방식대로 살아갈 수는 없었을까? 예수님께서 성육신하신 하나님의 아들이 아니셨다면 그렇게 지낼 수도 있었을 것이다. 그러나 예수님은 그리스도이시다. 그래서 당신의 말은 추상적인 교리가 아니라 인간의 삶 전체를 새롭게 재창조하신다는 것을 처음부터 분명하게 밝혀 놓으신다. 올바르고 타당한 단 하나의 길은 말 그대로 예수님과 함께 행하는 것이다. 따라오라는 부르심의 이면에는, 예수 그리스도를 믿는 데는 오직 한 가지 길밖에 없으며 그것은 모든 것을 버리고 성육신하신 하나님의 아들과 함께 행한다는 의미가 반드시 포함되어 있다.

첫 발걸음을 내디딜 때, 제자 마태는 믿음이 일어날 수 있는 상황에 놓이게 된다. 만일 따르기를 거부하고 물러간다면 어떻게 하는 것이 믿음의 길인지를 깨우칠 수 없게 된다. 부르심을 받은 자는 우선적으로 '믿을 수 없는 상황을 벗어나 믿음이 일어날 수 있는 상황'으로 들어가야 한다. 그러나 이 발걸음은 신앙생활의 첫 단계가 아니다. '첫 발걸음'에 대한 단 하나의 올바른 정의는 그것을 통해서 제자 마태는 승리가 보장되는 예수님과의 사귐으로 들어갔다는 것이다. 마태가 여전히 세관에 앉아 영수증을 만지고 있거나 베드로가 그물을 깁고 있다고 가정해 보자. 그렇다면 그들은 예수님을 만난 이후에도 이전처럼 특별한 변화 없이 정직하고도 성실하게 생업을 유지해 나가면서 신앙적 체험을 누리려 할 것이다. 그러나 하나님을 믿고자 하는 원함이 있다면, 유일한 길은 성육신하신 하나님의 아들을 따르는 것이다.

예전과는 사정이 완전히 달랐다. 이전에는 이름 없는 촌부로 한적한 어촌에서 생업에 종사하고 율법을 지키면서 메시야를 기다리는 삶이었다. 그러나 지금은 메시야가 오셨고 그분의 소명이 떨어졌다. 이제는 더 이상 조용히 앉아 기다리는 것이 믿음이 될 수 없다. 일어나서 주님을 따라야만 한다. 주님의 소명이 그들을 묶고 있는 세상적인 끈들을 다 풀어 버리고 오로지 예수 그리스도의 멍에만 메도록 만들고 있다. 그들은 그리스도의 요구와 은사가 어떤 것인지 깨닫기 위해서 배수의 진을 치고 완전히 불안정한 삶 가운데로 몸을 던져야만 한다.

마태가 자신의 위치를 고수했다면 예수님은 돕는 자$_{helper}$로서 그가 당하고 있는 어려움을 해결해 주셨을 것이다. 하지만 자신의 삶을 전폭적으로 맡길 수 있는 주님으로는 다가오지 못했을 것이다. 그것은 마태가 결코 믿음을 체득할 수 없었을 것이란 뜻이다. 새로운 상황이 만들어져야 한다. 그 속에서 성육신하신 하나님으로서의 예수님에 대한 믿음이 일어날 수 있기 때문이다. 여기서 말하는 새로운 상황이란 모든 것을 전적으로 예수님의 말씀에 걸어야 하는 상황으로서, 인간의 힘으로는 이룰 수 없는 불가능한 상황을 의미한다.

베드로는 자신의 무능과 주님의 권능을 경험하기 위해 배에서 뛰어내려 풍랑이 이는 바다로 몸을 던져야 하였다. 만일 베드로가 목숨을 내거는 위험을 감수하지 않았더라면 그는 결코 믿음의 의미를 체득하지 못했을 것이다. 믿음을 체득할 수 있으려면 거기에 앞서 완전히 불가능한 상황, 윤리적으로 반응할 수 없는 풍랑이 이는 바다라는 상황이 펼쳐져야만 한다. 신앙에 도달하려면 예수님의 부르심에 대한 순종의 길을 통과해야 한다. 단호한 결단을 요구하지 않는다면, 그 소명은 수증기가 되어 공중분해가 되고 말 것이다. 만일 이런 결단 없이 예수님을 따를 수 있다고 생각한다면, 그것은 광신자들처럼 자신을 기만하고 있는 것이다.

믿음이 일어날 수 있는 상황과 그렇지 못한 상황을 구분하는 것은 대단히 위험한 절차이다. 첫째, 어떤 상황에 부딪혔을 때 그것이 어느 범주에 속하는가를 알려 주는 것은 아무것도 없다는 사실을 먼저 깨달아야 한다. 오직 예수 그리스도의 소명만이 믿음이 일어날 수 있는 상황을 결정한다. 둘째, 믿음이 일어날 수 있는 상황은 결코 인간 편에서 먼저 드러낼 수 있는 것이 아니다. 제자도는 우리가 그리스도께 청을 넣는 것과 같은 제안이 아니다. 오직 소명만이 상황을 만들어 낸다. 셋째, 이 같은 상황은 그 자체만으로 독자적인 가치나 공로가 있는 것이 아니다. 오직 소명을 통해서만 이 상황은 정당성을 인정받게 된다. 마지막으로 강조하고자 하는 바는 믿음이 일어날 수 있는 상황도 오로지 믿음을 통해서 가능성을 실어 줄 때만 그렇게 된다는 것이다.

'오직 믿는 자만이 순종하고, 오직 순종하는 자만이 믿는다'는 두 전제가 모두 옳다는 사실을 진술하는 것만이 '믿음이 가능한 상황'을 설명한다. 두 번째 명제 없이 첫 번째 명제를 신봉하는 것은 완전히 비성경적이다. 믿음이 있을 때만 순종이 가능하다는 소리를 들을 때 우리는 그 말을 이해하고 있다고 생각한다. 그래서 좋은 나무가 좋은 열매를 맺듯이, 순종은 믿음에서 나온다고 생각한다. 믿음이 먼저이고, 순종은 그다음이라는 것이다. 만일 이것을 가지고, 순종이라는 행위가 아닌 믿음을 통해서 의롭게 된다고 해석한다면 거기에는 어떤 하자도 없다. 그것은 그다음에 나오는 다른 모든 주장을 위한 필연적이고 불가피한 전제라고 할 수 있다.

하지만 믿음과 순종 간의 차이를 시간상으로 구분해서 순종을 믿음의 결과로 간주한다면 이 둘을 서로 분리시키는 것이 된다. 그렇게 되면, 우리 앞에 실천적인 질문이 대두된다. 순종의 발걸음은 언제 내디뎌야 하는가? 이 질문 속에는 순종이 믿음과 동떨어져 존재하게 된다. 물론 칭의의 관점에서 보면 믿음과 순종은 반드시 구분되어야 한다. 그러나 이 둘이 본질에서 하나라는 것을 간과해서는 안 된다. 왜냐하면 순종이 따를 때만 믿음이 현실로 드러나기 때문이다. 믿음은 결코 순종 없이 존재하지 않는다. 믿음은 오직 순종이라는 행위를 통해서만 믿음이 된다.

이런 맥락에서 볼 때 순종을 믿음의 결과라고 말하는 것은 적절한 표현이 아니다. 이 둘은 서로 분리될 수 없으며, 하나라는 사실을 결코 잊어서는 안 된다. 따라서 우리는 '오직 믿는 자만이 순종한다'는 명제 옆에 '순종하는 자만이 믿는다'는 명제를 나란히 정렬시켜야 한다. 앞에서는 믿음이 순종의 조건이고, 뒤에서는 순종이 믿음의 조건으로 작용한다. 만일 순종을 믿음의 결과라고 주장한다면, 바로 이와 똑같은 방식으로 순종을 믿음의 전제라고 말해야 할 것이다.

오직 순종하는 자만이 믿는다. 믿음을 가지려면 구체적인 명령에 순종해야 한다. 순종의 발걸음이 선행하지 않는다면, 우리의 믿음은 경건한 자기기만에 그치게 될 뿐 결국에는 대가를 치르지 않는 값싼 은혜로 흘러가게 된다. 모든 것이 첫걸음에 달려 있다. 첫걸음은 그 자체만의 독특한 속성을 가지고 있다. 순종의 첫걸음은 베드로가 그물을 버리게 하고 나중에는 배에서 뛰어내리게 하는가 하면, 부자 청년을 불러서 재물을 버리라고 말한다. 오직 순종을 통해서 새롭게 창조된 존재만이 믿음을 온전히 이룬다.

첫 발걸음은 우선 하나의 존재 방식이 다른 존재 방식으로 바뀌는 외형적인 행위와 더불어 시작된다는 점을 주시해야 한다. 이런 발걸음은 누구든지 내디딜 수 있다. 왜냐하면 발걸음을 내딛는 것은 자유 영역에 속하기 때문이다. 그것은 자연법의 영역 내에서 일어나는 행위이고 그 영역 내에서 인간은 자유롭다. 베드로는 자기 힘으로 변화를 일구어 낼 수는 없지만, 자신의 그물을 버릴 수는 있다.

복음서를 보면, 인간이 내딛는 첫걸음은 철저하게 자신의 존재 전체에 영향을 미치는 행동이다. 로마 가톨릭교회는 이런 발걸음을 수도사들만 취할 수 있는 특별한 것으로 보아 그들에게만 요구했지만, 일반 신자들은 교회와 교회의 의식에 무조건 순종하는 것으로 국한시켰기 때문에 평신도는 그것으로 만족해야만 하였다. 루터교회의 신앙고백서도 '첫 발걸음'(순종을 의미한다. −역자 주)의 중요성을 인정하고 있다. '펠라기안 주의'(인간의 자유의지를 강조한 이단을 말한다. −역자 주)의 위험에 효과적으로 대처해 보았기 때문에, 믿음을 향한 필수적 예비단계인 첫 번째 외형적 행동을 위한 여지는 남겨 놓는 것이 가능하고도 필요하다는 것이 루터교회의 입장이다.

루터교회가 의미하는 첫 발걸음은 구원의 말씀이 선포되는 교회로 초대하는 형식을 띤다. 루터교회의 입장을 대변하면 이 같은 식이다. "이런 발걸음을 취한다고 해서 굳이 자신의 자유를 양도할 필요까진 없다. 그저 교회만 나오면 된다! 그것은 개인의 자유의지로 얼마든지 할 수 있는 일이다. 주일 날 아침 집을 나서서 교회로 와서 설교를 들어라. 만일 그렇게 하지 않는다면, 당신 자신의 자유의지에 의해서 믿음이 생길 수 있는 여지를 스스로 차단하는 것이다."

이렇게 함으로써 루터교회의 신앙고백서는 믿음을 가능하게 만드는 상황과 여의치 못하게 만드는 상황을 잘 알고 있다는 것을 보여 준다. 루터교회는 이 같은 인식을 대단히 부끄럽게 여기는 듯이 보인다. 그런데도 첫 발걸음의 중요성이 나타나 있고 그것을 복음서만큼이나 중요하게 여기고 있다는 것 또한 사실이다.

일단 이 점을 확실히 붙들었다면, 이 발걸음은 순전히 외형적인 행위로서 그 자체로는 우리를 그리스도께로 인도하지 못한다는 사실을 즉시 덧붙여 말해야 한다. 그것은 언제나 율법의 죽은 행위로만 머물게 될 것이다. 이처럼 바깥으로 드러난 외형적인 행위로서 새로워진 존재는 옛사람이나 다를 바 없다. 그것은 높이 평가된다 해도, 그리스도와 함께 하는 새로운 삶과는 완전히 구분되는, 율법적으로 좀 더 새로워지고 살아가는 방식이 약간 참신해지는 그런 수준에 이를 수밖에 없다.

주정뱅이가 술을 끊고 부자가 자신의 모든 소유를 버린다면 이로써 술과 돈이라는 굴레에서는 벗어날 수 있겠지만, 자기 자신으로부터는 벗어나지 못한다. 그들은 여전히 소소한 자신의 인생 궤도를 따라 제자리걸음을 하고 있다. 어쩌면 예전보다 더 초조하게 종종걸음을 치고 있을지도 모른다. 그들은 여전히 행위의 계명에 예속되어 이전 방식 그대로 옛 생활의 죽음 가운데 머물러 있다. 물론 행위는 수반되어야 한다. 그러나 행위 그 자체는 죽음, 불순종, 불신앙으로부터 구원해 주지 못한다.

만일 '첫 발걸음'을 은혜와 믿음을 위한 전제조건으로 생각한다면, 우리는 이미 행위를 통해서 심판을 받은 셈이며, 은혜와 완전히 단절된 셈이다. 여기서 말하는 외형적인 행위에는 우리가 익히 알고 있는 '기질'이나 '선한 의도' 혹은 로마 가톨릭교회가 언급하는 '본성에 따라 행하는'facere quod in se est 모든 것이 포함된다.

만일 믿음으로 행하는 상황을 연출하려고 일부러 첫 발걸음을 내디딘다면, 앞으로 일어날 수 있는 이런 믿음조차 하나의 행위에 그치고 말 것이다. 그것이 우리에게 열어 주는 새로운 삶은 여전히 우리의 옛 존재라는 테두리 내에서의 삶이기 때문에 결과적으로 그것은 새로운 삶의 참된 본질을 완전히 잘못 파악한 것이 된다. 그렇다면 우리는 여전히 불신 가운데 놓여 있게 될 것이다.

그렇지만 외적인 행동은 취해야만 한다. 왜냐하면 우리는 여전히 믿음이 일어날 수 있는 상황 가운데로 들어갈 길을 찾아야 하기 때문이다. 우리는 결정적인 조치를 취해야 한다. 이것은 무엇을 뜻하는가? 우리의 시선을 행위나 처신에 두지 않고 예수님께서 요구하시는 그 말씀에 고정한다면 올바른 방향으로 발걸음을 옮길 수 있다는 의미이다.

베드로는 스스로 배에서 뛰어내리려서는 안 된다는 사실을 알고 있다. 한 발자국도 못 가서 물속으로 가라앉을지도 모를 형편이었다. 그래서 그는 "나를 명하사, 물 위로 오라 하소서!"라고 외치고, 그리스도께서는 "오라"는 말씀으로 응답하신다. 그리스도께서 먼저 베드로를 불러 주셔야 한다. 왜냐하면 이 발걸음은 주님의 말씀이 있어야만 옮길 수 있기 때문이다. 이 같은 소명은 죽음에서 순종이라는 새로운 삶으로 불러내는 그분의 은혜. 하지만 이제 그리스도께서 부르셨기 때문에 베드로에게는 다른 선택의 여지가 전혀 없다. 그는 배에서 내려 그리스도께로 가야 한다. 결국 순종의 첫걸음은 그리스도의 말씀을 믿는 행위가 되는 것이다.

하지만 그런 상황에서 믿음이 이미 있으므로 더는 첫걸음을 옮길 필요가 없다는 결론을 내린다면, 은혜의 본질을 완전히 오해하고 있는 것이다. 만일 그렇다면, 이를 반박하기 위해서 바로 다음과 같은 명제를 들이대야 할 것이다. 베드로는 믿음이 일어날 수 있는 상황 이전에 먼저 순종의 발걸음을 내디뎌야 하였다. 순종하지 않는 자는 믿을 수 없다.

믿는다는 것이 무척이나 힘들다는 것 때문에 염려하는가? 만일 삶의 어떤 영역에서 고의로 불순종하는 중에 예수님의 계명을 거역하거나 멀리함으로써 믿음에 이르지 못한다면, 그것이야말로 당연한 일이 아니겠는가. 행여나 당신의 삶 가운데서 주님의 간곡한 부탁에 굴복하지 않으려고 발버둥치는 부분은 없는가? 그것이 악한 정욕, 적대감, 아니면 어떤 소원이나 당신의 야망 혹은 당신의 이성이 될 수도 있다. 만일 그런 상태라면 당신은 성령을 받지 못하고, 기도는 힘들 수밖에 없을 것이며, 또한 믿음을 달라는 당신의 간구는 늘 공허한 울림이 될 수밖에 없을 것이다.

오히려 밖으로 나가 형제와 화해하고, 당신을 사로잡고 있는 죄를 벗어던지라. 그리하면 믿음은 반드시 회복될 것이다! 하나님께서 주신 계명의 말씀을 멀리하려 든다면, 그분께서 주시는 은혜의 말씀도 받을 수 없게 된다. 삶의 어떤 부분에서 하나님을 피해 달아나면서 어떻게 그분과의 사귐을 소망할 수 있겠는가. 순종하지 않는 자는 믿을 수 없다. 오직 순종하는 자만이 믿을 수 있다.

이런 상황에서 예수님께서 은혜로 우리를 부르심은 일종의 단호한 명령이다. "이것을 행하라! 저것은 포기하라! 배에서 내려와 내게로 오라!" 이미 믿음이 있어서 또는 믿음이 없어서 예수님의 이 같은 소명에 응할 수 없다고 말하는 자가 있다면 예수님은 이렇게 말씀하신다. "먼저 순종하라. 외적인 행위를 보이라. 너를 얽어매는 것을 버리라. 하나님의 뜻에서 멀어지게 하는 것들을 포기하라!" 당신의 믿음으로는 그런 여력이 없다고 핑계하지 말라. 불순종에 머물러 있는 한, 첫 발걸음을 내딛기를 원하지 않는 한, 믿음이 생기지 않을 것이다.

당신에게 믿음이 있다면, 첫 발걸음 따위는 필요하지 않다는 말 또한 악의적인 속임수이다. 첫 발걸음을 내딛지 않는 한, 그리고 아집에 묶여 첫 발걸음을 내딛지 않으려고 고집하는 한, 믿음이라고는 생기지 않을 것이다. 그러다 보면 마음까지 완악해져서 겸손한 믿음이라는 허울 속에 자신의 불신을 가리게 된다. 이런 식의 변명은 사악한 속임수이자 믿음의 결여를 두드러지게 하는 확실한 표시가 되어 결국에는 순종의 결여로 이어지게 된다.

순종이 요구되는 자리에서 자신의 불신앙을 고백하고 거기서 중단하는 것막 9:24은 '믿는 자들'의 불순종이다. 그것은 순종이라는 문제를 우습게 여기는 것이다. 만일 믿는다면 첫 발걸음을 내디뎌라! 첫 발걸음은 예수 그리스도에게로 인도하는 문이다. 비록 믿지 않더라도, 역시 첫걸음을 내디뎌라. 이유는 그렇게 하도록 주님께서 명하시기 때문이다. 믿음이 있든 없든 간에 당신에게 그런 것을 따지는 것은 아니다. 당신에게 떨어진 명령은 즉시 순종의 행위를 보이라는 것이다. 그러다 보면 믿음이 가능해지는 상황, 엄밀한 의미에서 믿음이 실제로 존재하는 상황 가운데로 들어가 있음을 알게 될 것이다.

그러므로 이 상황은 우리의 순종을 바탕으로 해서 나온 결과가 아닌, 순종을 명하시는 이가 허락하시는 선물이다. 만일 이 같은 상황에 들어갈 준비가 되어 있지 않다면, 우리의 믿음은 헛것이기에 자신을 속이는 것이 될 것이다. 우리는 이런 상황을 피할 수 없다. 왜냐하면 우리의 최대 관심사는 예수 그리스도를 올바르게 믿는 것이기 때문이다. 거듭 강조하지만, 우리의 목표는 믿음이며 앞으로도 변함없이 언제나 믿음만이 우리의 목표가 될 것이다.

> 복음에는 하나님의 의가 나타나서 믿음으로 믿음에 이르게 하나니 기록된 바 오직 의인은 믿음으로 말미암아 살리라 함과 같으니라_롬 1:17

여기서 너무 성급하게, 개신교도의 과도한 열정으로 인해서 이런 관점에 이의를 제기하는 자가 있다면, 어쩌면 값싼 은혜를 옹호하도록 자신을 방치하는 것이 아닌지 자문해 보아야 한다. 왜냐하면 그 명제의 양편(믿음과 순종을 말한다. -역자 주)을 함께 나란히 놓고 보면 거기에는 올바른 믿음과 충돌할 요인이 전혀 없지만, 개별적으로 떼어 놓게 되면 그 즉시 충돌이 일어나는 것이 사실이기 때문이다.

'오직 믿는 자만이 순종한다'는 명제는 신자의 영혼에 있어서 순종하는 부분을 언급하는 것이고, '오직 순종하는 자만이 믿는다'는 명제는 순종하는 영혼에 있어서 믿는 부분을 언급하는 것이다. 그런데 첫 번째 명제의 반쪽 즉 '믿는 자'만 강조한다면, 그 신자는 값싼 은혜에 빠질 위험이 있는 것으로 그것은 저주에 해당하는 말이다. 동일한 맥락에서 두 번째 명제의 반쪽 즉 '순종하는 자'만을 고집한다면, 그 신자는 공로를 통한 구원에 빠질 위험이 있는 것으로 그것 역시 저주를 받는다는 말이나 다름없다.

이런 관점에서 이제 목회의 특성 중 몇 가지를 살펴볼 필요가 있다. 영혼들을 다룰 때에 목회자는 반드시 그 명제의 양편을 모두 명심하고 있어야 한다. 예를 들어, 사람들이 믿음을 가지기 힘들다고 불평을 하면 그것은 고의적이든 무의식적이든 자신의 불순종을 드러내는 것이다. 이런 문제는 값싼 은혜만 주입시키면 간단히 해결된다. 하지만 궁극적으로 병이 치료되는 것은 아니다. 병의 뿌리는 감추어둔 채 은혜의 말씀을 가지고 스스로 위로하거나 자기 스스로 자신의 죄를 용서해 버리는 것이기 때문이다.

그러나 이 지경이 되고 나면, 가엾은 영혼은 더 이상 목회자의 말씀을 통해서 선포되는 위로를 발견할 수 없다. 그는 하나님의 말씀에 귀를 막아 버린다. 비록 수천 번 스스로 자신의 죄를 용서한다 해도 정말로 용서받았다는 사죄의 믿음은 상실하고 만다. 이유는 한 번도 그런 용서를 체험해 본 적이 없기 때문이다. 불신은 값싼 은혜 속에서 무성하게 번져 나간다. 왜냐하면 불신은 불순종 가운데서 집요하게 붙어 있기로 작심하기 때문이다.

이 같은 상황은 대개 다음과 같은 결과를 낳는다. 스스로 자신의 죄를 용서하면서 불순종을 고질병으로 만드는가 하면, 하나님의 계명뿐만 아니라 하나님의 온유하심에 대해서까지 잘 모르겠다는 식으로 불평을 하게 된다. 하나님의 계명은 모호하고, 여러 가지로 달리 해석할 수 있다는 것이다. 처음에는 자신의 불순종을 충분히 깨닫고 있었지만, 마음이 점점 완악해짐에 따라 그 인식도 점차 희미해지고 결국에는 올무에 빠져 하나님의 말씀을 들을 능력을 상실하고 만다. 이렇게 되면 믿음에서 멀어지고 마는 것이다.

목회자가 이 같은 유형의 성도를 상담할 때 오갈 수 있는 대화를 떠올려 보자. "이전에 가진 믿음을 잃어버렸어요." "설교시간에 당신에게 뭐라고 말씀하시는지 하나님의 말씀을 잘 들어보세요." "그렇게 하는데도 아무것도 들리질 않아요. 저한테만 그런 건지 도무지 들어오는 게 없고 막막하기만 합니다." "문제는 당신 자신입니다. 실은 듣고 싶지 않은 거군요." "아닙니다. 정말이지 듣고 싶답니다." 대개 이쯤 되면 대화는 끊기게 된다. 어떻게 대화를 이어 나갈지 목회자 측에서 먼저 난감해지기 때문이다.

그는 오직 믿는 자만이 순종한다는 첫 번째 명제의 반쪽만 기억한다. 그러나 이것은 도움이 되지 않는다. 이 사람의 경우는 도대체 믿어지지 않는다는 것이다. 목회자는 막다른 골목에서 예정이라는 수수께끼를 떠올린다. 하나님은 어떤 이에게는 믿음을 허락하시고 어떤 이에게는 보류하신다. 그래서 목회자는 항복하고 가엾은 사람은 자신의 믿음을 운명에 내맡긴다.

하지만 이것이 대화의 전환점이 되어야 한다. 그것은 완벽한 전환점이다. 이런 상황에서 그와의 입씨름은 아무 유익이 없거니와 그의 문제를 심각하게 받아들여서도 안 된다. 이유는 그 사람 안에 문제가 있는데 그걸 감추려고만 들기 때문이다. 이제 목회자가 대화의 주도권을 잡을 때가 왔다. 순종하는 자만이 믿을 수 있다고 선포할 때이다. 그렇게 되면 주거니 받거니 식의 대화는 끊기게 되고 목회자가 계속 이어 나갈 수 있다.

"당신은 순종하려 들지 않는군요. 스스로 주인이 되어 삶의 어떤 부분을 계속 고집하고 있다는 말입니다. 말씀을 듣지 못하게 막아서서 그리스도께로 나아가지 못하게 하는 것도, 그래서 그분의 은혜를 믿지 못하게 만드는 것도 바로 당신의 그 불순종 때문입니다. 불순종을 고집하기 때문에 그리스도의 말씀을 들을 수 없어요. 당신의 마음 어느 한구석에 주님의 부르심을 거부하는 것이 있어요. 당신을 힘들게 하는 건 바로 당신의 죄랍니다."

이 순간 그리스도께서 다시 논쟁에 개입해서 지금까지 값싼 은혜의 배후에 숨어 있던 마귀와 서로 맞붙게 된다. 이제 모든 것은 목회자의 준비에 달려 있다. 순종하는 자만이 믿을 수 있고, 믿는 자만이 순종할 수 있다는 명제의 양쪽을 들이대야 한다. 그리스도의 이름으로 순종을, 행동을, 첫걸음을 촉구해야 한다. 얽어매고 있는 모든 것을 벗어던지고 주님을 따르라고 권유해야 한다.

이 단계에서 가장 중요한 것이 바로 첫 발걸음을 떼는 것이다. 고집 센 죄인을 사로잡고 있던 끈질긴 부분이 끊어져야 한다. 그 안에 갇혀서는 그리스도의 말씀을 들을 수 없기 때문이다. 꾀를 부리는 자는 자신이 만들어 둔 은신처에서 끌려 나와야 한다. 거기서 나와야만 보고, 듣고, 믿을 수 있는 자유를 회복할 수 있다. 물론 그것이 일종의 공로이긴 하나 그리스도께서 보시기에 첫걸음 그 자체는 일말의 가치도 없다. 그것은 결코 죽은 공로 그 이상이 될 수 없다. 그렇긴 해도 믿음을 가질 수 있기 전에 베드로는 먼저 풍랑이 이는 바다로 뛰어들어야 하였다.

내용을 요약하면 이와 같다. 본문의 죄인은 믿는 자만이 순종한다는 명제를 통해서 값싸고 부담 없는 은혜에 중독되고 말았다. 그는 여전히 불순종 가운데 지내면서 자신을 용서함으로 위로를 찾는다. 하지만 이것이 화근이 되어 그는 하나님의 말씀에 귀를 막아 버린다. 목회자인 우리가 단순히 그 명제를 반복하므로 성도가 자신의 방패막이로 이 명제를 이용하는 한, 우리는 그 요새를 깨뜨릴 수 없다. 그러므로 더 이상 애태울 필요도 없이 전환점을 향해 나아가야 한다. 거기서 우리는 이렇게 명해야 한다. 순종하는 자만이 믿을 수 있다!

이렇게 하면 내담자來談者를 잘못된 길로 가게 해서 도리어 자신의 공로를 믿도록 권면하는 게 아닌지 의구심이 들 수도 있다. 하지만 전혀 그렇지 않다. 오히려 자신의 믿음이 본질에서 완전히 벗어나 있다는 점을 더욱 확실하게 깨닫게 될 것이다. 또한 단호한 결단을 내리라는 권유에 못 이겨 자신을 얽어매고 있는 것들에서 벗어나게 될 것이다. 이런 식으로 그의 귀는 열려서 주님께서 불러 주시는 믿음과 제자도에 다시 한번 반응하게 될 것이다. 이로써 우리는 이미 부자 청년의 이야기 속으로 들어온 셈이다.

> 어떤 사람이 주께 와서 이르되 선생님이여 내가 무슨 선한 일을 하여야 영생을 얻으리이까 예수께서 이르시되 어찌하여 선한 일을 내게 묻느냐 선한 이는 오직 한 분이시니라 네가 생명에 들어 가려면 계명들을 지키라 이르되 어느 계명이오니이까 예수께서 이르시되 살인하지 말라, 간음하지 말라, 도둑질하지 말라, 거짓 증언 하지 말라, 네 부모를 공경하라, 네 이웃을 네 자신과 같이 사랑하라 하신 것이니라 그 청년이 이르되 이 모든 것을 내가 지키었사온대 아직도 무엇이 부족하니이까 예수께서 이르시되 네가 온전하고자 할진대 가서 네 소유를 팔아 가난한 자들에게 주라 그리하면 하늘에서 보화가 네게 있으리라 그리고 와서 나를 따르라 하시니 그 청년이 재물이 많으므로 이 말씀을 듣고 근심하며 가니라 _마 19:16-22

영생에 관한 청년의 물음은 구원에 관한 것이다. 이것은 세상에서 유일하고도 근본적인 질문임과 동시에 가장 진지한 질문이다. 그러나 이런 질문을 제대로 던지는 것은 쉬운 일이 아니다. 그렇기에 이 청년은 질문하는 의도가 뻔히 보이는데도 실제로는 다른 것을 묻는 것처럼 가장해서 질문하는 방식을 취한 듯하다. 그렇게 함으로써 진짜 중요한 문제를 회피하고 있다.

청년은 '선한 선생님'에게 질문을 던지고 있다. 그는 구체적인 이 질문에 관해서 선하시고 훌륭하신 선생님의 의견과 충고와 판단을 듣기 원한다. 그리하여 그는 두 가지 관점을 제시하려고 마음을 먹고 있다. 첫째, 그는 이것이 대단히 중요한 질문인지라 예수님께서 반드시 의미 있는 말씀을 해 주셔야 한다고 생각한다. 둘째, 그가 선하신 분, 훌륭하신 선생님으로부터 기대하는 것은 감명 깊은 말씀이다. 하지만 그에게 절대적인 순종을 요구하는 하나님으로부터 직접 하달되는 그런 선언은 아니다. 청년에게 있어서 영생이란 '선한 선생님'과 토론할 만한 가치가 있는 학문적인 문제이다.

그러나 답변을 하시는 예수님의 첫 마디가 그에게 갑작스러운 충격으로 다가온다. "어찌하여 네가 나를 선한 선생님이라 부르는가? 선한 이는 오직 한 분이시니라." 이 반문은 청년의 속내를 드러내도록 하는 질문이다. 그는 한 선한 선생님과 더불어 영생에 관해서 토론하기를 원하였다. 하지만 이제 그는 선한 선생님이 아닌 하나님께 직접 이야기를 하고 있다는 사실을 깨닫게 된다. 따라서 그가 하나님의 아들로부터 받을 수 있는 유일한 답변은 유일하신 하나님께서 친히 명하시는 말씀이다.

그는 하나님께서 계시하신 뜻에 개인적인 생각을 덧붙인 '선한 선생님'의 대답은 듣지 못할 것이다. 예수님은 강조점을 자신으로부터 홀로 선하신 하나님께로 돌려 그 부분을 통해서 즉각적으로 자신이 바로 완전하신 하나님의 아들임을 드러내신다. 지금 질문자는 직접 하나님을 대면하고 있다. 그는 계시된 하나님의 뜻을 이미 알고 있으면서도 언제나 빠져나갈 궁리만 하는 꼼수를 부리는 모습으로 등장하고 있다.

청년은 계명들을 잘 알고 있었다. 그렇지만 계명들에 만족할 수 없고 건너뛰고 싶은 것이 청년의 상태였다. 주님은 그의 질문을 통해서 그것이 신앙상담이긴 하나 사실은 자신이 중심이 되어 자신이 짜 맞춘 것임을 꿰뚫어 보신다. 왜 청년은 오랫동안 그 해답을 몰랐던 것처럼 행동하는 것일까? 왜 그는 이런 근본적인 삶의 문제를 그토록 오랫동안 모르고 살았던 것에 대한 책임을 하나님에게 전가하려는 것일까? 그것이 청년을 묶어 버렸고, 결국 그는 하나님의 심판대 앞에 서게 된 것이다. 틀에 박힌 낡은 질문은 그만두라는 요구와 함께 이미 계시되었던 하나님의 뜻에 무조건적으로 순종하라는 명을 받기에 이르렀다.

다시 한번 청년은 "어느 계명이오니이까?"라는 두 번째 질문을 제기함으로써 문제를 회피하려 든다. 이 물음 속에는 사탄의 덫이 숨겨져 있다. 청년은 자신이 덫에 걸렸으며 이것이 빠져나갈 수 있는 유일한 출구라는 것을 알았다. 물론 그는 계명들을 알고 있다. 하지만 수많은 계명 가운데 어느 계명이 자신의 현재 상황에 적용되는지를 누가 알 수 있겠는가? 그런 생각에서 청년은 계시된 계명들이 모호하고 분명하지 않다고 말한다.

계명을 바라보는 그의 관점은 이번에도 역시 자신과 자신의 문제, 자신의 갈등에서 벗어나지 못하고 있다. 대단히 중요한 문제이긴 하나 그는 순전히 자신이 직면하고 있는 도덕적인 갈등에 관한 인간적인 염려 때문에 오해의 여지가 없는 하나님의 계명을 무시하고 있다. 이런 갈등을 인식하고 있다는 것은 잘못이 아니다. 오히려 하나님의 계명에 저항하면서 이 같은 갈등을 이용할 시도를 한다는 것이 잘못이다.

사실 이런 계명은 이 갈등을 해결하려는 의도로 주어진 것이었다. 도덕적 난제는 타락의 첫 번째 결과이며 그 자체가 바로 하나님을 거역하고 반항한 인간이 초래한 열매이다. 낙원에서 뱀은 첫 번째 사람의 마음속에 "하나님이 말씀하시더냐?"라는 질문을 던짐으로써 이런 갈등을 집어넣었다. 그전까지만 해도 하나님의 계명은 대단히 명확했고 인간은 어린아이와 같은 순종으로 계명을 준수할 각오가 되어 있었다.

하지만 이제 그것은 지나간 일이 되고 말았다. 도덕적 회의와 갈등이 기어들어 왔다. 계명은 설명과 해석이 필요하다는 것이 사탄의 제안이다. 그는 이렇게 속삭인다. "정말 하나님이 그렇게 말씀하시더냐? 인간은 양심과 선악에 관한 자신의 지식을 사용해서 무엇이 선한 것인지를 스스로 판단해야 하는 거야. 계명은 다양하게 해석될 수 있으므로 그걸 해석하고 설명하는 것은 하나님의 뜻이지. 왜냐하면 하나님이 인간에게 자유의지를 주셔서 자신의 행동을 결정하도록 허락하셨기 때문이야."

그러나 이것은 처음부터 불순종을 뜻한다. 자발적인 순종은 의심과 추측의 영역에 자리를 내주고 말았다. 양심의 자유를 가진 장성한 인간은 순종의 자녀를 향해서 으스대고 우쭐거리며 뽐낸다. 그러나 순종을 거부한 대가로 그가 누릴 수 있게 된 자유는 겨우 도덕적 난제뿐이었다. 간단히 말해서, 그것은 하나님의 실제實際로부터 인간의 추측으로 후퇴하는 것이며 믿음에서 의심으로 뒷걸음치는 것이다.

청년은 자신의 질문으로 인해서 본색이 탄로 나고 말았다. 그는 죄의 지배를 받고 살아가는 인간이다. 예수님의 답변은 그의 정체를 완전히 드러내게 만들었다. 예수님은 그저 하나님의 계명을 성경에 계시된 그대로 인용하여 재차 각인시키신다. 청년은 또다시 함정에 빠진다. 그는 자신의 영적 문제를 예수님께서 진단하시도록 떠맡김으로써 자신은 도덕적으로 명확한 임무를 회피하려는 생각을 품고 있었다. 그는 예수님께서 자신의 도덕적 문제에 대한 해결책을 제시해 주시리라는 기대를 품고 있었다. 그러나 알고 보니 예수님의 공격은 바로 자기 자신을 향한 것이었다.

도덕적 난제에 대한 유일한 해결책은 바로 하나님의 계명이다. 계명은 그에게 탁상공론을 끝내고 순종의 직무를 떠맡으라고 재촉한다. 우리가 가진 도덕적 난제에 대해서 마귀도 해결책을 제시한다. 그래서 이렇게 속삭인다. "계속 문제를 들쑤셔서 해결책을 밝히는 데만 골몰하도록 하라. 그러면 순종의 의무에서 벗어나게 될 것이다." 그러나 예수님에게 있어서 청년의 문제는 관심 밖이다. 주님의 관심은 청년 자신에게로 향한다. 주님은 그런 갈등을 청년처럼 그렇게 심각하게 받아들이시지 않는다. 예수님께서 진지하게 받아들이시는 것은 오직 한 가지, 그것은 청년이 계명에 귀를 열기 시작해서 순종할 수 있는 최적의 시간이 언제인가 하는 것이다.

도덕적 난제를 심각하게 받아들이게 되면 그것이 오히려 인간을 묶어서 괴로움은 가중된다. 왜냐하면 그것은 인간이 자유로이 날아가 순종할 수 있도록 내버려 두지 않기 때문이다. 따라서 도덕적 난제가 있는 바로 그곳에서 인간의 불신앙은 철저히 드러나게 된다. 결국 그의 모든 갈등은 불신앙에서 비롯되는 하찮은 것으로, 갈등하는 상황은 불순종에 대한 완벽한 증거이다. 중요한 것은 오직 순종을 실천하는 것이다. 순종할 때 그의 갈등은 해결될 것이며 그와 우리 모두도 속박에서 벗어나 하나님의 자녀가 될 것이다. 이것이 인간의 도덕적 난제에 대한 하나님의 진단이다.

청년은 이제 두 번째로 하나님께서 주신 진리의 말씀을 직접 마주하게 된다. 이제는 그분의 계명을 피해서 달아날 방도가 전혀 없다. 순종 외에 다른 대안이 없다는 것은 확실하다. 그러나 그는 아직도 납득하지 못하고 있다. "이 모든 것을 내가 지키었사온데, 아직도 무엇이 부족하니이까?"

조금 전에도 그랬듯이 그는 이번에도 자신의 신실성을 확신하고 있었다. 그러나 예수님에 대한 도전이 절정에 이르는 것은 바로 이 시점이다. 그는 계명을 알고 지금까지 지켜 왔다. 그러나 지금 그는 하나님께서 원하시는 것이 그것이 전부일 리 없다는 생각을 하게 된다. 분명히 특별하고 독특한 요구 같은 게 더 있어야 한다는 느낌을 떨칠 수 없었다. 그리고 그가 행하고 싶은 것은 바로 그 부분이었다.

자신의 독립을 지켜나가고 선악이 무엇인가를 스스로 결정하기 위한 마지막 시도를 하면서, 그는 계시된 하나님의 계명은 불완전하다고 말한다. 그러면서 한편으로는 계명을 인정하고 다른 한편으로는 정면 공격을 위한 무기로 역시 계명을 들이댄다. '어려서부터 이 모든 것을 지켰나이다'막 10:20. 마가복음은 이에 관해서 설명을 덧붙인다. '예수께서 그를 보시고 사랑하셨다'막 10:21.

예수님은 살아 계신 하나님의 말씀에 대해서 마음의 문을 닫고 있는 청년의 절망적인 상태를 다 보고 계신다. 그러면서도 예수님은 그 청년이 그 말씀을 얼마나 진지하게 생각하는지, 또한 살아 계신 계명과 그 계명이 요구하는 자발적인 순종에 대해서 얼마나 격렬하게 반항하는지를 다 보고 계신다. 예수님은 청년을 사랑하시기 때문에 도와주길 원하신다. 그래서 마지막 해결책을 주신다. "네가 온전하고자 할진대, 가서 네 소유를 팔아 가난한 자들에게 주라. 그리하면 하늘에서 보화가 네게 있으리라. 그리고 와서 나를 따르라!"

여기서 유의해야 할 세 가지 사항이 있다. 첫 번째로 여기서 명령하시는 이는 예수님 당신이시다. 앞서 청년의 관심을 선하신 선생님으로부터 유일하게 선하신 하나님께로 돌린 예수님은 이제 하나님의 권세를 주장하시면서 최종적인 말씀을 선포할 권한을 스스로 주장하신다. 청년은 자기 앞에 서서 계신 이가 바로 하나님의 아들이심을 알아차려야 한다.

청년은 사실을 몰랐다 해도 하나님의 아들로서 예수님은 청년의 관심을 아들로부터 아버지께로 돌렸고, 그리하여 주님은 아버지와 온전히 하나가 되셨다. 그리고 지금 다시 한번 하나님의 아들로서 예수님은 하나님의 계명을 친히 말씀하신다. 청년을 불러 따르라고 명하시는 그 순간에 예수님은 한 치의 오해도 없도록 그 계명을 분명히 해 두셔야 한다. 그리스도와의 사귐 가운데서 살아가는 바로 여기에 모든 계명이 집약되는 것이다. 그리스도께서 지금 청년에게 정면으로 소명을 제시하고 계신다. 청년은 이제 더는 자신의 도덕적 난제라는 비현실적인 세계로 달아날 수 없다. 계명은 명백하고 직설적이다. "나를 따르라!"

두 번째로 유의해야 할 사항은, 이 계명도 오해의 소지를 없애기 위해서 해명할 필요가 있다는 것이다. 이유는 청년이 아직도 본래의 실수 속에 빠질 위험이 있기 때문이다. 그는 이 계명을 도덕적인 모험을 위한 기회나 스릴 넘치는 삶의 방식으로 받아들여 만일 어느 한쪽이 더 쉬울 것 같으면 다른 한쪽을 내동댕이치는 경우도 일어날 수 있다는 것이다.

이 청년은 제자도를 이렇게 이해하였다. '제자도란 자신이 살아온 옛 생활의 방식을 확고히 수행하고 완성해 나가면서, 그가 신봉한 진리를 추구함으로 얻어지는 논리적인 귀결이다.' 하지만 이 청년이 이해한 제자도의 개념은 완전히 잘못된 것이다. 그러므로 모든 오해를 차단하기 위해서 예수님은 전혀 후퇴가 없는 돌이킬 수 없는 상황을 만드셔야만 한다. 동시에 그것이 과거의 삶을 성취하는 의미와는 전혀 무관하다는 것을 분명히 밝혀 두셔야 한다. 그래서 주님은 그에게 자발적 빈곤, 즉 '청빈淸貧'을 감수하라고 명하신다.

청년이 던진 질문은 '실존적'이며, 목회적 측면의 질문이었다. 예수님께서 청년에게 답변하는 목적은 결국 청년에게 순종의 방식을 올바르게 이해시키기 위해서다. 이것은 청년을 향한 예수님의 사랑에서 나온 것으로 옛 삶과 새로운 삶을 연결하는 유일한 고리를 제시하는 것이다. 그러나 그 고리(자발적 빈곤을 의미한다. −역자 주) 자체가 새로운 삶과 동일한 것은 아니라는 점을 깨닫게 해 주어야 한다. 비록 그것이 우선적으로 필요한 순종의 행위이긴 하나 그렇다고 해서 올바른 방향으로 가는 첫걸음은 아니다. 먼저 청년은 돌아가서 모든 것을 팔아 가난한 자들에게 주고, 그다음에 다시 와서 예수를 따라야 한다. 제자도는 목적이고 자발적 가난은 수단이다.

청년이 유의해야 할 세 번째 사항은 다음과 같다. 예수님은 아직도 무엇이 부족한지를 묻는 청년의 물음에 이렇게 답변하신다. "네가 온전하고자 할진대…." 얼핏 보면 이 말씀은 청년이 살아온 이전의 삶에 추가할 사항을 예수님께서 생각하고 계신 듯한 인상을 줄 수 있다. 그러나 이것은 추가 사항이긴 하지만 사실은 이전에 붙들고 있던 모든 것을 다 버리라는 요구 사항이다.

지금까지 청년은 온전한 것을 붙들지 못하였다. 계명에 대한 이해와 실천 이 두 가지가 모두 잘못되었기 때문이다. 그가 계명을 올바르게 이해하고 실천할 수 있는 것은 오직 지금 예수 그리스도를 따라감으로써 가능한 것이다. 그것이 바로 그 시점이 될 수밖에 없는 이유는 지금 그를 부르시는 이가 예수 그리스도이시기 때문이다.

청년의 질문을 받아들이는 순간 예수님은 그 질문을 일단 보류해 두신다. 청년은 영생에 이르는 길을 물었고, 예수님은 이렇게 대답하신다. "내가 너를 부른다. 그리고 그것이 전부다." 청년의 문제에 대한 해결책은 예수 그리스도이시다. 청년은 선한 선생님의 말씀을 듣기 원했으나 이제 그는 자신이 질문을 던진 대상이 바로 말씀 자체라는 사실을 깨닫게 된다. 청년은 하나님의 아들이신 예수님을 마주 대하고 서 있다. 그것은 궁극적인 만남이다. 이제 그것은 단지 '예, 아니요'의 문제이자 '순종, 불순종'의 문제이다.

상대방의 대답은 '아니요'였다. 그 청년은 자신의 헛된 희망에 실망하고 기만당한 채 슬픔에 잠겨, 자신의 과거에서 벗어나지 못하고 떠나갔다. 그는 많은 재산을 가졌다. 여기서도 따라오라는 명령은 이전과 다를 바 없이 예수 그리스도에게 붙어서 그분과 사귐을 가진다는 의미이다. 제자도의 삶은 선한 선생님을 향해서 경의를 표하는 영웅숭배가 아닌 하나님의 아들에 대한 순종이다. 예수님께서 말씀하신 비유 중의 하나인 '선한 사마리아 사람'의 도입부도 부자 청년의 이야기와 밀접한 구조로 되어 있다.

> 어떤 율법교사가 일어나 예수를 시험하여 이르되 선생님 내가 무엇을 하여야 영생을 얻으리이까 예수께서 이르시되 율법에 무엇이라 기록되었으며 네가 어떻게 읽느냐 대답하여 이르되 네 마음을 다하며 목숨을 다하며 힘을 다하며 뜻을 다하여 주 너의 하나님을 사랑하고 또한 네 이웃을 네 자신 같이 사랑하라 하였나이다 예수께서 이르시되 네 대답이 옳도다 이를 행하라 그러면 살리라 하시니 그 사람이 자기를 옳게 보이려고 예수께

여짜오되 그러면 내 이웃이 누구니이까_눅 10:25-29

율법학자의 질문은 청년의 질문과 똑같다. 단 한 가지 차이가 있다면 여기서는 예수님을 시험하려는 의도를 분명히 밝히고 있다는 점이다. 그는 문제에 관한 해결책에 대해서 이미 결심을 굳히고 있었다. 그는 예수님을 도덕적 의심과 갈등이라는 막다른 골목으로 몰아넣을 심산이다. 예수님은 그에게 부자 청년에게 해 준 것과 흡사한 말로 대답을 하신다. 질문자는 속으로 자신의 질문에 대한 해답을 알고 있다. 그러나 그 질문을 던지는 순간, 비록 해결책은 알고 있다 하여도 하나님의 계명에 순종할 의무를 회피하고픈 마음이 든다. 그가 듣게 된 유일한 답변은 이것이다. "너는 이미 네가 할 일을 알고 있다. 가서 행하라. 그리하면 살 것이다."

첫 회전은 이미 패한 것이다. 그러므로 율법학자는 재차 시도해야 한다. 부자 청년과 마찬가지로, 율법학자는 도덕적 난제를 제기함으로써 빠져나갈 궁리를 한다. "그러면 내 이웃이 누구니이까?" 그 이후로는 훌륭한 신앙인을 표방하면서, 아니면 정말로 몰라서라도 이런 질문은 지겹도록 반복되었다! 이런 질문은 충분히 제기할 만하며 진지한 태도로 진리를 추구하는 자는 누구라도 던져 볼 만한 내용이다.

그러나 율법학자가 의도한 것은 그런 것이 아니다. 예수님은 그 질문을 사탄의 시험으로 여기시고 받아넘기신다. 사실 그것이 선한 사마리아인의 비유에 대한 전체 요지이다. 이것은 해답을 얻지 못한 채 끝없이 읊어 댈 수 있는 질문이다. 본문의 상황에서 등장하는 이런 질문은 '논쟁을 일삼는 자, 마음이 부패한 자, 진리에서 떠난 자'들이 들고 나오는 것이다. 이것은 '변론과 언쟁을 좋아하는 자의 비뚤어진 생각'에서 나온다. 이로부터 '투기와 분쟁과 훼방과 악행이 나온다'딤전 6:4f. 이것은 '항상 배우지만, 결국에는 진리의 인식에 이를 수 없는', '경건의 모양은 있으나, 그 능력을 부인하는'딤후 3:5ff 허황된 자들이 걸고넘어지는 질문이다. 이들은 믿음에 이를 수 없어 계속해서 동일한 질문만 하는데 그 이유는 '양심에 화인을 맞아'딤전 4:2, 하나님의 말씀에 순종하지 않으려 들기 때문이다.

누가 나의 이웃일까? 이에 대한 대답이 있는가? 그것이 나의 육신의 형제인가, 나의 민족인가? 교회 안의 나의 형제인가? 아니면 나의 원수일까? 여기서의 대답들 가운데는 제각기 올바른 요소도 있고 거짓된 요소도 있다. 이 질문은 온통 우리를 의심과 불순종 가운데로 몰아간다. 그리하여 이 질문은 하나님의 계명을 거역하는 명백한 반역 행위가 되는 것이다.

율법학자의 이 같은 질문은 자신을 속이는 첫 번째 시도이다. "물론 내 말은 나도 그분의 뜻을 실천하길 원한다는 것이다. 하지만 그분은 내게 어떻게 시작해야 할지 방도를 알려 주지 않으신다. 계명은 나에게 명확한 방향을 지시하지 않으며 내 문제에 대한 해결책도 알려 주는 일이 전혀 없다. 내가 어떻게 하면 될까?" 대답은 이렇게 나왔다. "넌 계명을 알고 있지 않느냐? 그렇다면 그대로 실천하라. 질문은 그만하고 그 일이나 하도록 하라!"

또한 "내 이웃이 누구니이까?"라는 마지막 질문도 최후로 날려 보내는 절망(또는 자기 확신)의 화살이다. 율법학자는 자신의 불순종을 정당화하려고 기를 쓰고 덤벼든다. 대답은 이것이다. "네가 바로 그 이웃이다. 가서 사람들을 사랑함으로써 순종하는 자가 되도록 힘쓰라."

이웃이 된다는 것은 다른 사람들의 자질에 달린 것이 아니다. 오히려 사람들은 우리에게 그들의 이웃이 되어 달라고 요청한다. 매 순간 모든 상황은 우리의 행동과 우리의 순종을 촉구한다. 우리의 이웃을 가지고 이러쿵저러쿵 탁상공론이나 벌이면서 허송세월을 보낼 시간이 없다. 우리는 일어나서 순종해야 한다. 우리 스스로 상대방에게 이웃으로 다가가야 한다.

어쩌면 이것이 당신에겐 충격일 수도 있을 것이다. 어쩌면 지금도 미리 잘 따져보고 어떻게 행동해야 할지를 알아보아야 한다고 생각할지도 모른다. 그렇다면 거기에는 오직 한 가지 해답만이 있을 뿐이다. 행동을 취해야 거기서 답이 나오고 생각이 나오게 된다는 것이다. 순종이 무엇인지는 오로지 순종을 통해서만 체득할 수 있다. 질문은 백해무익이다. 진리에 이르게 되는 것은 순종을 통해서만 가능하기 때문이다.

'죄로 인해 길을 잃은'사 53:6 우리의 양심으로는 자발적이고 즉각적인 순종으로 우리를 초대하시는 예수님의 부르심을 거역하게 된다. 부자 청년은 제자로 불러 주시는 은혜를 입었다. 하지만 주님을 시험하려고 작정했던 율법학자는 계명대로 행하라는 명령만 받고 돌아가야만 하였다.

3장

무조건적인 순종
Single-Minded Obedience

예수님으로부터 스스로 가난한 삶을 받아들이라는 권유를 받았을 때, 부자 청년은 순종과 불순종 중에서 하나밖에 선택할 수 없다는 것을 알고 있었다. 세관에서 영수증을 만지던 레위나 그물을 깁고 있던 베드로가 부르심을 받았을 때, 예수님께서 그들의 생업에 대해서 말씀하셨다는 것은 의심의 여지가 없다. 두 사람 다 모든 것을 버리고 예수님을 따라가야만 하였다. 베드로가 풍랑이 이는 바다 위로 걸어오라는 예수님의 두 번째 명령을 받았을 때, 그는 일어나 목숨을 걸어야 하였다. 각각의 경우에서 필요한 것은 오직 한 가지 곧 예수 그리스도의 말씀을 의지하는 것이었다. 그리고 이 말씀을 이 세상의 그 어떤 안전장치보다 더 든든하게 생각하고 붙들어야 하였다.

예수님의 말씀과 순종이라는 반응 사이에 끼어들려고 하였던 세력은 그 당시도 오늘날처럼 강력하였다. 이성과 양심, 책임과 신앙심이 길을 막아섰다. 심지어는 율법과 '성경적인 권위' 자체도 '도덕폐기론주의'나 '광신주의'라는 극단으로 흐르지 못하도록 그들을 변호하는

척하면서 장애물 역할을 하였다. 그러나 예수님의 부르심은 이 모든 것을 돌파하고 순종을 만들어 냈다. 그 부르심이 하나님 당신의 말씀이었기에 무조건적인 순종으로 반응하는 것만이 모든 요구 조건의 전부였다.

만일 성경을 읽는 중에 오늘날 우리에게도 이런 식으로 말씀하시는 예수님의 음성을 듣는다면, 우리는 스스로 이런 식으로 논리를 전개해 볼 수도 있을 것이다. "예수님의 계명이 선명하다는 것은 사실이다. 그러나 우리가 기억해야 할 것이 있다. 주님은 우리가 계명을 율법적으로 받아들이는 것을 절대 원하지 않으신다는 것이다. 주님께서 나에게 정말 원하시는 것은 내가 믿음을 가지는 것이다. 그러나 나의 믿음이 굳이 가난이나 부요나 그와 비슷한 것에 얽매일 필요는 없다. 우리는 정신적으로 가난해질 수도 있고 부해질 수도 있다. 내가 무소유가 되어야 한다는 건 중요하지 않다. 그러나 만일 물질이 있다면 마치 물질이 없는 듯이 그걸 지켜 나가면 되는 것이다. 다시 말해서 내적으로 초연한 자세를 가꿔 나가면 되는 것이다. 그러면 내 마음은 물질에 초월한 상태가 된다."

이런 맥락에서 보면 '네 소유를 팔라'마 19:21고 말씀하시는 예수님의 의도는 이렇게 해석할 수 있을 것이다. "네가 겉으로 번지르르하게 사는 것을 중요하게 생각지 말라. 오히려 네 물질을 조용히 간직하고 그것들을 소유하되 마치 물질이 없는 자처럼 살아가라. 네 마음을 네 물질에 두지 말라."

하지만 이 같은 변론은 하나같이 율법주의를 핑계로, 그리고 순종보다 믿음이 먼저라는 가정에 따라, 우리가 예수님의 말씀에 대해서 무조건적으로 순종하지 못하는 자신을 변명하고 있다. 우리 자신과 부자 청년 간의 차이점이 있다면, 청년은 다음과 같은 독백으로 자신의 슬픔을 달래 볼 의향이 없었다는 것이다.

"예수님의 말씀을 마음에 담아 둘 필요는 없다. 나는 내적으로는 초연한 자세를 견지하면서 여전히 부자로 살아갈 수 있다. 부족함이 많은 존재임에도 불구하고 하나님께서 내 모든 죄를 용서해 주셨고 믿음 가운데서 그리스도와 사귐을 가질 수 있도록 해 주셨다는 생각 속에서 위로를 받을 수 있다."

그러나 그는 한마디 변명도 없이 슬퍼하며 떠났다. 그는 순종하려고 하지 않았기 때문에 믿을 수 없었다. 이런 점에서 청년은 대단히 정직한 사람이었다. 비록 그는 예수님을 떠나갔지만, 분명히 이 같은 정직성은 불순종에 근거하여 예수님과 가식적인 사귐을 가지는 것보다 주님께 나아갈 수 있는 더 큰 가능성을 내포하고 있었다. 예수님께서 간파하셨듯이 청년의 문제는 물질로부터 내적으로 초월할 수 있는 그런 능력이 없었다는 점이다. 완벽을 추구하는 진지한 구도자로서 청년은 어쩌면 이전에 수천 번도 더 넘게 그렇게 되고자 노력했을 것이다. 하지만 결정적인 순간에 예수님의 말씀에 순종할 수 없었다는 점을 보아, 이런 노력이 수포로 돌아갔다는 것을 짐작할 수 있다. 이 점에서 청년은 대단히 순수한 사람이었다.

그러나 우리는 자신의 논리에 갇혀 예수님의 말씀을 듣고 있는 성경상의 인물들과는 완전히 다른 반응을 보인다. 만일 예수님께서 누군가에게 이렇게 말씀하셨다고 하자. "다른 모든 것을 버리고 나를 따르라. 네 직업을 버리고 가족과 민족과 가문을 떠나라." 그때 이 같은 부르심에 대한 유일한 대답은 오직 무조건적인 순종이며 이렇게 순종하는 자만 예수님과의 사귐에 대한 약속을 받을 수 있다는 사실을 그는 알고 있었다. 그러나 우리는 이런 식의 변론을 전개할지도 모른다.

"물론 예수님께서 우리를 부르시면 아무런 조건 없이 진지하게 받아들여야 한다. 하지만 결국 올바른 순종의 방식은 현재 하는 일을 한결 더 열심히 계속해 나가면서, 내 가정을 지키고, 진정한 내적 초월의 정신으로 내가 서 있는 그 자리에서 주님을 섬기는 것이다." 그러나 만일 예수님께서 "거기서 떠나라"는 명령으로 우리를 촉구하신다면 우리는 그것을 이렇게 받아들일 것이다. "지금 있는 곳에 그대로 지내기는 하되 내적인 초연함을 가꾸어 나가면 된다."

다른 예로, 예수님께서 우리에게 "걱정하지 말라"고 말씀하신다면 우리는 그것도 이렇게 바꾸어 버릴 것이다. "사실 우리가 하는 걱정이 잘못된 것은 아니다. 우리는 일을 해서 자신과 딸린 식구들을 먹여 살려야 한다. 그렇게 하지 않는다면, 그것이 오히려 책임을 회피하는 부당한 처사가 될 것이다. 하지만 그러면서도 언제나 내면적으로는 모든 걱정으로부터 자유로워야 한다."

예수님은 우리에게 이런 말씀을 하실 수도 있을 것이다. "누가 네 오른뺨을 치거든 다른 뺨도 돌려 대라." 그때는 또 주님의 말씀을 이렇게 받아들일 것이다. "원수를 사랑하는 현실적인 방식은 다른 뺨을 돌려 댐으로 뺨을 두들겨 맞고 피를 흘릴지라도, 계속 싸워서 상대를 넘어뜨리는 것이다." 예수님께서 "먼저 하나님의 나라를 구하라"는 말씀을 들려주시면 우리는 이런 식으로 해석을 가져다 붙일 것이다. "물론 온갖 다른 것들을 먼저 구해야 한다. 만일 그렇게 하지 않는다면 우리가 어떻게 살아갈 수 있겠는가? 그 말씀이 보여 주는 원천적 의미는 하나님의 나라를 위해서 모든 걸 바칠 수 있도록 마음의 준비를 단단히 하라는 것이다." 우리가 살펴본 이 모든 내용은 무조건적인 순종, 즉 엄격한 의미의 참된 순종을 회피하려고 온갖 가능성을 타진해 보는 것이다.

어떻게 이런 왜곡이 가능할까? 무슨 일이 일어났기에 예수님의 말씀을 이처럼 하찮은 것으로 격하시켜 세상의 웃음거리가 되도록 방치할 수 있는 것일까? 우리가 살아가는 일상의 영역에서 명령이 떨어지면 그것이 무슨 뜻이든 간에 의심의 여지가 전혀 없이 명령은 말 그대로 명령이다. 만일 아버지가 자녀를 재우기 위해서 침실로 가라 하면 아이는 자신이 뭘 해야 하는지 즉각적으로 알아차린다. 그러나 아이가 가짜 신학을 수박 겉핥기식으로 맛본 경험이 있다고 가정하자. 그러면 이런 식의 궤변을 늘어놓을 것이다.

"아버지가 나더러 가서 자라고 하시는 건 사실은 내가 피곤하다는 뜻이고 그리고 아버지는 내가 피곤한 것을 원치 않으신다는 거야. 그런데 내가 밖에 가서 논다 할지라도 난 피곤을 거뜬히 이겨 낼 수 있어. 그러니 아버지가 나더러 가서 자라고 말씀하신다 해도 진심은 '밖에 나가 놀고 오라'는 뜻이야."

만일 아이가 아버지에게 하듯이 혹은 시민이 정부에 대해서 이런 논리를 펼친다면 이 두 사람은 모두 분명히 알아들을 수 있도록 대가를 톡톡히 치르게 될 것이다. 즉, 고초를 당하거나 벌을 받게 된다는 말이다. 어떻게 우리가 예수님의 계명을 다른 명령들과 다르게 취급해서 무조건적인 순종을 즉각적인 불순종으로 바꾸어 버릴 수 있는 것일까? 어떻게 이런 일이 가능할까?

이 같은 일이 가능한 것은 이 모든 궤변의 바탕에 일말의 진리가 있기 때문이다. 부자 청년을 불러서 믿음의 상황으로 초청하실 때 예수님께서 그렇게 하신 유일한 목적은 청년과 친히 사귐을 가지시기 위해서였다. 결국 중요한 것은 인간의 이런저런 행위가 아니라, 오직 하나님의 아들이시며 중보자이신 예수님에 대한 믿음이다. 어쨌든 가난이나 부요, 결혼이나 독신, 직업이나 무직은 결국 예수님의 목적과는 전혀 무관하다. 이 모든 것이 오로지 믿음에 달려 있다.

그렇다면, 이 세상에서 부와 재물을 소유하면서도 그리스도를 믿을 수 있다는 말은 전혀 잘못된 것이 아니다. 이런 것들을 누리되 청빈한 자세로 살아갈 수 있다는 의미다. 그러나 이것은 그리스도인의 삶에서 일어날 수 있는 궁극적인 가능성이다. 부유하면서도 청빈한 자세로 사는 삶은 그리스도의 임박한 재림을 노심초사 진지하게 기대하면서 기다릴 수 있다는 조건 안에서만 누릴 수 있다.

따라서 이것은 처음부터 생길 수 있는 그런 단순한 믿음이 아니다. 그리스도인이 계명을 역설적으로 이해한다고 해서 잘못된 것은 아니다. 하지만 계명을 단순하게 이해하는 것을 폐기하는 쪽으로 몰아가는 일은 없어야 한다. 무조건적인 순종은 단순하게 받아들여 인생의 어느 시점에서 이미 실천에 옮기고 있는 자나, 그리스도의 제자로서 그분과 함께 살아가며 종말을 기대하는 자만이 누릴 수 있는 권리이다.

사실 예수님의 부르심을 이처럼 역설적으로 이해한다는 것은 엄청나게 힘들 뿐만 아니라, 인간적으로 말하면 '불가능한 가능성'이다. 예수님의 부르심을 거꾸로 뒤집어 버리고 구체적인 순종의 필요성을 회피하는 핑곗거리를 제공하는 것이 바로 이런 역설적인 요소이다. 따라서 이 해석에는 언제나 위험 요소가 따르기 마련이다. 예수님께서 명령하시면 물질에 얽매이지 아니하고 모든 것을 포기할 수 있듯이, 계명을 직설적으로 문자 그대로 이해하여 순종할 수만 있다면 그편이 훨씬 더 행복할 것이라는 사실을 알지 못하는 자는 예수님의 말씀을 역설적으로 이해할 권리가 없다. 우리는 계명에 대한 단순한 이해와 역설적 이해 이 두 가지를 언제나 마음에 간직하고 있어야 한다.

예수님의 구체적인 부르심에 단순히 순종함으로 반응하는 것은 그 무엇으로도 취소할 수 없는 절대적인 필수 요소이다. 이 계명에 대해서 단순하게 이해하는 것과 역설적으로 이해하는 것을 바탕으로 예수님은 믿음을 요구하는 실제 상황 가운데로 사람들을 끌어들이신다. 이 때문에 예수님의 부르심은 구체적이며 또한 주님은 우리가 그렇게 이해하기를 원하신다. 인간이 자유롭게 믿을 수 있는 것은 오직 구체적인 순종을 통해서만 가능하다는 것을 주님은 알고 계시기 때문이다. 만일 무조건적인 순종이라는 행동 원리를 제거한다면, 예수님의 소명이라는 값비싼 은혜는 다시금 '자기 칭의'(스스로 의롭다고 주장하다. -역자 주)의 값싼 은혜로 변질된다. 또한 이로 인해 그리스도의 구체적인 부르심에 귀를 막도록 하는 거짓 율법도 형성된다. 이 같은 거짓 율법은 세상적인 율법이어서, 은혜('값싼 은혜'를 의미한다. -역자 주)의 율법이 그 율법을 보완해 주기도 하고 동시에 대립하기도 한다.

여기서 세상은 그리스도 안에서 극복된 세상도, 그리고 그분과의 사귐 가운데서 매일 새롭게 극복될 수 있는 세상도 아니다. 오히려 경직되고 무감각한 율법의 원리로 완악해진 세상이다. 만일 그렇게 되면 은혜는 더 이상 우리로 하여금 세상을 벗어나서 그리스도에게 순종하게 하는 살아 계신 하나님의 선물이 될 수 없다. 오히려 은혜('값싼 은혜'를 의미한다. -역자 주)는 특수한 경우에만 적용될 수 있는 하나의 보편적인 율법, 종교적 원리가 되어 버리고 만다.

단순한 순종 속에 내포되어 있는 '율법성'에 대항해서 씨름을 하다 보면, 우리는 결국 가장 위험한 율법 즉 세상적인 율법이면서도 동시에 은혜('값싼 은혜'를 의미한다. —역자 주)의 율법을 세우게 된다. 율법주의와 맞서 싸우다 보니, 결국 우리 자신이 최악의 율법주의에 도달하게 되는 것이다. 따라서 이런 율법주의를 극복하는 유일한 길은 오직 "나를 따르라"는 예수님의 은혜로운 부르심에 대해서 실제적으로 순종할 때만 가능하다. 왜냐하면 예수님 안에서 율법은 성취되는 동시에 폐기되기 때문이다.

또한 무조건적인 순종이라는 행동 원리를 제거한다면, 복음적인 성경 해석에서 빗나가게 된다. 그 이유는 성경을 펼칠 때 성경 해석의 열쇠가 당연히 우리에게 있다는 생각을 가지기 때문이다. 그러나 그렇게 되면 우리가 사용하는 그 열쇠는 더 이상 심판주이자 구세주이신 살아 계신 그리스도의 잣대가 될 수 없을 것이다. 그리고 우리는 살아 계신 성령의 뜻만 의지해야 하는데 우리가 이 열쇠를 사용하는 한, 더 이상 그런 일은 일어나지 않을 것이다.

우리가 사용하는 열쇠는 우리 뜻대로 적용할 수 있는 은혜('값싼 은혜'를 의미한다. —역자 주)에 대한 보편적인 교리가 되는 셈이다. 이렇게 되면 제자도의 문제가 성경 해석상의 문제가 되기도 한다. 만일 우리의 해석이 진실로 복음적이라면, 우리는 예수님께서 소명하신 성경의 모든 인물과 우리 자신을 동일시할 수 없다는 것을 깨닫게 될 것이다. 왜냐하면 그들은 성경에 기록된 하나님의 말씀에 등장하기도 하고 그 말씀을 전달하기도 했던 인물들이기 때문이다. 한편 예수님 당시의 청년이 예수님께 질문했을 때 예수님께서 하셨던 답변을 통해서, 우리도 우리가 예수님께 직접 질문한다면 예수님께서 답변하실 수 있는 내용을 듣게 되었다. 우리는 질문과 답변 이 두 가지를 모두 성경에 기록해 놓은 말씀을 통해서 예수님의 답변을 듣게 된다. 성경이 선포하는 그리스도께서는 당신에게 순종하는 자들에게만 믿음을 허락하시는 분이다. 그리고 그분은 당신을 표현하는 모든 말씀을 통해서 존재하신다. 우리가 성경에 등장하는 실제의 사건들 뒤로 몸을 숨기는 것은 가능하지도 않고 올바른 일도 아니다. 오히려 성경 말씀 전체가 예수님을 따르라고 우리를 부르고 계신다. 그런데도 우리가 그런 사건들을 추상적인 원리의 관점으로 해석함으로써 성경의 진리를 해쳐서는 안 된다. 비록 그 원리가 은혜('값싼 은혜'를 의미한다. -역자 주)의 교리라 해도 그것은 용인될 수 없는 일이다. 그렇지 않으면 우리는 율법주의로 끝나고 말 것이다.

따라서 우리는 예수님의 계명에 대해서 역설적으로 이해하는 것은 언제나 문자적 이해를 내포하고 있다고 주장해야 한다. 우리의 목적은 율법을 세우는 것이 아니라 그리스도를 선포하는 것이라는 이유 때문이다. 하지만 이런 무조건적인 순종에는 믿음이 가능하게 되기 전에 예비적인 조건, 즉 인간의 공적에 관한 교리 a facere quod in se est가 포함되어 있다는 의심에 대해서 한마디 해 둘 필요가 있다. 예수님의 부르심에 대한 순종은 결코 우리 힘으로 할 수 있는 것이 아니다. 즉 부르심에 대한 순종은 은혜에 기초한 것이지 공적이나 자랑거리가 못 된다.

예를 들어, 우리가 모든 소유를 버린다 해도 그 행위 자체는 본질상 주님께서 요구하시는 순종이 아니다. 사실상 그런 발걸음이 예수님께는 정반대의 순종으로 비추어질 수도 있다. 왜냐하면 우리는 독자적인 삶의 방식을 통해서, 또는 그리스도인의 이상理想을 통해서, 혹은 성 프란시스 St. Francis 추종자들이 실천하는 개념을 통해서 '가난'을 선택할 수 있기 때문이다. 사실상 재물을 포기하는 그런 행위를 실행함으로써 인간은 예수님의 계명이 아닌 자신이나 이상을 신봉할 수 있다. 하지만 이런 자는 결코 자신의 죄로부터 벗어날 수 없고 오히려 자신에게 묶이게 된다. 믿음이 일어날 수 있는 상황 가운데로 발걸음을 옮기는 것은 우리가 예수님께 제안할 수 있는 요청이 아니다. 그것은 언제나 은혜 가운데서 주님께서 우리에게 허락하셔야 하는 것이다. 이 같은 정신에서 발걸음을 내딛을 때만 주님께서 인정하시는 순종으로 인정될 수 있다. 그러나 이런 경우에 우리가 먼저 선택의 자유를 운운할 수는 없다.

> 예수께서 제자들에게 이르시되 내가 진실로 너희에게 이르노니 부자는 천국에 들어가기가 어려우니라 다시 너희에게 말하노니 낙타가 바늘귀로 들어가는 것이 부자가 하나님의 나라에 들어가는 것보다 쉬우니라 하시니 제자들이 듣고 몹시 놀라 이르되 그렇다면 누가 구원을 얻을 수 있으리이까 예수께서 그들을 보시며 이르시되 사람으로는 할 수 없으나 하나님으로서는 다 하실 수 있느니라 _마 19:23-26

충격을 받은 제자들이 "그렇다면 누가 구원을 얻을 수 있으리까?"라는 질문을 던진다. 이로써 이 질문은 부자 청년 한 사람의 문제가 아니라 모든 사람의 보편적인 문제임을 알 수 있다. 그들은 '어떤 부자'인지를 묻고 있는 것이 아니다. 아주 일상적인 표현으로 "그렇다면 누가 구원을 얻을 수 있으리까?"라고 반문한다. 사람들의 입장에서 보면, 누구나 심지어 제자들까지도 그런 기준으로는 하나님의 나라에 들어가기가 여간 어려운 것이 아니다. 제자들에게 보여 주신 답변을 보면, 예수님께서 제자들의 그런 속내를 꿰뚫고 계셨다는 것을 짐작할 수 있다. 예수님을 따름으로써 구원을 받는 것은 인간들이 스스로 성취할 수 있는 것이 아니다. 그러나 하나님은 모든 것이 가능하시다.

4장

제자도와 십자가
Discipleship and the Cross

인자가 많은 고난을 받고 장로들과 대제사장들과 서기관들에게 버린 바 되어 죽임을 당하고 사흘 만에 살아나야 할 것을 비로소 그들에게 가르치시되 드러내 놓고 이 말씀을 하시니 베드로가 예수를 붙들고 항변하매 예수께서 돌이키사 제자들을 보시며 베드로를 꾸짖어 이르시되 사탄아 내 뒤로 물러가라 네가 하나님의 일을 생각하지 아니하고 도리어 사람의 일을 생각하는도다 하시고 무리와 제자들을 불러 이르시되 누구든지 나를 따라오려거든 자기를 부인하고 자기 십자가를 지고 나를 따를 것이니라 누구든지 자기 목숨을 구원하고자 하면 잃을 것이요 누구든지 나와 복음을 위하여 자기 목숨을 잃으면 구원하리라 사람이 만일 온 천하를 얻고도 자기 목숨을 잃으면 무엇이 유익하리요 사람이 무엇을 주고 자기 목숨과 바꾸겠느냐 누구든지 이 음란하고 죄 많은 세대에서 나와 내 말을 부끄러워하면 인자도 아버지의 영광으로 거룩한 천사들과 함께 올 때에 그 사람을 부끄러워하리라_막 8:31-38

여기서 나를 따르라는 부르심은 예수님의 수난을 예고한 것과 밀접한 관련이 있다. 예수 그리스도는 고난을 받고 버림을 당해야만 한다. 필수 조건으로 반드시 따라야 하는 이 '당위성'은 하나님의 약속 안에 내재되어 있는 것으로 성경 말씀은 반드시 성취되어야 한다는 절대적인 의미가 있다.

여기서 고난과 버림이란 말 사이에는 뚜렷한 구별이 있다. 고난만 당하셨다면 예수님은 여전히 메시야로 추앙을 받았을 것이다. 세상 사람들의 온갖 동정과 찬탄이 주님의 수난으로 쏠렸을지도 모른다. 그것은 그 자체만으로도 가치, 위엄, 명예라는 고유한 가치를 가진 비극으로 간주될 수 있었을 것이다. 그러나 예수님은 고난 가운데서 버림받은 메시야이시다. 버림을 받게 되면 고난에 따르는 영광의 후광은 빛을 잃게 된다. 그것은 분명히 치욕스러운 고난이다. 고난과 버림받으심은 예수님의 십자가를 한마디로 요약하는 표현이다.

십자가의 죽음은 사람들에게 멸시당하고 버림받은 죽음을 의미한다. 예수님께서 당하신 고난과 버림받음은 하나님께는 필요한 것이었기에 그것을 막으려는 모든 시도는, 특히 그 시도들이 당신의 제자들에게서 나올 때 그것은 마귀의 역사로 간주된다. 왜냐하면 사실 그리스도의 고난을 방해하려는 시도는 그리스도에게 그리스도가 되지 못하게 막으려는 방해공작이기 때문이다. 교회의 반석인 베드로가 그 죄를 범했는데 그것도 예수님을 메시야로 고백함으로써 수제자로 임명을 받은 직후였다. 이것을 보면 초대 교회 당시에도 '고난당한 메시야'라는 개념이 교회의 입장에서 얼마나 거리낌이 되었는가를 충분히 짐작할 수 있다.

교회가 원하는 것은 그런 모습의 주님이 아니다. 그리고 그리스도의 교회로서 교회의 주인 되시는 주님에 의해서 부과된 것이라 해도 그런 고난의 율법은 선호할 만한 것이 아니다. 베드로는 예수님께 항변함으로 고난을 받고 싶지 않다는 자신의 속내를 드러내고 있다. 또한 그 항변 속에는 사탄이 교회 속으로 들어올 수 있는 빌미를 줌으로써 교회를 주님의 십자가로부터 떼어 놓기 위해서 음모를 꾸민다는 의미가 내포되어 있다.

그러므로 예수님은 필수 조건으로 반드시 따라야 하는 고난의 이 '당위성'은 자신뿐만 아니라 제자들에게도 동일하게 적용된다는 것을 확실하고도 분명하게 밝혀 두셔야 하였다. 그리스도께서 고난과 버림받음을 통해서만 그리스도가 되셨듯이(히 5:8-9 참조 -역자 주), 제자는 주님의 고난과 버림받음과 십자가형을 함께 나눈다는 조건으로만 제자가 된다. 제자도는 성자 예수님의 인격과 연합되어, 십자가의 법인 그리스도의 법에 순종하는 것을 뜻한다.

그러나 피할 수 없는 이 진리를 드러내실 때부터 예수님은 뜻밖에도 자신을 선택할지 거절할지를 제자들이 자유롭게 선택하도록 하셨다. "누구든지 만일 나를 따라 오려거든…." 그것은 제자들에게는 교육과정의 문제가 아니었다. 이것은 강요한다고 해서 될 일도 아니며 그렇다고 기대한다고 해서 될 수 있는 일도 아니다. 주님은 오히려 "만일 누구든지 주님을 따르는 데 방해가 되는 그 어떤 제안도 물리칠 준비가 되었다면"이라고 말씀하셨다. 다시 한번 모든 것이 개인의 결단으로 남게 된다. 제자들이 제자도의 길을 따라 중간쯤 왔을 때 그들은 십자가의 길이라는 또 다른 길로 접어든다. 또다시 그들은 스스로 선택할 수 있는 자유의 몸이 된 것이다. 그들로부터 무엇을 기대하거나, 그들에게 무엇을 강요하는 것은 아무것도 없다. 그 시간 제자들은 중

대한 국면에 처해 있다. 그들은 주님으로부터 제자도의 법을 듣기 전에 먼저 자신의 길을 선택해야 하였다.

"누구든지 나를 따라오려거든 자기를 부인하고 자기 십자가를 지고 나를 따를 것이니라"마 16:24. 제자가 되려면 베드로가 예수님을 부인할 때 "나는 이 사람을 모른다"고 그리스도에 대해서 말했듯이 자신에 대해서도 동일하게 자기 부인을 해야만 한다. 자기 부인은 결코 금욕주의나 고행 같은 고립된 일련의 행동이 아니다. 그것은 자살도 아니다. 왜냐하면 자살은 그 이면에 자살하겠다는 자신의 의지가 들어 있기 때문이다. 스스로를 부인하는 것은 이제는 자신이 아니라 오로지 그리스도만을 인식하는 것이며, 오로지 앞서가시는 그리스도만 보고 가는 것이고, 우리에겐 너무나 힘든 그 길을 더는 주목하지 않는 것이다. 다시 강조하지만, 자신을 부인하는 자들의 입에서 나올 수 있는 말은 오직 이런 것이다. "주님께서 그 길을 인도하신다. 주님만 가까이 따라가라. 그리고 그분의 십자가를 지라."

예수님은 먼저 자기 부인에 대해서 말씀을 하심으로써 이 말씀을 위한 길을 은혜롭게 예비하셨다. 자신을 완전히 의식하지 못하게 되었을 때만 주님을 위해서 십자가를 지고 갈 준비가 되는 것이다. 마침내 주님만을 알게 된다면, 만일 자신에게 지워진 십자가의 고통을 주목하지 않게 된다면, 우리는 진정 주님만을 바라보게 될 것이다. 이 말씀을 감당할 수 있도록 예수님께서 우리를 은혜 가운데 미리 준비해 놓지 않으셨다면, 우리는 그것을 도저히 감당할 수 없다는 사실을 깨닫게 된다. 그것을 감당할 수 있도록 우리를 준비해 주심으로 이렇게 힘든 말씀을 은혜의 말씀으로까지 받아들일 수 있게 하셨다. 그래서 십자가를 지라는 이 말씀이 우리에게 제자도의 즐거움으로 다가오고 또한 그 말씀 안에서 우리를 제자로 받아 주신다.

십자가를 지는 것은 비극이 아니다. 그것은 예수 그리스도에 대한 전적인 충성exclusive allegiance에서 오는 열매로서의 고난이다. 십자가를 겪어야 하는 그런 일이 오면 그것은 우발적인 것이 아니라, 필연적인 것이다. 십자가는 육신을 가진 인간이 겪어야 하는 피할 수 없는 고난이 아니라, 특별히 그리스도인의 삶에 필수적인 부분으로 다가오는 고난이다. 십자가에는 고난만 있는 것이 아니라 버림받음도 있다. 그것도 명분이나 신념 때문이 아닌 그리스도를 위해서 겪게 되는 버림받음이다. 만일 우리가 믿는 기독교가 제자도를 더 이상 진지하게 생각하지 않는다면 십자가는 우리에게 값비싼 요구로 다가오지 않을 것이다. 또한 복음을 희석해서 제자도를 정서적인 고양uplift쯤으로 생각한다면, 육신적인 삶과 그리스도인의 삶 간의 구별도 없어질 것이다. 그렇게 되면 결국 십자가는 평범한 일상적인 재난이나 인생의 시련, 혹은 고난의 하나로 전락하고 마는 것이다. 그때 우리는 십자가란 고난뿐만 아니라 버림받음과 수치를 의미한다는 것을 잊어버리게 된다.

시편 기자는 그가 사람들로부터 배척과 멸시와 버림받음을 당한 것 때문에 탄식하고 있었다. 사실 그것이 십자가 고난의 본질적 특징이다. 그러나 이런 개념이 그리스도교의 정신에서 흐려지게 되자 평범한 인간의 삶과 그리스도에게 헌신된 삶 사이에 어떤 차이점도 찾아볼 수 없게 되었다. 십자가란 그리스도의 고난을 마지막까지 최대한으로 함께 나누는 것을 의미한다. 그리하여 전적으로 제자도 안에서 헌신된 사람만이 십자가의 의미를 체득할 수 있다. 십자가란 바로 처음부터 제자도 안에 있었기 때문에 주님께서 십자가에서 들려 올려지신 것처럼 그저 들려 올려지면 되는 것이다. 그러므로 십자가를 찾으러 몸소 밖으로 돌아다닐 필요가 없다. 일부러 고난을 쫓아다닐 필요도 없다. 그리스도인마다 하나님에 의해서 예정되고 지정되어, 그를 기다리고 있는 십자가가 있다고 예수님께서 말씀하신다. 누구나 다 자신에게 할당된 고난과 버림받음의 몫을 견뎌 내야 한다. 그러나 사람마다 분량은 다르다. 어떤 사람에게는 하나님께서 지극히 큰 고난을 받게 하시고, 순교의 은혜를 베풀어 주신다. 어떤 사람에게는 시험에 들지 않도록 감당할 만큼의 고난만 주신다. 그렇지만 모든 경우에 고난은 하나의 동일한 십자가이다.

그리스도인이라면 누구든지 십자가를 져야 한다. 모든 그리스도인이 경험해야 할 첫 번째 고난은 이 세상의 속박을 벗어던지라는 소명에 응하는 것이다. 이것은 예수 그리스도를 만남으로써 옛사람이 죽는 것을 말한다. 제자도에 들어서는 순간 우리는 주님의 죽으심과 연합하여 자신을 그리스도께 내어드린다. 즉, 우리의 목숨을 죽음에 넘기는 것이다.

제자도는 바로 이렇게 시작된다. 십자가는 하나님을 경외하며 행복한 삶을 살다가 최후로 맞게 되는 끔찍한 것이 아니라, 예수 그리스도와 사귐을 가지기 시작할 때부터 우리를 기다리고 있다. 그리스도께서 우리를 불러내시는 소명에는 와서 죽으라는 명령이 내포되어 있다. 초대 교회의 제자들이 예수님을 따르기 위해서 집과 직업을 버려야만 했던 것이나, 루터처럼 수도원을 나와 세상의 직업으로 돌아가야 했듯이, 주님의 소명에 응한다는 것은 어쩌면 죽음을 의미할지도 모른다.

사람에 따라 소명의 색깔은 다양할지 몰라도 어떤 경우든 거기에는 한결같이 죽음이 수반된다. 즉 예수 그리스도 안에서 죽는 것이며 그분의 부르심에 따라 옛사람이 죽는 것이다. 부자 청년을 향한 예수님의 호출은 청년을 부르시되 죽으라고 부르시는 것이었다. 왜냐하면 자신의 뜻이 꺾인 자만 그리스도를 따를 수 있기 때문이다. 예수님의 모든 계명은 인간적인 모든 애착을 버리고 우리에게 죽으라고 명하시지만 사실 우리는 죽고 싶은 마음이 없다. 예수 그리스도와 그분의 소명에 응한다는 것은 생명을 건지게 되는 것만이 아닌 목숨을 내어 놓아야 한다는 의미도 내포되어 있다.

제자도에 대한 부르심과 예수 그리스도의 이름으로 받는 세례는 둘 다 죽음과 삶을 뜻한다. 그리스도의 부르심과 세례는 그리스도인을 날마다 원형 경기장 한가운데 세워 놓고 죄와 마귀와 맞서 싸우게 한다. 날마다 그는 새로운 유혹에 부딪히며 매일같이 예수 그리스도를 위해서 새로이 고난을 당해야 한다. 싸움터에서 그가 받은 상처와 자국들은 그가 주님의 십자가에 동참하고 있다는 생생한 증거이다.

하지만 그리스도인이 면할 수 없는 또 다른 종류의 고난과 치욕도 존재한다. 물론 그리스도의 고난만이 우리의 죄를 대속할 수 있는 수단이 된다는 것은 사실이다. 그러나 주님은 온 세상의 죄를 위해서 고난을 받으시고 죗값을 담당하셨다. 그리고 당신이 당하신 고난의 열매를 제자들에게 나누어 주신다. 그러므로 그리스도인 역시 시련을 겪어야 한다. 그 역시 사람들의 죄를 담당해야 한다. 그 또한 속죄양처럼 사람들의 수치를 짊어지고 영문(營門) 밖으로 쫓겨나야 한다.

만일 모든 죄를 담당하신 주님의 도우심이 없다면 그는 분명히 죄짐에 눌려 쓰러지고 말 것이다. 하지만 그리스도의 고난이 그를 굳게 세워, 사람들의 죄를 용서함으로써 그들의 죄를 극복할 수 있도록 해 준다. 그리스도인은 사람들의 짐을 지는 자가 된다. "너희가 짐을 서로

지라 그리하여 그리스도의 법을 성취하라"갈 6:2. 그리스도께서 우리의 짐을 지신 것처럼 우리 역시 형제의 짐을 져야 한다. 그리스도의 법을 성취하는 것이 우리의 임무이다. 그것이 바로 십자가를 지는 것이다.

내가 반드시 져야 할 형제의 짐은 다만 그의 외향적인 부분, 타고난 특성, 은사뿐만 아니라 진정한 의미에서 그의 죄이다. 그 죄를 감당할 수 있는 유일한 방법은 내가 지금 지고 있는, 그리스도께서 지고 가신 십자가의 능력으로 용서하는 것이다. 따라서 그리스도를 따르라는 부르심에는 사람들의 죄를 용서하는 사역을 주님과 함께 분담하라는 명령이 언제나 내포되어 있다. 죄 용서는 그리스도께서 담당하신 고난으로서 그리스도인이라면 이 부분도 감당해야 한다. 그러나 정작 제자로서 자기가 져야 할 십자가가 어떤 것인지를 어떻게 알 수 있을까? 그가 주님을 따르고 주님의 삶에 동참하자마자 그는 발견하게 될 것이다.

그렇다면, 고난은 진정한 제자도의 표지다. 제자는 선생님보다 높지 못하다. 그리스도를 따르는 것은 우리가 반드시 받아야만 하는 고난이기 때문에 그것은 수동적 고난passio passiva을 의미한다. 루터가 올바른 교회의 표지로 고난을 꼽은 것도 바로 이런 이유에서다. 그는 아우스부르크 신앙고백서 초안에서 발췌한 한 정관에서 교회를 '복음 때문에 박해를 받고 순교를 당하는 사람들의 공동체'라고 정의하였다.

만일 자신의 십자가를 지고 사람들의 손에 고난당하고 버림받는 것을 거부한다면 우리는 그리스도와의 교제에서 끊어져 그리스도를 따르지 못하게 된다. 그러나 그리스도를 따르는 가운데서 목숨을 잃는 한이 있더라도 십자가를 지고 간다면, 그리스도와 함께 십자가의 교제를 나누는 가운데서 생명을 도로 찾을 것이다. 제자도의 반대말은 그리스도와 그분의 십자가 및 십자가로 인해서 받게 되는 모든 공격을 수치로 여기는 것이다.

제자도는 고난당하신 그리스도께 대한 충성allegiance을 의미한다. 그러므로 그리스도인들이 고난을 받도록 소집되어야 한다는 것은 전혀 놀랄 일이 아니다. 사실 그것은 기쁨이자 주님께서 허락하신 은혜의 징표token이다. 초대 교회 순교자들의 행적을 기록한 사도행전에는 그리스도께서 성도에게 주님의 임재에 대한 크나큰 확신을 주심으로, 성도들이 겪고 있는 육신적 고통을 어떻게 승화하고 극복했는지에 대한 수많은 증거로 가득하다. 그들은 가장 잔인한 고문을 당하면서도 그리스도를 위해서 견뎌 냈고, 그들은 그리스도와 함께 교제하는 온전한 기쁨과 축복을 누리는 영광스러운 참여자가 되었다. 십자가를 지는 것이야말로 고난을 극복할 수 있는 유일한 길이라는 사실이 입증된 셈이다. 이것은 그리스도를 따르는 사람이라면 누구에게나 적용되는 원리이다. 왜냐하면 예수님께서도 십자가를 지심으로 고난을 극복하셨기 때문이다.

> 조금 나아가사 얼굴을 땅에 대시고 엎드려 기도하여 이르시되 내 아버지여 만일 할 만하시거든 이 잔을 내게서 지나가게 하옵소서 그러나 나의 원대로 마시옵고 아버지의 원대로 하옵소서 하시고 … 다시 두 번째 나아가 기도하여 이르시되 내 아버지여 만일 내가 마시지 않고는 이 잔이 내게서 지나갈 수 없거든 아버지의 원대로 되기를 원하나이다 하시고_마 26:39, 42

예수님은 고난의 잔이 당신에게서 지나가기를 성부 아버지에게 간구하시고, 성부 아버지는 아들의 기도를 들어주신다. 왜냐하면 고난의 잔이 예수님에게서 지나갈 것이기 때문이다. 그러나 그것은 오직 그 고난의 잔을 마셔야만 가능한 일이었다(마 26:42 참조 -역자 주). 겟세마네 동산에서 두 번째 무릎을 꿇으실 때 주님께서 받으신 확신은 고난을 받아들일 때 진정 그 고난이 지나간다는 사실이었다. 그것이 승리로 향하는 유일한 길이다. 십자가는 고난에 대한 승리다.

이 같은 구약 성경의 교리는 예수님을 통해서 분명하게 재확인되었다. 예수님께서 온 세상의 고난을 친히 담당하신 것도 바로 이 때문이다. 그리고 이 과정을 통해서 고난에 대한 승리를 입증하신다. 예수님은 하나님으로부터 분리된 인간의 모든 죄를 담당하신다. 그리고 그 잔을 마시는 행위를 통해서 그 잔이 당신을 지나가도록 하신다. 예수님은 세상의 고난을 극복하기로 작정하신다. 그래서 고난의 잔을 한 방울도 남김없이 다 마셔야 하셨다. 고난이 하나님으로부터 단절된다는 것을 의미한다는 것은 여전히 사실이지만, 그리스도의 고난에 함께 참여함으로써 고난은 고난을 통해서 극복된다. 그리고 고난이 하나님과 교제하는 통로가 되는 것이다.

고난이 지나가도록 하려면 고난을 견뎌 내야만 한다. 세상 사람들은 각자 자신의 모든 짐을 감당해서 그 무게에 짓눌려 넘어지든지 아니면 그 짐을 그리스도께 지워드림으로 그분을 통해서 이겨 내도록 하든지 둘 중 하나를 택해야 하는 상황에 놓인다. 때문에 그리스도는 세상 사람들을 대신해서 고난을 당하셨다. 대속의 효과를 가지는 것은 오로지 주님의 고난뿐이다.

그러나 세상 사람들은 여전히 자신의 고난을 대신 감당할 자를 찾고 있다는 것을 교회는 알고 있다. 그리하여 고난이 교회의 몫도 되어, 교회가 그리스도를 따르듯이 그리스도께서 감당하신 그 고난을 교회가 감당해 나가고 있다. 교회가 십자가 밑에서 주님을 따르듯이 교회는 세상 사람들의 대표로서 하나님 앞에 서 있다.

하나님은 짐을 지시는 하나님이시다. 하나님의 아들은 우리의 육신을 취하셨다. 주님은 십자가를 지셨고, 우리의 모든 죄를 담당하셨으며, 우리를 위한 대속제물이 되셨다. 마찬가지로 주님을 따르는 자들도 이처럼 짐을 지라는 소명을 받고 있다. 그리고 그리스도인이 된다는 것은 정확히 이런 것을 의미한다. 그리스도께서 오래 참으심으로 성부 아버지와의 사귐이 끊이지 않았듯이, 그분을 따르는 자들도 오래 참음으로 그리스도와의 사귐이 지속되도록 해야 한다.

물론 우리는 우리에게 지워진 짐을 벗어던질 수 있다. 하지만 결국에는 우리에게 더 무거운 짐이 있다는 사실만 깨닫게 될 뿐이다. 그것은 바로 스스로 선택한 멍에, 곧 자아라는 멍에이다. 그러나 예수님은 수고하고 무거운 짐 진 모든 자를 불러서 자신의 멍에를 벗어던지고 주님의 멍에를 메라고 권유하신다. 왜냐하면 그분의 멍에는 쉽고 그분의 짐은 가볍기 때문이다.

그리스도의 멍에와 짐은 그분의 십자가이다. 십자가의 흔적을 안고 살아가는 것은 비참한 것도 아니며 절망적인 것도 아니다. 그것은 영혼의 평안과 안식이자, 지극한 기쁨이다. 그때는 우리도 더는 우리가 만든 율법과 짐 밑에서 허덕이지 않는다. 우리는 우리를 알고 계시고 우리와 함께 멍에를 메고 가시는 주님의 멍에를 메고 살아가는 인생이 된다. 그분의 멍에 아래서 우리는 가까이 계시는 주님, 우리와 교제하시는 주님을 확실히 깨닫게 된다. 제자가 자신의 십자가를 지고 들어 올릴 때 그가 발견하는 것은 바로 주님이시다.

루터는 예수님의 입장에서 제자도에 대해서 다음과 같이 말하였다.

"제자도는 네가 이해할 수 있는 것에 제한되지 않는다. 제자도는 모든 이해를 초월해야 한다. 너 자신의 이해를 초월하는 깊은 물로 뛰어들어라. 그러면 내가 이해하듯이 너도 이해할 수 있도록 내가 도와줄 것이다. 어리둥절해졌다면 바로 이해한 것이다. 네가 어디로 가야 할지 모르는 것이 참된 지식이다. 나의 이해는 너의 이해를 초월한다. 아브라함도 이런 식으로 아버지 집을 떠나 갈 바를 알지 못하고 길을 떠났다. 그는 자신의 깨달은 바를 믿고 자기 자신을 맡겼다. 스스로에 대해서 걱정하지 않았다. 그래서 그는 올바른 길을 따라 목적지에 도달하였다. 보아라. 그것이 바로 십자가의 길이다. 너 스스로는 찾을 수 없기에, 마치 네가 소경인 것처럼 내가 너를 인도하도록 맡겨야 한다. 네가 가야만 하는 길로 너를 인도하는 이는 너도, 어떤 인간도, 어떤 피조물도 아니다. 내가 나의 영과 말씀을 통해서 친히 너를 가르칠 것이다. 네가 선택하는 일, 네가 고안해 낸 고난이 아닌 네가 선택하고 궁리하고 소원하는 것과는 완전히 정반대의 길, 그것이 바로 네가 가야만 하는 길이다. 내가 너를 그곳으로 부르고 있다. 그곳에서 너는 나의 제자가 되어야 한다. 만일 그렇게 한다면, 너를 맞이할 때가 이를 것이고 그곳으로 너의 선생님이 찾아오실 것이다."

5장

제자도와 홀로서기
Discipleship and the Individual

무릇 내게 오는 자가 자기 부모와 처자와 형제와 자매와 더욱이 자기 목숨까지 미워하지 아니하면 능히 내 제자가 되지 못하고_눅 14:26

    예수님은 각자가 선택을 하도록 각 개인을 부르셨다. 다른 선택의 여지가 없이 그들은 결단해야만 하였고, 그 결단은 남의 도움이 없이 내려져야 하였다. 그들이 각자 선택을 해야 하는 결단은 심층적 의미에서 보면 그들 자신의 선택이 아니었다. 그들을 부르셔서 각자 선택을 하도록 하시고, 각 개인이 되게 하신 분은 그리스도였다. 모든 사람은 각자 부르심을 받았고, 홀로 따라야만 하였다.
    사람들은 고독을 두려워한다. 그래서 동료 인간들의 사회 또는 그들의 물질적인 세계 안에 스스로 융합됨으로써 고독으로부터 보호받으려고 한다. 소명을 받는 순간, 그들은 느닷없이 책임감과 의무를 깨닫게 되어 자신의 위치에서 벗어나길 꺼린다. 그러나 이 모든 것은 결정을 내리지 못하도록 막는 구실에 지나지 않는다. 예수님과 홀로 대면하여 시선을 예수님께만 고정한 채 결단해야 할 상황으로 내몰리는 것을 원하지 않는 것이다. 하지만 부모나 처자식, 민족이나 전통 그 어느 것도 주님께서 부르시는 순간에는 보호막이 될 수 없다. 이런 식으로 홀로되어, 한 개인으로서 자신의 시선을 그분에게만 고정해야 하는 것이 그리스도의 뜻이다.

소명이 떨어지는 순간, 사람들은 자연스럽게 자신의 삶을 묶고 있던 모든 관계의 끈에서 이미 풀려났다는 것을 알게 된다. 이것은 자의적인 뜻으로 된 것이 아니라 그들을 부르시는 주님의 손으로 이루어진 일이다. 그리스도는 세상과의 직접적인 관계로부터 그들을 건져 내어 주님과의 직접적인 관계로 이끄신다. 만일 그 단절을 기정사실로 받아들이고 인정할 각오가 되어 있지 않다면, 그리스도를 따를 수 없다. 그것은 제자 편에서의 독자적인 선택과는 거리가 멀다. 그리스도께서 직접 개입하셔서 과거와 관계를 끊으라고 종용하신 것이다.

왜 이런 단절이 반드시 일어나야 하는 것일까? 자연적인 질서를 따라 그리스도와의 사귐 가운데로 들어갈 수 있도록 서서히, 점진적으로, 방해받음이 없이 진행되는 성화 속에서 영적으로 성장하는 것이 허용되지 않는 것일까? 인간과 자연스러운 삶의 질서 사이에 그렇게 긴급하게 개입하여 하나님을 기쁘시게 함으로써 사람을 그 안에 두도록 했던 이 힘은 무엇일까? 과거와의 이런 단절은 율법적인 방법이 아닌가? 이것은 하나님의 선한 선물을 멸시하는 행위로서 그리스도인의 자유와는 너무 동떨어진 방법이 아닌가?

이처럼 여러 가지 의구심이 들 수도 있겠지만 그리스도의 소명은 인간과 인간의 자연스러운 삶 사이에 반드시 장벽을 세운다는 사실을 직시해야 한다. 그러나 이 장벽은 삶에 대한 모욕이나 율법적인 신앙이 아니다. 그것은 생명과 복음이요, 그리스도 자체이다.

그리스도는 성육신을 통해서 인간과 인간의 자연스러운 삶 가운데로 들어오셨다. 이제는 돌이킬 수 없다. 그리스도께서 길을 막고 계시기 때문이다. 우리를 불러 주심으로 그리스도는, 이 세상의 모든 것과 직접적인 관계immediacy를 맺고 있는 것으로부터 우리를 끊어 놓으셨다. 그리스도를 통하지 않고서는 아무것도 지나갈 수 없도록 그리스도는 당신이 중심center에 있기를 원하신다. 그리스도는 우리와 하나님 사이에 서서 계실 뿐만 아니라, 바로 그런 이유로 우리와 다른 모든 사람과 환경 가운데 서 계신다. 그리스도는 하나님과 인간 사이에서만이 아니라 인간과 인간, 인간과 현실 사이에서도 중보자the Mediator 이시다.

'만물은 그로 말미암아 창조되어 그에게로 돌아간다'요 1:3; 고전 8:6; 히 1:2. 그러므로 그는 세상에서 유일한 중보자가 되신다. 그분이 오신 이후로 인간은 이제 그 어떤 것과도 직접적인 관계가 없다. 하나님이나 세상에 대해서도 마찬가지이다. 그리스도는 중보자가 되기를 원하신다. 물론 인간에게 직접적인 접근을 허용하는 신들도 상당히 존재한다. 그리고 세상은 본래 권세를 통해서 온갖 수단을 동원하여 사람들과 직접적인 관계를 유지하려고 한다. 그러나 바로 이런 노력이 중보자 되시는 그리스도를 적대시하는 행위가 된다.

이처럼 세상과의 직접적인 관계 단절을 통해서 그리스도께서 중보자 되시며 하나님의 아들 되심을 인정하기에 이른다. 이것은 보잘것없는 이상을 위대한 이상과 교환하는 식으로, 세상 사람들과의 모든 관계를 고의적으로 단절하는 행위가 아니다. 그것은 광신과 독선이며, 실제로 다시금 세상과 직접적인 관계를 맺는 행위가 될 것이다.

그리스도는 중보자라는 기정사실을 인정하는 것만이 인간과 세상으로부터 제자를 떼어 놓을 수 있다. 예수님의 부르심이 하나의 이상이 아니라 중보자의 말씀으로 이해될 때, 이 부르심은 우리를 세상과 완전히 떼어 놓는다. 만일 예수님의 부르심이 여러 가지 이상을 놓고 어느 한 가지를 고려하는 문제라면 절충을 시도하는 것은 당연한 일이다. 그 경우에는 그리스도인의 이상이 최우선 순위가 될 것이나, 그 주장이 절대적인 것이 될 수는 없다.

만일 우리 자신의 이상ideals에만 관심을 쏟거나 우리가 자연스럽게 가지게 되는 책임감 쪽으로만 관심을 당연한 듯이 기울인다면, 우리는 그리스도인의 이상에 우선순위를 두는 삶을 쉽게 영위할 수 없을 것이다. 반대로 그리스도인의 이상이나 그리스도인의 책임윤리 혹은 양심 윤리에 깊은 관심을 기울인다면, 당연히 그리스도인의 이상에 우선순위를 두게 될 것이다.[1]

그러나 우리의 관심사는 이상이나 임무나 가치가 아닌, 기정사실 즉 우리와 세상 사이에 중보자로 들어오신 주님을 인정하고 받아들이는 것이다. 중보자 예수와 얼굴을 마주하여 홀로 선택해야 할 개인으로서 우리를 부르시는 그리스도의 소명만이 사람들과의 직접적 관계를 완전히 단절하게 만든다.

예수님의 부르심을 통해서 우리는 세상과의 관계가 착각 위에 세워진 것임을 깨닫게 된다. 항상 우리는 사람들 그리고 사물들과 직접적인 관계를 즐겨 왔다고 생각하였다. 바로 이것이 우리를 믿음과 순종

---

[1] 그리스도인으로서의 이상에 관심이 쏠려 있으면서, 이에 우선순위를 두지 않는 경우에 대해서도 결코 정당화될 수 없을 것이라는 의미이다. 관심과 우선순위의 부조화는 정당화될 수 없다는 논지이다. −역자 주

으로 나아가지 못하도록 방해해 왔다. 이제 우리는 인생 속에서 누려 온 지극히 밀접한 관계나 부모자녀와 형제자매라는 혈연관계, 아니면 결혼생활에서 누리는 사랑이나 공동체에 대한 의무에서도, 직접적인 관계는 불가능한 것임을 알게 되었다. 모든 관계는 그리스도를 통해서만 의미를 가진다. 그리스도께서 오신 이후로 그분을 따르는 제자들에게는 현실에서 그들과 직접적인 관계를 맺고 있는 것은 더 이상 아무것도 없다. 가족관계나 민족에 대한 유대감 혹은 삶의 과정 속에서 형성된 어떤 관계 속에서도 그런 것은 찾아볼 수 없다. 인식하든지 그렇지 않든지 간에, 부모자녀나 부부 사이 아니면 개인과 민족 사이에 중보자이신 그리스도께서 계신다. 그리스도와 그분의 말씀을 통하지 않고는, 그분을 따르지 않고는 우리 스스로 외부와 직접적인 관계를 설정할 수 없다. 이와 다른 생각을 하고 있다면, 그것은 자신을 기만하는 것이다.

그러나 진리를 볼 수 없도록 하는 속임수는 그 어떤 것이라도 반드시 거부해야 하므로, 이 세상의 것들과 직접적인 관계를 맺도록 하는 것은 반드시 거부해야 한다는 결론이 나온다. 그것이 곧 그리스도를 위한 것이다. 크든 작든 간에 그리스도 앞에 홀로 서는 것을 막는 단체가 있어서 그 단체와 직접적 관계를 맺을 권리를 들고 나온다면, 그것은 그리스도를 위해서 반드시 적대시해야 한다. 왜냐하면 알든 모르든 모든 직접성은 그리스도에 대한 적대감을 의미하기 때문이다. 제자 된 우리는 그리스도와 유일하게 직접적 관계를 맺는다. 나머지 모든 관계는 그리스도를 통해서 간접적 관계를 맺게 된다.

그리스도에 대한 교리 중, 중보자 그리스도에 관한 교리를 이 세상에 속한 것들과의 직접적인 관계성을 정당화하기 위해서 이용한다면,

그것은 가장 심각한 신학적 오류이다. 만일 그리스도께서 중보자라면, 이로써 그분은 우리가 세상과 직접적인 관계를 맺고 살아가는 동안에 지은 모든 죄를 감당하셨고 그 가운데서 살아가는 우리를 의롭게 하셨다는 말들을 하기도 한다. 비록 세상이 그리스도를 십자가에 못 박았다 할지라도 예수님께서 우리를 하나님과 화해시키셨기 때문에, 우리는 세상으로 돌아가 선한 양심을 가지고 세상과의 직접적인 관계 속에서 즐거움을 누릴 수 있다는 논리가 주장되기도 한다.

하지만 이는 하나님에 대한 사랑을 세상에 대한 사랑과 동일시하는 것이다. 이런 입장에 선 그들은 세상 것들에 대한 단절을 주장하는 우리에게 하나님의 은혜를 율법적으로 오해하고 있다는 누명을 뒤집어 씌우고 있다. 얼핏 보아도 그들의 속셈은 불가피한 단절을 모면하려는 것이다. 직접적인 관계를 적대시하라는 그리스도의 말씀이 하나님께서 실제로 허락하신 이 세상을 거리낌 없이 인정하라는 의미로 변질되었다. 다시금 죄인에 대한 칭의가 죄에 대한 칭의가 되고 말았다.

그리스도인의 입장에서 볼 때, 하나님께서 실제로 허락하신 것은 오직 그리스도로부터 받게 되는 것들이다. 성육신하신 성자 예수님으로부터 오지 않는 것은 하나님께서 우리에게 허락하신 것이 아니다. 그리스도를 위해서 내게 허락된 것이 아니라면 그것은 하나님에게서 나온 것이 아니다.

창조의 선물에 대한 감사를 드릴 때, 그 감사는 예수 그리스도를 통해서 나와야 한다. 하나님의 은혜로 말미암아 이 삶이 보존되기를 기도할 때 그것은 그리스도를 위한 기도가 되어야 한다. 그리스도 때문에 하나님께 감사할 수 없는 것이라면 그 어떤 것도 하나님께 감사할 수 없을 것이다. 그리스도 없는 감사를 하는 것이 오히려 죄가 될 것이다. 내가 함께 살아야 하는 남녀 신앙인들이 '하나님께서 주신 현실'로 나아가는 길은 그리스도를 통해서만 열려 있다.[2)]

우리는 타인의식他人意識, otherness과 생소함strangeness이라는 메울 수 없는 간극에 의해서 서로 분리된다. 자연스러운 교제나 감정적 혹은 정신적 결속이라는 수단을 통해서 그 간극을 극복하고자 하는 모든 시도는 결국 실패로 끝나고 만다. 인간과 인간을 이어 주는 길은 어디에도 없다. 사랑과 동정심을 유발해서 환심을 사 보려 해도, 심리 상태가 제아무리 건전하다 해도, 행동거지가 제아무리 솔직하고 개방적이라 해도 우리는 가면에 가려진 상대방의 속내를 간파할 수 없다. 그 이유는 직접적인 관계는 절대로 존재하지 않기 때문이다. 심지어 영혼과 영혼끼리라도 이런 소통은 불가능하다. 우리 사이에 그리스도께서 서 계시기 때문에 우리는 오직 그분을 통해서만 이웃에게 다가갈 수 있다.

중보기도가 이웃에게 닿을 수 있는 가장 확실한 길이며, 그리스도의 이름으로 드리는 공동체 기도가 가장 순수한 형태의 교제인 것도 바로 이 때문이다. 하나님의 선물이 오직 그분의 영광을 위해서만 우리에게 허락된 것임을 인정할 때, 우리는 그 선물에 대해서 진정한 감사를 드릴 수 있다. 만일 오직 만물 위에 뛰어나신 그리스도에게만 영광을 돌리는 간절한 참회가 없다면, 우리는 민족, 가족, 역사, 그리고 자연이라는 축복들에 대해서 진정한 의미로 감사를 드릴 수 없다. 하나님께서 지으신 피조 세계로부터 우리를 이미 분리해 놓은 그 단절을

[2)] 히틀러가 이끄는 나치 정권 아래서, 고통받고 있는 동포들이 처한 삶의 정황 속으로 본회퍼 자신이 나아갈 수밖에 없는 이유는 바로 그리스도가 주님이시기 때문이다. –역자 주

인정하지 못한다면, 하나님께서 주신 피조 세계에 대한 진정한 애착도, 세상 속에서 가져야 할 순수한 책임감도 있을 수 없다.

하나님께서 예수 그리스도 안에서 세상을 사랑하신 그 사랑밖에는 세상을 향한 진정한 사랑은 존재하지 않는다. "이 세상이나 세상에 있는 것들을 사랑하지 말라"요일 2:15. 그러나 '하나님은 이 세상을 참으로 사랑하셨기 때문에 독생자를 주셨다. 그러므로 그분을 믿는 사람은 멸망하지 않고 영생을 얻을 수 있게 되었다'요 3:16.

이처럼 우리와 직접 연결된 모든 관계를 단절하는 것은 불가피하다. 그것은 가족이나 민족과 외형적으로 단절되는 형태를 취할 수도 있다. 그럴 경우, 소명을 받드는 자는 '인류 혐오죄'odium generis humani[3]라는 죄목으로 '그리스도를 위해 받는 수모'(히 11:26 참조 -역자 주)를 감수해야 할 것이다. 어쩌면 그것은 은밀하고도 비밀스러운 단절일 수도 있다. 하지만 그런 경우에도 언제나 공개적으로 드러낼 각오를 하고 있어야 한다. 결국 단절이 은밀한 것이든 공개적이든 그것은 하등의 차이가 없다.

아브라함의 경우가 이 두 가지의 단절을 모두 예시해 주고 있다. 그는 친구들과 아버지의 집을 떠나야 하였다. 그리스도께서 개입하신 것이다. 이 경우는 단절이 명백히 드러나는 것이었다. 아브라함은 약속의 땅을 얻기 위해서 이방인이 되었고, 나그네가 되었다. 이것이 그

---

3) 타키투스(Tacitus)에 따르면 주후 64년 로마에서 대화재가 발생하였고, 네로(Nero) 가문에서 '네로가 불을 냈다'는 소문을 잠재우기 위해서 기독교 신자들을 박해하였다고 기술하였다. 그런데 타키투스는 또 다른 기록에서 기독교 신자들이 실제로 방화를 행함으로 '방화죄'로 체포되어, '인류 혐오죄'로 처벌되었다고 모순된 진술을 하고 있다. 기독교 신자들이 '인류 혐오죄'라는 죄목으로 처벌되었던 것은 로마의 대화재 이후 민심이 불안한 시기임에도 불구하고, 기독교 신자들이 적극적으로 선교 활동을 펼쳤기 때문이다(『역사문화연구』, 한국외국어대학교 역사문화연구소, 2020, Vol. 73, pp. 143-168). -역자 주

의 첫 번째 소명이었다. 나중에 아브라함은 하나님으로부터 자기 아들 이삭을 제물로 바치라는 소명을 들었다. 그리스도께서 믿음의 조상과 약속의 아들 사이에 들어오신 것이다. 이번에는 육신과 혈육이라는 직접적인 관계뿐만 아니라 정신적인 영역에서의 직접적인 관계도 깨어져야만 하였다. 아브라함은 약속의 실현이 이삭에게 달린 것이 아니라 오직 하나님께만 달려 있다는 사실을 깨달아야 한다. 하나님으로부터 이런 소명을 듣게 된 사람은 아브라함 외에는 아무도 없다. 심지어 아브라함을 모리아 산까지 수행한 종자들도 깨닫지 못하였다.

아브라함이 아버지의 집을 떠날 때도 그랬듯이, 그는 고독한 외톨이로 다시금 완전히 홀로 서 있다. 소명이 떨어지자 그는 부르심에 순종한다. 그는 하나님의 부르심을 회피하거나 '영적으로' 해석하지 않는다. 그는 하나님의 말씀을 액면 그대로 받아들이고는 순종의 자세를 취한다. 그에게 쏟아지는 모든 직접적인 주장에 맞서 그 주장이 자연적이든, 도덕적이든, 종교적이든 간에 그는 하나님의 말씀에 순종하려는 의지를 보인다.

이삭을 제물로 바치려는 자발적 행동을 통해서 그는 이미 은밀하게 단행했던 단절을 솔직히 드러낼 각오가 되어 있다는 것을 보여 준다. 그것도 중보자를 위해서 그렇게 하는 것임을 분명하게 표현하고 있다. 그러자 바로 그 순간, 그는 자신이 바쳤던 모든 것을 돌려받았다. 그는 자기 아들을 돌려받는다. 하나님은 이삭을 대신할 더 좋은 제물을 그에게 보여 주신다.

아브라함이 이삭을 돌려받은 것은 완전한 반전이다. 그러나 이제부터 그는 중보자를 통해서, 그리고 중보자 때문에 자신의 아들을 완전히 새로운 방식으로 가지게 될 것이다. 아브라함은 하나님의 명령을 문자 그대로 순종할 태세를 보여 주었기 때문에 이전에는 그렇게 하지 못했지만, 이제는 예수 그리스도를 통해서 이삭을 아들로 가지게 된 것이다.

아브라함 외에는 무슨 일이 일어났는지 아는 이가 없다. 아브라함은 올라갔던 그 산을 이삭과 함께 내려온다. 그러나 상황이 완전히 달라졌다. 그리스도께서 아버지와 아들 사이에 들어오셨다. 아브라함은 모든 것을 버리고 그리스도를 따랐다. 그리고 그리스도를 따르는 가운데서 그는 이제 세상에 다시 돌아가 이전의 방식대로 살아갈 수 있게 되었다. 외형적으로는 모든 것이 옛날 그대로이다. 그러나 옛것은 지나가 버렸다. 보라, 새것이 된 것이다. 모든 것은 그리스도를 통해서 이루어져야 하였다.

가족이나 민족으로부터의 단절과 같은 외형적인 단절의 형태 외에도 홀로서기를 하게 되는 두 번째 방식이 있다. 이는 공동체 가운데서, 친지들과 친척들 간의 교제 가운데서, 세상의 온갖 부요함을 누리는 삶의 현장에서 그리스도를 따르는 것이다. 그러나 아브라함도 역시 이런 식으로 살아가도록 부르심을 받은 자였던 것을 주목해 보자. 과거와 완전히 단절한다는 것이 어떤 것인지 그는 알고 있었다. 신약성경에서 아브라함은 믿음의 본으로 소개되었다. 그래서 아브라함에게 허락된 이 같은 가능성 즉 부자로서 하나님을 따르는 삶을 너무 쉽게 일반화하고, 그것을 영적인 원리로 이해해서 주저 없이 자신에게 적용시키고 싶은 유혹을 받는다. 이런 맥락에서 우리도 그리스도인의 삶에 대한 동일한 소명을 받았다는 생각에 사로잡히게 되어, 특별히 세상적인 소유를 누리는 것을 포기하지 않고서도 그리스도를 따르는 자로 부르심을 받았다고 생각하려는 경향이 있다.

하지만 그나마 외형적 단절이 은밀한 단절보다 훨씬 더 쉽다는 점을 확실히 해 두어야 할 것이다. 성경이나 자신의 경험으로부터 이런 사실을 깨닫지 못하고 있다면, 그것은 정말 자신을 기만하고 있는 것이다. 그런 자는 직접적인 관계성으로 후퇴하여 그리스도와의 사귐을 빼앗기고 말 것이다.

어느 길을 따라가야 하는지 결정하는 것은 우리의 몫이 아니다. 그것은 그리스도의 뜻에 달려 있다. 그러나 최소한 이것은 확실하다. 가시적이든 은밀하든, 어느 쪽이든 간에 세상과의 교통을 떠나서 '홀로 선 자들'individuals이 되어야 한다.[4] 그러나 우리가 홀로 서도록 세워 가시는 바로 그 중보자는 우리가 전적으로 새로운 교제 가운데로 들어가게 되는 근거가 되기도 한다. 그분은 이웃과 나의 중심에 서 계신다. 그분은 나누기도 하시고 싸매기도 하신다. 따라서 이웃으로 가는 직접적인 길이 막혀 있다 해도 우리는 이제 그분께로 가는 새롭고도 유일한 길을 발견한다. 그것은 중보자를 통해서 지나가는 길이다.

> 베드로가 여짜와 이르되 보소서 우리가 모든 것을 버리고 주를 따랐나이다 예수께서 이르시되 내가 진실로 너희에게 이르노니 나와 복음을 위하여 집이나 형제나 자매나 어머니나 아버지나 자식이나 전토를 버린 자는 현세에 있어 집과 형제와 자매와 어머니와 자식과 전토를 백 배나 받되 박해를 겸하여 받고 내세에 영생을 받지 못할 자가 없느니라 그러나 먼저 된

---

[4] 그리스도로부터 제자도의 부르심을 받아 세상과의 단절을 통해서 개인적으로 응답하는 신자가 되어야 한다는 의미이다. —역자 주

자로서 나중 되고 나중 된 자로서 먼저 될 자가 많으니라_막 10:28-31

여기서 예수님께서 말씀하시는 대상은 예수님 때문에 '홀로 선 자들'이다. 그들은 부르심을 받자마자, 모든 것을 버렸기 때문에 스스로를 이렇게 말할 수 있다. "보소서. 우리가 모든 것을 버리고 주를 따랐나이다." 그들에게는 새로운 사귐이 약속되었다. 예수님의 말씀에 의하면 이제 그들은 자신들이 버린 것의 백 배를 받을 것이다. 지금 예수님께서 언급하시는 대상은 예수님 당신을 통해서 본질을 발견하게 된 교회를 두고 하시는 말씀이다. 예수님을 위해 아버지 집을 떠난 자는 분명히 아버지, 어머니, 형제자매와 심지어는 집과 전토까지도 다시 찾게 된다.

비록 우리는 홀로 제자도의 길에 들어서긴 하지만 그렇다고 언제나 혼자인 것은 아니다. 만일 주님의 말씀을 받아들여 홀로서기를 작정한다면, 우리는 교회와의 교제를 누리는 보상을 받게 된다. 여기에는 우리가 잃어버린 모든 것에 대해서 백 배로 보상해 주는 가시적인 형제애가 있다. 그렇다면, 백 배로 돌려받는다는 것은 무슨 뜻일까?

그것은 우리가 중보자를 통해서 모든 것을 누리게 된다는 말이다. 그러나 여기에는 박해도 함께 따른다. '박해를 겸한 백 배'라는 것은 십자가 아래서 주님을 따르는 교회에 허락되는 은혜이다. 그것은 또한 그리스도를 따르는 자들 즉 십자가를 통해서 교통하는 지체들, 중보자의 친 백성, 십자가 아래서 살아가는 사람들에게 주어지는 약속이기도 하다.

예루살렘으로 올라가는 길에 예수께서 그들 앞에 서서 가시는데 그들이

> 놀라고 따르는 자들은 두려워하더라 이에 다시 열두 제자를 데리시고 자기가 당할 일을 말씀하여 이르시되_막 10:32

마치 주님의 부르심이 얼마나 진지한가를 그들에게 각인시키시려는 듯이, 주님께서 앞서 길을 여신다. 자신의 힘으로 따라간다는 것이 얼마나 불가능한 것인지를 보여 주시려는 것처럼, 그분을 충실히 따른다는 것은 박해받음을 의미한다는 점을 강조하시려는 듯, 예수님은 예루살렘으로 십자가의 길을 향해 걸어가신다. 그리고 따라오라고 부르시는 소명의 길에서 제자들은 두려운 나머지 망연자실한 상태에 놓여 있었다.

2부

제자로서의 사도들

6장

추수할 일꾼들
The Harvest

예수께서 모든 도시와 마을에 두루 다니사 그들의 회당에서 가르치시며 천국 복음을 전파하시며 모든 병과 모든 약한 것을 고치시니라 무리를 보시고 불쌍히 여기시니 이는 그들이 목자 없는 양과 같이 고생하며 기진함이라 이에 제자들에게 이르시되 추수할 것은 많되 일꾼이 적으니 그러므로 추수하는 주인에게 청하여 추수할 일꾼들을 보내 주소서 하라 하시니라_마 9:35-38

우리의 구원자이신 주님은 당신의 백성들, 즉 하나님의 백성들을 긍휼의 눈으로 바라보고 계신다. 그분은 당신의 부르심을 듣고 따라온 몇몇 사람들로 만족한 채 쉬고 계실 수 없었다. 예수님은 제자들과 함께 배타적인 소그룹을 형성하려는 생각이 추호도 없으셨다. 위대한 종교의 창시자들과는 달리, 예수님은 미천한 무리를 피해서 종교와 윤리의 체제를 세우고 싶은 생각이 전혀 없으셨다. 예수님은 모든 백성을 위해 오셔서 사역하시다가 고난을 당하셨다.

그러나 제자들은 예수님을 독차지하기를 원하였다. 어린아이들을 예수님께로 데리고 왔을 때나 길가에 앉아 있는 거지들을 만났을 때 제자들이 보여 준 것처럼, 여러 차례 그런 태도가 드러났다 막 10:48. 예수님께서 제자들만 섬기시느라, 다른 이들을 섬기시는 데 제한받지 않기를 바라신다는 사실을 제자들은 깨달아야만 하였다. 주님은 많은 무리 중에서 병자들과 가난한 자들이 어디에서 발견되든 그들에게 복음을 전하셨고 그들을 치유하셨다.

하나님께서 사랑하시는 백성들이 홀대를 받고 굴욕을 당했다면, 그것은 하나님의 사역을 하면서도 백성을 섬기는 데 실패한 사역자들의 잘못이었다. 말씀을 위해서 택함 받은 사역자들이 말씀을 오해함으로 그런 잘못을 저지른 것이다. 이스라엘에는 더 이상 목자라고 부를 만한 이들이 없었다. 어느 누구도 양 무리를 쉴 만한 물가로 인도해서 그들의 갈증을 해결해 주지 않았다. 그 누구도 그들을 이리 떼로부터 지켜 주지 못하였다. 백성들은 목자들의 가혹한 채찍질 아래 괴로움을 당했고 상처투성이가 되어 기진한 채 땅바닥에 누워 있었다.

이런 상태가 예수님의 눈에 비친 백성들의 실정實情이었다. 문제는 많았지만, 해결책이라고는 아예 없었다. 근심은 있었지만 위로는 없었다. 양심의 괴로움은 있었지만 구원은 존재하지 않았다. 눈물이 있는 곳에 위로는 찾을 수 없고, 죄가 있는 곳에 용서라고는 없었다.

그들이 절실히 찾고 있었던 선한 목자는 도대체 어디에 있었을까? 서기관들이 백성을 회당으로 몰아넣어도, 율법의 옹호자들이 죄인들을 제아무리 엄하게 다스려도, 손가락 하나 까딱 않고 아무런 도움도 주지 못하는 마당에 양 떼들은 도대체 어디서 위로와 도움을 받을 수 있단 말인가! 부당하게 학대당하고 상처를 입은 사람들에 대해서 연민과 긍휼의 마음으로 충만하지 못하다면, 정통 설교자들과 말씀의 강해자講解者들이라고 해도 무슨 유익이 있겠는가. 서기관들, 율법에 대한 헌신자들, 설교자들 및 나머지 사람들이 양 떼를 이끌 만한 목자의 자질이 없는 바에야 그들의 존재가 무슨 의미가 있겠는가. 백성에게 필요한 것은 선한 목자들, 선한 '목회자'들이다.

"내 양을 먹이라"는 말씀은 예수님께서 베드로에게 하신 마지막 부탁이었다. 선한 목자는 자신의 양을 이리 떼로부터 지켜 낸다. 그는 도망치는 것이 아니라 양을 위해서 목숨을 바친다. 그는 양 한 마리 한 마리마다 이름을 불러 줄 정도로 그들을 잘 알고 있고 그들을 사랑한다. 그는 저들의 근심과 저들의 약함을 잘 알고 있다. 상처를 받으면 치료해 주고 목이 마르면 물을 마시게 한다. 넘어지면 바로 일으켜 세우고 엄한 태도가 아닌 친절한 마음으로 저들을 푸른 초장으로 이끌어 간다. 그는 저들을 올바른 길로 인도한다. 잃은 양이 있으면 찾아서 다시 우리 안에 들여놓는다. 그러나 악한 목자들은 양 떼를 힘으로 다스린다. 그들은 맡은 바 책임은 잊어버리고 자신의 이익만 추구한다. 예수님은 선한 목자들을 찾고 계신다. 그런데 어디서도 찾을 수가 없다.

눈앞에 펼쳐진 정경이 주님의 마음을 애틋하게 만든다. 이 허물 많은 양 떼를 향해서 하나님의 마음이 애끓는 듯하다. 이 같은 무리가 주님 주변으로 몰려든다. 인간적인 관점에서 보면 어디 하나 소망이라고는 보이지 않는다. 그러나 예수님은 이런 상황을 다른 시각으로 바라보고 계신다. 멸시를 당해서 불쌍하고 가련한 자들이 아닌, 하나님의 들판에서 다 익어 추수의 때를 기다리는 곡식들로 바라보신다. "수확할 곡식이 많구나." 곡간에 모아 거두어들일 정도로 곡식들은 충분히 익었다. 불쌍하고 가련한 이 무리를 하나님의 나라인 본향으로 불러들일 시간이 다가왔다. 서기관들과 율법주의자들의 눈에는 짓밟히고 불타버린 황막한 땅으로만 보이던 그곳에서 예수님은 무리에게 임하시는 하나님의 약속을 바라보신다. 예수님은 하나님 나라의 추수를 기다리는 열매로 물결치는 들판을 바라보신다. 수확이 엄청날 것이다. 하지만 자비의 눈을 가지신 예수님만이 그것을 보실 수 있다.

이제 허비할 시간이 없다. 추수하는 일은 때를 놓치면 안 된다. 그러나 일꾼이 적다. 자비로운 눈길로 상황을 바라볼 수 있도록 예수님의 시선을 허락받은 이들이 턱없이 부족하다는 것은 전혀 이상한 일이 아니다. 왜냐하면 오직 주님께서 가지신 사랑의 마음을 함께 공유하는 자들에게만 그런 시선이 허락되고 그들만 추수하는 들판에 들어갈 수 있는 자격이 생기기 때문이다.

예수님은 도울 자를 찾고 계신다. 혼자서는 그 일을 하실 수 없다. 주님을 도와 함께 일하려는 열망을 가진 자가 누구일까? 하나님만이 아신다. 이것은 하나님께서 아들에게 일꾼들을 보내 주셔야 해결되는 문제이다. 제자들 자신을 포함해서 그 누구도 스스로 주님 앞에서 나와 자신을 헌신하리라고 감히 예측할 수 없다. 그들의 임무는 제때에 추수할 일꾼을 보내 주시도록 기도하는 것이다. 추수 때가 다 되었기 때문이다.

7장

사도들
The Apostles

예수께서 그의 열두 제자를 부르사 더러운 귀신을 쫓아내며 모든 병과 모든 약한 것을 고치는 권능을 주시니라 열두 사도의 이름은 이러하니 베드로라 하는 시몬을 비롯하여 그의 형제 안드레와 세베대의 아들 야고보와 그의 형제 요한, 빌립과 바돌로매, 도마와 세리 마태, 알패오의 아들 야고보와 다대오, 가나나인 시몬 및 가룟 유다 곧 예수를 판 자라_마 10:1-4

기도가 응답되었다. 성부The Father는 성자The Son에게 자기 뜻을 드러내셨다. 예수님은 열두 제자를 부르셔서 추수의 현장으로 보내신다. 예수님은 그들을 사도apostles요, 메신저messengers요, 동역자fellow-workers로 삼으셨다. "그리고 그들에게 권능을 주셨다." 왜냐하면 권능이 가장 중요한 것이기 때문이다. 그들이 받는 것은 말씀이나 교리가 아닌 실질적 능력이다. 그 능력이 없이는 사역할 수 없기 때문이다.

그들은 이 세상의 권세 잡은 자인 사탄의 능력보다 더 강한 능력이 필요하다. 제자들은 마귀의 능력을 충분히 알고 있었다. 사탄이 자신의 힘을 부인하고 자신이 존재하지 않는 것처럼 가장假裝하는 것이 그의 교활한 속임수라고 해도, 제자들은 그 마귀the devil, 즉 사탄의 능력을 알고 있었다. 그들이 맞서야 하는 것이 바로 이 지독한 교활함이다. 사탄의 정체를 빛 가운데 드러내어 그리스도의 권능으로 멸망시켜야 한다.

사도들은 이 일을 감당하면서 그리스도의 곁에 서서 그리스도께서 그분의 일을 하시도록 돕는다. 그래서 예수님은 당신이 소유하고 있는 가장 높은 은사들 중에서 한 은사를 그들에게 나누어 주신다. 이 같은 사명의 위임 덕분에 제자들은 그리스도를 닮아 가게 된다. 제자들은 그리스도께서 맡기신 일을 한다.

초대 교회에서 활동한 사도들messenger의 이름은 세월이 지나도 보존되었다. 하나님의 백성들이 열두 지파로 구성되어 있듯이, 그 백성들에 대해서 그리스도의 사역을 완수해야 하는 사도들도 열두 명이다. 하나님 나라의 백성들을 위해서 열두 보좌가 예비되어 있는데, 열두 사도들이 거기에 앉아서 이스라엘의 열두 지파를 심판하게 될 것이다 마 19:28. 하늘에 있는 예루살렘에는 열두 대문이 있어 거룩한 족속이 그 안으로 들어가게 될 것이다. 그 문에는 열두 지파의 이름이 새겨져 있고 도성의 벽에는 열두 사도의 이름이 새겨져 있는 열두 개의 기초석이 있다계 21:12, 14.

열두 사도는 예수님으로부터 부르심(소명)call을 받고, 이에 응함(선택)choice으로 함께 단단히 결속되었다. '반석'이라 불리는 시몬, 세리 마태, 이방인들의 압제에 맞서 율법과 정의의 전사가 된 열심당원 시몬, 예수님의 품에 안겨 사랑을 받았던 제자 요한, 이름만 알려진 다른 제자들, 그리고 마지막으로 예수님을 배반한 가룟 유다가 그들이었다.

세상에 있는 그 어떤 권세도 결코 하나가 되게 할 수 없었던 이들을 공통된 과업을 위해서 하나 되게 한 것은 예수님의 소명밖에 없었다. 그 소명은 그들이 이전에 내린 모든 결단을 초월하였다. 하지만 그리스도의 사역을 하러 나섰던 가룟 유다가 주님을 파는 짓을 했다는 사실은 언제나 풀기 어려운 수수께끼이자 무서운 경고가 될 것이다.

8장

사역
The Work

> 예수께서 이 열둘을 내보내시며 명하여 이르시되 이방인의 길로도 가지 말고 사마리아인의 고을에도 들어가지 말고 오히려 이스라엘 집의 잃어버린 양에게로 가라_마 10:5-6

제자들의 모든 활동은 주님께서 주시는 명백한 계명precept에 지배를 받는다. 주님은 제자들이 자기 마음대로 방법을 선택하도록 위임하지도, 그들에게 맡겨진 일에 대해서 자기 나름대로 이해해도 좋다고 허락하지도 않으셨다. 제자들의 사역은 그리스도의 사역이 되어야 한다. 그러므로 제자들은 절대적으로 예수님의 뜻에 의존해야 한다. 그런 계명에 따른 임무가 확정된 사람들은 복이 있는 자들이다. 그들은 그들 자신의 사상으로부터 해방되었고, 지극히 계산적인 삶으로부터 자유롭기 때문이다.

예수님께서 하신 첫 번째 말씀에서, 예수님은 그들이 해야 할 사역의 한계를 정해 주시는데 제자들에게는 이상하고도 힘들게 여겨졌을 환경이었다. 그들이 수고해야 할 사역지를 선택하는 것은 그들 자신의 충동이나 성향에 달린 것이 아니라, 주님께서 그들을 어디로 보내시는가에 달려 있었다. 이것은 그들이 하고 있는 일이 그들 자신의 사역이 아니라 하나님의 사역임을 분명히 드러냈다. 제자들의 입장에서 보면, 다른 누구보다도 복된 소식이 필요했던 이방인들이나 사마리아인들에게로 가고 싶은 생각도 간절했을 것이다. 하지만 행여 그런 생각이 있었을지라도 그들은 거기로 가라는 명령을 받지 못하였다. 하나님의 일은 합당한 허가 없이는 이루어질 수 없다. 따라서 약속과 위임은 인간의 판단에 의거해서 유효한 것이 아니라는 결론에 이르게 된다. 약속과 위임은 하나님께서 권한을 부여하셔야만 유효하다. 하지만 그리스도의 사랑을 선포함에 있어서 바로 그 그리스도의 사랑이 우리로 하여금 그 어떤 제한도 두지 않도록 강권한다.

예수님의 사랑은 개인의 열심과 열정과는 상당히 다른 면이 있다. 왜냐하면 주님의 사랑은 사명에 충실하기 때문이다. 우리로 하여금 복음에 나타난 구원의 진리를 선포하도록 우리를 몰아가시는 그 거룩한 충동은 무엇인가? 동족들에 대한 사랑도 아니고 이방 땅에 있는 이교도들에 대한 사랑도 아니다. 예수님의 선교적 명령 안에서 주님께서 주신 주님의 위임명령commission이다. 우리에게 그 약속이 있는 곳을 보여 줄 수 있는 것도 주님의 위임명령뿐이다. 만일 특정 장소에서 복음을 전하도록 그리스도께서 우리에게 허용하지 않으신다면 우리는 우리의 시도를 포기하고 주님의 뜻과 주님의 말씀을 따라야 한다. 그러므로 제자들은 말씀에 매여야 하고 위임받은 조건에 충실해야 한다. 제자들은 그리스도의 말씀과 그리스도의 위임이 지시하는 곳으로만 갈 수 있다. "이방인의 길로 가지 말고, 사마리아인 고을에도 들어가지 말고, 오히려 이스라엘 집의 잃어버린 양에게로 가라."

  이방인 중에 속한 우리는 한때 복음의 메시지를 접할 기회가 없었다. 이방인의 구원사역이라는 관점에서 볼 때, 이스라엘 사람들에게 먼저 메시지가 전해지고 이스라엘 사람들이 복음을 거부하는 사건은 복음이 이방인들에게로 갈 수 있기 전에 일어나야 하였다. 그래야 이방인으로 구성된 그리스도인들의 교회가 예수님의 위임에 따라 세워질 수 있기 때문이다. 예수님께서 제자들에게 온 세상으로 들어가서 복음을 전하라고 명하신 것은 부활하신 이후였다. 제자들은 자신들에게 위임된 사역이 제한적이라는 사실을 이해하기 힘들었다. 그러나 결국 그것은 이방인들을 위한 은혜의 방편임이 밝혀졌다. 그들이 복된 소식을 받았을 때, 그것은 십자가에 못 박히시고 부활하신 주님에 대한 복음이었다. 하나님께서 보여 주시는 지혜의 길은 그러하다. 우리에게 남겨진 모든 것은 주님의 위임명령뿐이다.

> 가면서 전파하여 말하되 천국이 가까이 왔다 하고 병든 자를 고치며 죽은 자를 살리며 나병환자를 깨끗하게 하며 귀신을 쫓아내되 너희가 거저 받았으니 거저 주라 _마 10:7-8_

  사도들의 선포와 활동은 그리스도께서 친히 하시는 일과 동일하다. 사도들에게 주님의 능력이 일부 부여되었다. 그들은 하나님 나라의 도래를 선포하며 이적을 베풀어서 메시지를 확증시키라는 지시를 받았다. 그들은 병자를 치유하고 나병환자들을 깨끗하게 하며 죽은 자들을 살리고 귀신을 쫓아내야 한다. 그 메시지가 사건이 되고, 그 사건이 메시지를 확증한다.

하나님의 나라, 예수 그리스도의 왕국, 죄 용서, 믿음으로 의롭다 함을 얻는 칭의, 이 모든 것이 마귀의 세력을 멸하고 병자들을 치유하며 죽은 자를 살리는 것과 동일하다. 사도들이 선포하는 것은 전능하신 하나님의 말씀이다. 그러므로 사도들의 복음 선포는 행동이자 사건이며 기적인 것이다. 예수님께서 열두 사도들의 몸을 입고 온 땅을 두루 다니시면서 자신의 사역을 행하셨다. 사도들에게 임한 하나님의 주권적인 은혜는 창조하시고 구원을 이루시는 하나님의 말씀이다.

> 너희 전대에 금이나 은이나 동을 가지지 말고 여행을 위하여 배낭이나 두 벌 옷이나 신이나 지팡이를 가지지 말라 이는 일꾼이 자기의 먹을 것 받는 것이 마땅함이라_마 10:9-10

사도들의 영적 권위와 무장은 예수님의 말씀에 전적으로 의존되어 있으므로, 그 어느 것도 만왕의 왕이신 주님으로부터 받은 사명을 모호하게 하거나 불신하게 해서는 안 된다. 사도들은 만왕의 왕이신 주님께서 명하신 증거를 전달해야 한다. 그들이 받은 은혜의 선물들은 다른 재화와 바꿀 수 있는 개인의 소유물이 결코 아니다. "너희는 거저 받았다." 그리스도의 사도가 된다고 해서 권력이나 명성에 이르는 개인적인 특권이나 위치를 부여받는 것은 아니다. 무보수로 일하는 예수님의 사도들이 교회에서 사례를 받는 교역자가 된다고 해도 마찬가지이다. 그리스도의 사도가 된 사람에게 대학 교육과 사회적인 지위에 따라오는 권리들은 아무 의미도 없다. "너희는 거저 받았다."

우리 자신이 아무런 자격이나 공로가 없음에도, 주님의 사역으로 이끄신 주님의 소명에 뭔가 부가적인 혜택이 있지 않았을까? "거저 주라"고 말씀하시면서 주님은 이렇게 말씀하신다. "너희는 남에게 베풀어줄 것이 엄청나게 많다는 것을 사람들에게 보여 주어라. 그러나 자신을 위해서는 아무것도 바라지 말아라. 소유, 칭찬, 관심, 최소한의 감사도 바라지 말아라."

당신이 무엇을 근거로 그것들에 대해서 소유권을 주장할 수 있겠는가? 우리 앞에 다가오는 그 어떤 명예도 결국 그 명예가 속한 주님, 우리를 보내신 그 주님으로부터 도둑질해 온 것에 불과하다. 그리스도께서 보내신 사역자들이 가난한 것은 그들이 자유롭게 사역하는 존재임을 보여 주는 증거이다. 제자들에게 가져가도록 허락된 것과 금지된 것에 대해서는 마태복음과 누가복음의 설명이 약간 차이가 있으나, 이로부터 그 어떤 결론도 유추하지 않는 것이 맞다. 요점은 그들이 전도 여행을 떠날 때는 그분의 말씀을 맡은 전권대사의 자격으로 나간다는 것과 예수님은 그들에게 철저히 가난을 명하신다는 것이다. 이는 명확한 명령이며 제자들이 항시 지참해도 좋을 만한 것이었다. 이 명령은 마지막 하나까지 상세히 규정되어 있다는 것에 유의해야 한다. 그들은 거지꼴을 해서 남의 이목을 끌어서도 안 되며, 식객처럼 사람들에게 부담거리가 되어서도 안 된다. 그들은 별로 가진 것이 없이 여행길에 올랐다가 날이 저물면 친구들과 함께 유숙하게 될 것을 알고 있는 여행자처럼, '가난'이라는 전투복을 입고 떠나게 되어 있다. 여기에는 그들을 보내셨고 그들을 보살펴 주실 하늘 아버지에 대한 믿음이 담겨 있는 것이다. 제자들은 사람의 명으로 보냄 받은 존재가 아니었다. 사도들은 도래하고 있는 하나님의 나라를 선포하기 때문에, 이런 믿음의 표현이 복음을 듣는 사람들에게 그 복음을 신뢰할 만한 것으로 여겨지게 만드는 것이다.

제자들은 섬김의 사역을 하였기에 자유로웠다. 이는 그들이 숙식을 제공받을 때도 나타난다. 그들이 받는 대접은 사람들이 베푸는 자선이 아니라 그들의 수고함에 대한 마땅한 보상으로 받아들이게 되는 것이다. 예수님은 자신의 사도들을 '일꾼'이라 부르신다. 일꾼된 자들이 게으름을 부린다면 당연히 양식을 받을 만한 자격이 없다. 하지만 사람들의 영혼을 위해서 사탄의 세력들과 싸우는 이 전투, 개인적인 모든 존귀를 포기하는 행위, 가난하고 비참하며 학대받는 자들 때문에 세상의 재물과 즐거움을 포기하는 것, 이보다 더 위대하며 이보다 더 큰 수고는 없을 것이다.

인간의 죄짐과 죄악으로 인해서 하나님께서 친히 수고와 힘든 일을 겪으셨다 사 43:24. 그리고 예수님께서도 우리의 구원을 위해 죽기까지 십자가의 고통을 감수하셨다 사 53:11. 제자들은 복음을 선포하고 사탄을 제압하는 일, 그리고 중보기도를 통해서 하나님의 사역에 동참하게 된다. 만일 사람들이 이것들을 볼 수 없다면 사람들은 아직 예수님의 사도들이 행하는 섬김의 본질을 분별하지 못한 것이다. 따라서 사도들은 수고에 대해서 날마다 하나님으로부터 보상을 받는다는 것과 사역을 위해서 여전히 가난하게 지내야 한다는 것을 수치스럽게 생각해서는 안 된다.

> 어떤 성이나 마을에 들어가든지 그 중에 합당한 자를 찾아내어 너희가 떠나기까지 거기서 머물라 또 그 집에 들어가면서 평안하기를 빌라 그 집이 이에 합당하면 너희 빈 평안이 거기 임할 것이요 만일 합당하지 아니하면 그 평안이 너희에게 돌아올 것이니라 누구든지 너희를 영접하지도 아니하고 너희 말을 듣지도 아니하거든 그 집이나 성에서 나가 너희 발의 먼

지를 떨어 버리라 내가 진실로 너희에게 이르노니 심판 날에 소돔과 고모라 땅이 그 성보다 견디기 쉬우리라_마 10:11-15

사람들 가운데서 사역을 할 때, 제자들은 먼저 숙식을 제공하기에 합당한 집들로부터 시작해야 한다. 아직도 곳곳에 하나님을 기다리면서 기도하는 사람들이 있다. 그런 자들이 주님의 이름으로 제자들을 기쁨과 겸손한 태도로 영접하게 될 것이다. 그들은 기도로 제자들의 사역을 후원할 것이다. 사실 그들은 이미 적은 양 무리에 속해 있는 자들로서 그리스도의 교회 전체를 위한 선봉대이다.

형제들 사이에서는 시기심을, 제자들 사이에서는 탐욕을 막기 위해서, 예수님은 제자들에게 어느 지역에 머무는 동안에는 사역이 끝날 때까지 같은 집에서 유숙하라고 하신다. 어느 집이나 도시에 발을 들여놓는 순간, 그들은 바로 본론으로 들어가야 한다. 시간은 촉박하고 복음의 메시지를 기다리는 무리는 아직도 많이 있다. 집으로 들어갈 때 그들은 선생님을 따라서 동일한 인사말로 그 가정의 평안을 빌어야 한다_눅 10:5. 이것은 내용이 없는 공식이 아니다. 왜냐하면 이 말이 나오는 순간, "그 말을 받기에 합당한" 집에는 즉시 하나님께서 베푸시는 평안의 능력이 임하기 때문이다.

그들의 선포는 명확하고 간략하다. 그들은 단 한마디로 하나님의 나라가 가까이 왔다고 알린다. 그리고 회개와 신앙을 촉구한다. 그들은 나사렛 예수의 충만한 권위가 함께하기에, 그들은 최고의 신임장이 주는 도움을 받아 명령을 전달하고 제안을 한다. 그리고 그것이 전부이다. 전체 메시지가 단순함과 명료함 속에서 충격적으로 다가오는 이유가 있다. 즉, 그 메시지에 담긴 대의_cause_에는 토론을 위한 준비과정이 필요 없고, 메시지를 듣는 사람들을 설득하기 위해서 토론에 들어갈 필요가 따로 없기 때문이다.

왕이 바로 문 앞에 서 계시므로 언제든지 들어오실 수 있다. 겸손히 머리를 숙여 그분을 영접하겠는가, 아니면 그분의 진노하심으로 멸망되기를 원하는가? 들을 귀가 있는 자들은 들어야 하는 모든 것을 다 들었다. 들은 자들은 사도들을 더는 붙들어 둘 수 없다. 사도들은 다른 도시로 떠나야 한다. 하지만 귀를 막는 자들이 있다면, 그들은 이미 기회를 놓친 것이다. 은혜의 때는 지나갔다. 그들은 자신의 멸망을 스스로 선포한 것이다. "오늘 너희가 그의 음성을 듣거든 너희 마음을 완고하게 하지 말라 하였나니" 히 4:7. 이것이 바로 올바른 복음 선포이다. 이것은 무자비한 속도가 아닌가?

아직도 자신이 걸어 온 잘못된 길을 돌이킬 시간이 넉넉하다고 믿게 만드는 것만큼 더 악한 처사가 있겠는가. 그 대의가 긴급하고, 하나님의 나라가 임박하다고 말하는 것이 우리가 할 수 있는 가장 자비롭고 온정을 베푸는 행동이다. 사도는 한 사람씩 붙들고 말을 만들어가면서 되풀이할 시간이 없다. 하나님의 말씀은 지극히 분명하다. 말씀을 듣고 안 듣고는 사도의 소관이 아니다. '합당한' 자가 누구인지는 하나님만이 아신다. 그리고 이렇게 합당한 자들만 제자들을 통해서 말씀이 선포될 때 듣게 될 것이다.

그러나 그리스도의 사도를 거부하는 도시나 집이 있다면 그곳은 각각 엄청난 재앙을 당하게 될 것이다. 그야말로 무서운 심판을 초래하게 될 것이다. 음란과 부패로 찌들어 있던 소돔과 고모라가 예수님의 말씀을 배척하는 이스라엘의 도시들보다 더 자비로운 심판을 받게 될 것이다.

예수님의 말씀에 따르면, 허물과 죄는 용서를 받을 수 있다. 그러나 구원의 말씀을 거부하는 자는 마지막 기회를 저버린 것이다. 복음을 받아들이지 않는 것은 상상할 수 있는 죄악 중에서 최악의 죄악이다. 만일 그런 불상사가 일어난다면, 사도들은 그곳을 떠날 수밖에 없다. 말씀이 그곳에 머무를 수 없으므로 가야 한다. 그들은 떨림과 두려움 속에서 하나님의 말씀을 전함에 있어 뒤따르는 능력과 연약함, 이 두 가지 성격을 모두 인정해야 한다.

그러나 제자들은 그리스도의 말씀에 역행하거나 범위를 벗어나는 어떤 문제를 강요해서는 안 된다. 그들이 위임받은 일은 영웅적인 투쟁을 하거나 위대한 이념이나 선한 대의를 위해서 재원을 확보하는 일도 아니다. 말씀이 머무는 곳에만 제자들이 있어야 하는 것도 바로 이 때문이다. 사람들이 말씀을 거부한다면, 말씀을 증거하는 사도를 거절하는 셈이다. 그러므로 저주가 기다리고 있다는 표시로 발에 먼지를 떨어 버리는 것이다. 이 저주를 통해서 제자들은 아무런 해를 받지 않는다. 그러나 그들이 빌어준 평안은 그들에게로 되돌아온다.

"이 말씀은 사역의 열매가 없는 것 같아 낙심 중인 교회의 사역자들에게는 엄청난 위로가 된다. 어깨를 늘어뜨릴 일이 아니다. 사람들의 거절이 당신에게는 엄청난 축복으로 돌아올 것이다. 이에 대해 주님은 이렇게 말씀하신다. '저들이 말씀을 멸시했으니 너를 위해서 그것을 간직하도록 하라'"(벵겔Bengel).

9장

사도들의 고난
The Suffering of the Messengers

보라 내가 너희를 보냄이 양을 이리 가운데로 보냄과 같도다 그러므로 너희는 뱀 같이 지혜롭고 비둘기 같이 순결하라 사람들을 삼가라 그들이 너희를 공회에 넘겨 주겠고 그들의 회당에서 채찍질하리라 또 너희가 나로 말미암아 총독들과 임금들 앞에 끌려 가리니 이는 그들과 이방인들에게 증거가 되게 하려 하심이라 너희를 넘겨 줄 때에 어떻게 또는 무엇을 말할까 염려하지 말라 그 때에 너희에게 할 말을 주시리니 말하는 이는 너희가 아니라 너희 속에서 말씀하시는 이 곧 너희 아버지의 성령이시니라 장차 형제가 형제를, 아버지가 자식을 죽는 데에 내주며 자식들이 부모를 대적하여 죽게 하리라 또 너희가 내 이름으로 말미암아 모든 사람에게 미움을 받을 것이나 끝까지 견디는 자는 구원을 얻으리라 이 동네에서 너희를 박해하거든 저 동네로 피하라 내가 진실로 너희에게 이르노니 이스라엘의 모든 동네를 다 다니지 못하여서 인자가 오리라 제자가 그 선생보다, 또는 종이 그 상전보다 높지 못하나니 제자가 그 선생 같고 종이 그 상전 같으면 족하도다 집 주인을 바알세불이라 하였거든 하물며 그 집 사

람들이랴_마 10:16-25

사도들이 겪게 될 실패도 그리고 사도들에 대한 적대감도 사도들이 예수님으로부터 파송 받은 자라는 확신을 약화시킬 수 없다. 그분의 말씀이 사도들에게 힘과 위로가 될 수 있기에, 예수님은 "너희를 보내는 이가 바로 나"라는 말씀을 재차 반복하신다. 이 길은 자신이 좋아서 선택한 것도, 스스로 떠맡은 것도 아니다. 엄밀한 의미에서 그것은 사명이다. 주님은 그들이 이리 가운데 있는 양처럼, 아무런 방어 수단도 없이 무기력하고 눌림으로 인해서 아플 때도, 큰 위험 가운데 있을 때도 항상 곁에서 지켜 주겠다고 약속하신다. 예수님께서 알지 못하시는 일이 그들에게 일어날 수 없다. "주님은 뱀같이 지혜롭고 비둘기같이 순결하라"고 말씀하신다. 예수님의 사역자들이 이 말씀을 너무나 잘못 오용하고 있다. 그들이 이 말씀의 참된 의미를 간직하여 순종의 길을 고수하는 것은 정말 어려운 일이다. 영적인 지혜와 세상적인 영민함astuteness을 확실히 구별하기가 얼마나 어려운가! 우리가 마음으로는 '세상적인 지혜'를 제거하려고 모든 준비를 하고, 비둘기같이 순전함을 훨씬 더 좋아하면서도 그렇게 다시 불순종의 덫에 빠지지 않는가? 우리가 비겁해서 고난으로부터 도망치거나 무모해서 고난을 쫓아다닐 때, 우리와 함께 계셔서 알려 주신 분은 누구인가? 우리에게 숨겨진 경계선hidden frontier을 보여 주실 분은 누구인가? 단순한 명령에 반하여 지혜의 명령에 호소하는 것은, 지혜의 명령에 반하여 단순한 명령에 호소하는 것만큼 나쁘다.[1]

---

1) 예수님께서 사역자들에게 주신 명령에는 단순함(simplicity)과 지혜(wisdom)가 함께 있음을 의미한다. -역자 주

자기 자신의 마음에 대한 완전한 지식을 가지고 계신 분은 이 세상에서 오직 예수님 한 분뿐이시다. 그러나 예수님은 자신의 제자들을 불확실한 영역으로 부른 적이 없으시고, 오히려 최상의 확실한 영역으로 부르셨다. 그것이 바로 예수님의 경고가 그의 사역자들에게 예수님의 말씀을 준수하도록 요청하고 있는 이유이다. 말씀이 있는 그곳에 제자들도 있다. 말씀 안에 주님의 참된 지혜와 주님의 단순함이 있다. 만일 말씀이 배척을 당하고, 어쩔 수 없이 그 현장을 넘겨주게 된다면, 제자들도 말씀을 따라서 내주어야 한다. 그러나 말씀이 계속해서 영적 전투를 벌이며 전진해 나가면, 제자들도 역시 현장을 사수해야 한다. 두 경우에 있어서 모두 제자들은 지혜와 순수함을 겸비할 것이다.

그러나 제아무리 영적인 지혜라 해도, 예수님의 말씀이 주시는 연단을 견뎌 내지 못하는 영역으로 제자들을 인도해서는 안 된다. 오직 말씀의 진리만이 그들로 하여금 무엇이 지혜로운지 분별할 수 있게 한다. 어떤 전망이나 소망 때문에 진리에서 벗어나는 것은 제아무리 미미한 것이라 해도 결코 현명한 처사가 될 수 없다. 무엇이 지혜로운지 보여 줄 수 있는 것은 우리의 상황 판단이 아니다. 하나님께서 주시는 말씀의 진리만이 우리의 눈을 열어 줄 수 있다. 여기에는 오로지 하나님은 신실하신 분이며 우리의 도움이 되신다는 약속만 존재할 뿐이다. 제자들이 취할 수 있는 가장 지혜로운 경로는 모든 단순함 가운데 오직 하나님의 말씀만을 지키는 것, 그것만이 변함없는 진실이 될 것이다.

사도들은 하나님의 말씀을 통해서 인간의 본성에 대해서 올바른 인식을 가지게 될 것이다. "사람들을 삼가라." 제자들이 보여 주어야 할 것은 사람들에 대한 두려움이 아니다. 인간의 악의나 불신 혹은 그보다 더 악한 것 때문에 인간에 대한 증오를 드러내서도 안 된다. 물론 사람마다 누구나 선한 면이 있다는 식으로 쉽사리 믿어 버리는 것도 지혜로운 판단이 아니다. 오히려 말씀과 사람 간의 상관관계에 대해서 정확한 통찰력을 보여 주어야 할 것이다.

사도들이 너무 높은 기대를 하지 않는다면, 사람들 중에서 그들이 감당해야 할 사역이 고난의 길이 될 것이라는 예수님의 경고를 들을 때 동요하지 않을 것이다. 그러나 이 고난 속에는 기적의 능력이 내재되어 있다. 악인들은 은밀하게 형벌을 당해야 하지만, 제자들은 주님께서 "나로 인하여 악인들과 이방인들에게 증인이 되기 위해"라고 말씀하셨듯이, 관원들과 임금들 앞에 서야만 한다. 이 고난이 그들의 증언을 널리 전파하는 데 도움이 될 것이다.

이 모든 것이 하나님의 계획과 예수님의 뜻이 이루어지는 과정이다. 제자들이 주권자들 앞이나 재판석에서 대답해야 할 순간에도 당당하게 신앙을 고백하고 두려움 없이 증언할 수 있도록 권능을 허락받는 것도 바로 이 때문이다. 성령이 친히 그들 곁에 서서 아무도 그들을 당하지 못하게 할 것이다. 성령이 그들에게 '구변과 지혜를 주어서, 저희의 대적자들이 대항하지도, 반박하지 못하게'눅 21:15 할 것이다. 제자들이 고난 중에도 말씀을 속이지 않기 때문에 말씀도 그들을 속이지 않을 것이다. 스스로 추구하는 순교에 대해서는 이 약속이 적용되지 않을 것이다. 그러나 말씀과 함께 고난을 받는다는 것은 어디에나 적용될 것이다.

예수님의 사도들은 어느 곳에서나 증오를 받게 될 것이다. 그들은 도시와 가정에 온갖 분란을 일으킨다는 죄목으로 고소를 당하게 될 것이다. 예수님과 제자들은 가정생활을 해친다거나 백성을 잘못된 길로 미혹한다는 비난을 사방에서 받게 될 것이다. 그들은 미친 광신주의자들과 평화를 어지럽히는 자들로 낙인이 찍힐 것이다. 제자들은 견디다 못해 주님을 떠나고 싶은 유혹을 받게 될 것이다. 그러나 마지막 때도 그다지 멀지 않았다. 때가 찰 때까지 굳게 붙들고 인내해야 한다. 마지막까지 남아서 주님과 그분의 말씀에 충성을 다하는 자만이 축복을 받게 될 것이다.

그러나 마지막 때가 되면 온 세상이 예수님과 제자들에 대한 적대감을 분명하게 드러낼 것이다. 그러면 사도들은 말씀을 전파할 수 있는 남은 곳을 찾아다니면서 복음을 선포할 수 있도록 이 도시에서 저 도시로 몸을 옮겨 다녀야만 한다. 온 세상이 적대감을 분명하게 드러낼 때 복음 선포를 위해서 피하는 것은 말씀으로부터 도망치는 것이 아니라 말씀을 더욱 굳게 붙잡는 것이다.

교회는 그리스도가 속히 오실 것이라는 그리스도의 약속을 결코 잊어 본 적이 없다. 그리고 교회는 이 약속이 진실하다는 것을 언제나 믿고 있다. 그 약속이 어떤 식으로 성취될지는 미지수이지만 그것은 우리가 해결할 문제가 아니다. 예수님은 갑작스럽게 재림하시리라는 말씀이 오늘날 우리에게는 너무나 분명하고 너무나 중요하다. 예수님의 재림은 주님을 섬기는 우리의 사역을 완성할 수 있으리라고 전망되며, 우리의 개인적인 종말이 죽음보다 더 확실한 사건이다.

고난을 통해서 주님을 본받게 되리라는 이 확신은 사도들이 품고 있는 가장 놀라운 위로이다. 주님처럼 제자들도 고난을 받게 될 것이다. 그리고 주님처럼 종들도 고난을 받게 될 것이다. 만일 예수님을 마귀라고 한다면, 예수님과 한 식구인 그분의 종들에 대해서는 얼마나 더 심하게 몰아붙이겠는가. 이 때문에 예수님은 그들과 함께하실 것이며, 그로 인해서 그들은 범사에 주님을 닮아 가게 될 것이다.

10장

결단
The Decision

그런즉 그들을 두려워하지 말라 감추인 것이 드러나지 않을 것이 없고 숨은 것이 알려지지 않을 것이 없느니라 내가 너희에게 어두운 데서 이르는 것을 광명한 데서 말하며 너희가 귓속말로 듣는 것을 집 위에서 전파하라 몸은 죽여도 영혼은 능히 죽이지 못하는 자들을 두려워하지 말고 오직 몸과 영혼을 능히 지옥에 멸하실 수 있는 이를 두려워하라 참새 두 마리가 한 앗사리온에 팔리지 않느냐 그러나 너희 아버지께서 허락하지 아니하시면 그 하나도 땅에 떨어지지 아니하리라 너희에게는 머리털까지 다 세신 바 되었나니 두려워하지 말라 너희는 많은 참새보다 귀하니라 누구든지 사람 앞에서 나를 시인하면 나도 하늘에 계신 내 아버지 앞에서 그를 시인할 것이요 누구든지 사람 앞에서 나를 부인하면 나도 하늘에 계신 내 아버지 앞에서 그를 부인하리라 내가 세상에 화평을 주러 온 줄로 생각하지 말라 화평이 아니요 검을 주러 왔노라 내가 온 것은 사람이 그 아버지와, 딸이 어머니와, 며느리가 시어머니와 불화하게 하려 함이니 사람의 원수가 자기 집안 식구리라 아버지나 어머니를 나보다 더 사랑하는 자는 내게 합당하지 아니하고 아들이나 딸을 나보다 더 사랑하는 자도 내게 합당하지 아니하며 또 자기 십자가를 지고 나를 따르지 않는 자도 내게 합당하지 아니하니라 자기 목숨을 얻는 자는 잃을 것이요 나를 위하여 자기 목숨을 잃는 자는 얻으리라
_마 10:26-39

지금부터 영원토록 사도들은 말씀을 지키고 말씀은 사도들을 지킨다. 예수님은 세 번이나 "두려워하지 말라"고 하시면서 제자들을 격려하신다. 비록 지금은 그들이 당하는 고난이 비밀이나, 항상 그렇지는 않을 것이다. 언젠가 그 고난들이 하나님과 사람 앞에 밝히 드러나게 되는 날이 올 것이다. 이 고난들이 현재는 비밀이라고 할지라도 결국에는 환히 드러나게 될 것이라고 주님은 약속하셨다. 그것은 사도들에게는 영광을, 사도들을 박해하는 자들에게는 심판을 의미한다. 사도들의 증언이 언제나 어둠 속에 있는 것은 아니다. 복음은 한쪽 귀퉁이에 자리한 작은 교파의 증언처럼 미미한 형태를 취해서는 안 된다. 그것은 공개적인 설교로 제시되어야 한다. 잠깐은 비밀스럽게 전달해야 할 때도 있겠지만 마지막 날이 되면 이 설교가 온 세상을 가득하게 채워 구원salvation과 쫓겨남rejection을 가져오게 될 것이다. 사도 요한의 계시록에는 이런 예언이 있다. "또 보니 다른 천사가 공중에 날아가는데 땅에 거주하는 자들 곧 모든 민족과 종족과 방언과 백성에게 전할 영원한 복음을 가졌더라"계 14:6. 그러므로 "두려워하지 말라."

제자들은 사람들을 두려워해서는 안 된다. 사람들은 아무런 해도 끼칠 수 없다. 왜냐하면 사람들의 권세는 몸을 죽이는 것으로 끝나기 때문이다. 그러나 하나님을 두려워하는 마음을 가지고 죽음의 공포를 극복해야 한다. 사람들의 심판이 아니라 하나님의 심판 속에, 육신의

사망이 아니라 몸과 영의 영원한 멸망 속에 진정한 위험이 있다. 아직도 사람들을 두려워하는가? 그렇다면 하나님에 대한 두려움이 전혀 없는 것이다. 마찬가지로 하나님을 두려워하는가? 그렇다면 더는 사람들을 두려워하지 않게 될 것이다. 복음을 전하는 자들이면 누구나 매일같이 이 말씀을 기억하는 것이 좋을 것이다.

사람들이 이 땅에서 잠깐 누리는 권세는 하나님의 뜻을 따라 하나님의 허락이 없으면 취할 수 없는 법이다. 행여나 우리가 사람의 손에 붙잡혀서 고난과 죽음의 위협을 받고 있다면 그 어느 것 하나, 하나님의 손길을 거치지 않는 것이 없다는 것을 확실히 믿어야 한다. 참새 한 마리가 땅에 떨어지는 것도 하나님께서 알고 계시며 그분의 뜻이 아니고서는 일어날 수 없는 일이다. 바로 그 하나님은 자녀들에게 유익이 되고 적절한 것이 아니라면 그리고 그들이 견지하고 있는 대의cause를 위한 것이 아니라면 그 어떤 일도 일어날 수 없도록 막아 주신다. 우리는 하나님의 손안에 있다. 그러므로 "두려워하지 말라."

우리의 시간은 짧고 영원은 길다. 결단할 시간이 왔다. 이 땅에서 말씀과 신앙고백에 충실한 자들은 심판 때에 그들 곁에 예수 그리스도께서 서 계신 것을 발견하게 될 것이다. 참소하는 자가 자신의 권리를 주장할 때 주님께서 우리를 인정하고 우리를 도와주실 것이다. 예수님께서 하늘 아버지 앞에서 우리의 이름을 불러 주실 때 온 세상이 증인으로 불려 나오게 될 것이다. 만일 우리가 이생에서 예수님께 충실히 행한다면 주님은 영원토록 우리에게 신실하실 것이다. 그러나 주님과 그분의 이름을 부끄럽게 여긴다면 주님도 마찬가지로 우리를 부끄럽게 여기시고 우리를 부인하실 것이다.

이 땅에 있을 때에 우리는 마지막 결단을 해야 한다. 예수님의 평화는 십자가이다. 그러나 십자가는 하나님께서 이 땅에서 휘두르시는 검이다. 십자가는 분쟁을 일으킨다. 아들은 아버지를, 딸은 어머니를, 식구들이 가장을 대적한다. 이 모든 일이 하나님 나라의 이름으로, 그분의 평화 때문에 일어날 것이다. 이것이 그리스도께서 이 땅에서 행하시는 일이다.

하나님께서 보여 주신 사랑의 전조前兆가 인류에 대한 증오라는 죄목으로 고소를 당해 왔다는 것은 전혀 이상한 일이 아니다. 한쪽에서는 인간의 모든 삶을 무너뜨리는 파괴자로 보았지만, 실상은 새 생명의 창조주가 아니고서야, 아버지와 어머니, 아들과 딸에 대한 사랑에 대해서 그렇게 이야기할 수 있겠는가. 한쪽에서는 인간의 원수로 보았지만, 실상은 인류의 구세주가 아니고서야 누가 감히 그런 배타적인 주장을 할 수 있겠는가. 한쪽에서는 마귀로 불렸지만, 실상은 평화의 왕이신 그리스도가 아닌 그 누가 사람들의 집 안에 검을 가지고 들어갈 수 있겠는가.[1]

사람을 향한 하나님의 사랑은 혈육을 향한 사람들의 사랑과는 완전히 다르다. 사람을 향한 하나님의 사랑은 십자가와 제자도의 길을 의미한다. 그러나 그 십자가와 그 길은 둘 다 생명과 부활이다. "나를 위하여 목숨을 버리는 자는 목숨을 얻게 될 것이다." 이 약속을 통해서 우리는 사망의 열쇠를 쥐고 계시는 분, 십자가로 나아가 부활하신 하나님의 아들, 그리고 자신의 십자가를 지고 가는 제자들과 동행하시는 분의 음성을 듣게 된다.

---

[1] 인류의 오해에도 불구하고, 새 생명의 창조주만이 아버지와 어머니, 아들과 딸에 대한 사랑에 대해서 그렇게 이야기할 수 있으며, 인류의 구세주만이 그런 배타적인 주장을 할 수 있으며, 평화의 왕이신 그리스도만이 사람들의 집 안에 검을 가지고 들어갈 수 있다는 의미이다. -역자 주

11장

열매
The Fruit

> 너희를 영접하는 자는 나를 영접하는 것이요 나를 영접하는 자는 나를 보내신 이를 영접하는 것이니라 선지자의 이름으로 선지자를 영접하는 자는 선지자의 상을 받을 것이요 의인의 이름으로 의인을 영접하는 자는 의인의 상을 받을 것이요 또 누구든지 제자의 이름으로 이 작은 자 중 하나에게 냉수 한 그릇이라도 주는 자는 내가 진실로 너희에게 이르노니 그 사람이 결단코 상을 잃지 아니하리라 하시니라_마 10:40-42

예수님의 말씀을 맡은 자들은 자신의 사역을 궁극적으로 보장해 주는 약속의 말씀을 받는다. 그들은 이제 그리스도의 동역자로 범사에 그리스도를 닮아 가게 될 것이다. 그래서 제자들이 사람들을 만날 때, 사람들도 제자들을 만난 것을 하나님을 만난 것처럼 여기는 것이 마땅하다. 어떤 집으로 가서 영접을 받으면, 그리스도께서 그들과 함께 들어가는 것이다. 제자들은 그분의 임재를 덧입고 있는 자들이다. 제자들은 세상에서 가장 값진 선물인 예수 그리스도를 함께 모시고 간다. 그리고 그분과 함께 제자들은 하나님 아버지를 모시고 간다. 그것은 바로 용서와 구원, 생명과 축복을 의미한다. 그것이 제자들의 수고와 고난에 대한 보상이자 열매이다. 사람들이 제자들에게 베푸는 모든 섬김은 바로 그리스도 그분을 섬기는 것이 된다. 이는 교회를 위한 은총과 제자들을 위한 은총이 동일하다는 의미이다.

이 진리를 알 때 교회는 더욱 기쁜 마음으로 제자들을 섬기게 될 것이다. 왜냐하면 주님께서 제자들과 동행하여 친히 사람들 가운데로 임하시기 때문이다. 따라서 제자라면 어떤 집으로 들어갈 때 빈손으로 가는 것이 아니라는 것쯤은 분명히 인식하고 있다. 제자들은 어떤 것과도 비교가 안 되는 귀한 선물을 가지고 간다. 그리스도를 하나님의 선물로 기꺼이 받는 사람은 누구나 다 그 선물에 참여하게 될 것이다. 선지자를 영접하고 자신이 무엇을 하고 있는지를 아는 자는 선지자의 명분, 선지자의 은사, 선지자의 상급에 동참하게 될 것이다. 의인을 영접하는 자는 의인의 상급을 받게 될 것이다. 왜냐하면 그가 의인의 의에 동반자가 되었기 때문이다. 명예라고는 명함도 내밀 수 없는 초라한 자들과 가련한 자들에게 냉수 한 그릇 대접하는 자는 그리스도를 직접 대접한 것이 되어, 예수 그리스도께서 그의 상급이 되어 주신다.

제자들은 자신이 살아온 삶의 방식이나 자신이 감당해 온 수고, 그리고 자신이 받을 상급을 염두에 두지 아니하고 자신들이 수고해서 이룩하고자 하는 목표인, 교회의 구원에 집중한다.

3부

예수 그리스도의 교회와 제자도의 삶

12장

궁금한 사항들
Preliminary Questions

예수님께서 처음 제자들에게 오셨을 때는 말씀과 함께 제자들에게 오셨고 육신으로 제자들과 함께 계셨다. 그리고 예수님은 우리 죄를 사하기 위해서 죽으셨고 부활 승천하셨다. 그렇다면 그분의 소명이 오늘날 우리에게는 어떻게 전달될까? "나를 따르라"고 우리를 부르실 때 예수님은 세리 레위 곁을 지나셨던 그 육신으로는 더 이상 우리 곁을 지나가지 않으신다. 그럼 그분이 불러 주시기를 제아무리 간절히 바란다 해도 도대체 무엇을 근거로 모든 것을 버리고 따라야 할까?

신약 시대의 사람들은 소명을 오판할 여지가 없었다. 그러나 우리가 결단을 내리기에는 문제의 소지가 많고 결정하기가 쉽지 않다. 레위의 소명을 어떻게 적용해서 우리들의 삶과 직결시킬 수 있을까? 예수님의 말씀은 상황과 사람에 따라 다양하게 적용되지 않았던가? 중풍병자를 떠올려 보자. 그는 죄 용서와 치유를 받았다. 나사로의 경우는 어떤가? 그는 한 번 죽었다가 살아난 몸이었다. 그런데도 하던 일을 버려두고 자신을 따르라는 말씀은 없었다. 오히려 집에서 가족들과 함께 지내면서 이전처럼 살아가도록 하셨다.

이는 주님께서 그들을 제자들만큼 사랑하지 않으셨다는 뜻일까? 저들도 이 정도의 대접을 받았는데 우리가 누구라고 나서서 그런 비범하고도 특별한 삶을 자청해야 하는 것일까? 소명과 관련하여 먼저 스스로 나서서 행동하거나 성급한 환상을 따라가서는 안 된다고 우리 같은 이들에게 알려 줄 수 있는 사람은 없을까? 그러나 그것은 제자도가 아니다. 이 모든 질문에는 잘못된 점이 있다. 이 같은 의문을 던질 때마다 우리는 살아 계신 하나님의 임재에서 물러서는 것이고, 예수 그리스도는 지금도 살아 계셔서 지금도 성경의 증언을 통해서 우리에게 말씀하고 계신다는 사실을 잊고 있는 것이다. 그분은 오늘도 우리에게 오셔서 몸으로 우리와 함께 계시고 또한 말씀을 통해서 우리 가운데 임재하신다.

만일 따라오라는 소명을 듣고자 한다면, 우리는 그분을 발견할 수 있는 곳, 즉 말씀과 성례가 베풀어지는 교회에서 그분의 부르심을 들어야 한다. 교회의 설교와 성찬 예식은 예수 그리스도께서 임재하시는 곳이다. 예수님의 소명을 듣고자 한다면 굳이 개인적인 계시가 있어야 하는 것은 아니다. 설교를 듣고 성찬을 받으면 된다. 즉, 십자가형을 당하시고 다시 사신 그리스도의 복음을 듣는 것이다.

설교가 있는 곳에 그분이 계신다. 성찬이 행해지는 곳에 초대 교회 제자들이 만났던 온전하시고도 완전하신 그리스도께서 계신다. 이 자리에 영광을 받으시는 주님, 즉 승리하셔서 살아 계신 주님께서 이미 와 계신다. 자신을 따라오라고 우리를 불러 주실 수 있는 분은 그리스도밖에 없다.

한편, 제자도의 본질은 이런저런 특별한 행위에 달린 것이 아니다.

제자도는 언제나 예수 그리스도를 인정하느냐 아니면 부인하느냐 하는 자신의 선택과 결단에 달려 있다. 따라서 우리의 상황은 복음서에 나오는 제자나 혹은 세리의 상황보다 분명하지 못한 부분이 조금도 없다. 예수님께서 처음으로 제자들을 부르셨을 때 그들은 순종하고 따라갔다. 왜냐하면 그들은 그분이 그리스도이시라는 것을 알아보았기 때문이다. 하지만 그분이 메시야라는 사실은 우리와 마찬가지로 그들에게도 감추어진 비밀이었다. 이 때문에 예수님의 소명을 받을 때, 사람마다 다양한 방식으로 나타날 수 있었다. 그렇다면 소명에 대한 결단은 그분에 대해서 우리가 어떻게 인식하느냐에 달려 있고, 예수님은 오직 믿음에 의해서만 알아볼 수 있다는 결론이 나온다. 초대 제자인 사도들에게도 그런 상황은 우리와 마찬가지였다. 그들은 놀라운 이적을 행하시는 그분을 보았다. 그러다가 그분이 그리스도이시라는 믿음이 생기기 시작하였다. 이같이 우리도 말씀을 듣고 그리스도에 대한 믿음을 가지게 된다.

그러나 정말로 우리보다 제자들은 훨씬 더 유리한 위치에 서 있었다. 제자들은 예수가 그리스도이시라는 사실을 알게 되었을 때 그들이 무엇을 해야 하는지를 정확히 짚어 주시는 주님의 음성을 직접 들을 수 있었다. 하지만 그리스도인으로서 주님께 순종하는 삶을 살아야 하는 이 결정적인 부분에 있어서 우리는 전혀 도움을 받지 못하고 있다. 이처럼 지금 우리에게 말씀하시는 그리스도는 그때와는 전혀 다른 방식으로 역사하고 계신다. 그렇다면 이런 부분을 보더라도 제자들이 우리보다 유리한 위치에 있었다는 것은 부인할 수 없는 사실이 아닌가. 만일 그것이 사실이라면 우리의 상황은 절망적인 것처럼 보인다. 그러나 전혀 그렇지 않다. 그리스도는 그들에게 말씀하신 것처럼 우리에게도 정확하게 알려 주신다. 얼핏 보면 제자들이 처음에 그분을 그리스도로 알아보고 그다음에 지시를 받아들인 것 같지만 사실은 그렇지 않다. 제자들은 그분의 말씀과 계명을 믿고 그다음 그분을 그리스도로 알아보는 식으로 순서가 진행되었다. 제자들도 그리스도께서 하셨던 말씀 이외에는 그리스도를 알아볼 다른 방도가 전혀 없었다.

정반대도 성립된다. 우리는 예수님의 뜻을 알지 못하면 예수님을 알 수 없다. 예수님의 인격에 대해서 제자들이 이해하면서, 제자들은 자신들이 취해야 할 행동에 대한 깨달음을 더욱 명확하게 얻었다. 만일 그리스도께서 내 삶 속에서 살아 계신 주님으로 함께하신다면 그분을 만났을 때 나를 위해서 그분이 하신 말씀이 무엇인지 분명하게 드러나게 된다. 주님께서 제시하신 명백한 말씀과 계명들 외에는 주님을 진정으로 알 수 있는 다른 방도가 없다. 우리가 그리스도를 알고 믿고 싶어 하지만, 주님의 말씀 외에는 주님의 뜻을 알 수 있는 다른 방법이 없다는 사실을 당신은 부정할지도 모른다. 그러나 그렇게 부정하는 것은 예수님에 대해서 우리의 지식이 순전하지도 명확하지도 않다는 것을 보여 줄 뿐이다.[1] 예수님을 안다는 것은 예수님의 말씀을 우리의 삶에 적용함으로써 주님과 구세주로 안다는 것을 의미한다. 그러나 그 지식은 우리에게 향하신 주님의 명백한 말씀에 대한 인식을 포함한다.

우리가 마침내 다음과 같이 말하게 되었다고 생각해 보자. 제자들

---

[1] 예수님에 대해 알 수 있는 다른 방법이 있다는 주장에 대해서, 예수님의 말씀이 아닌 다른 방법으로 예수님을 알아가는 것에 대한 문제점을 지적하는 것이다. -역자 주

이 받은 계명은 주님으로부터 직접 하달된 계명이기에 충분히 알아들을 만큼 명백하고 명확했던 반면, 우리는 주님의 말씀들 중에서 어느 말씀이 우리의 특정 상황에 적용되는지 우리 스스로 선택해야 한다. 이 말은 제자들의 상황을 전혀 이해하지 못하고 있다는 것과 우리의 상황에 대해서도 제대로 인식하지 못하고 있음을 드러내는 발언이다. 예수님께서 명령하실 때 그 목적은 언제나 동일하다. 그것은 전폭적인wholehearted 믿음을 일으키는 것으로, 마음을 다하고 뜻을 다해서 하나님과 이웃을 사랑할 수 있도록 하는 것이다. 이는 그의 계명에서 취소할 수 없는 유일한 특징이다. 예수님의 계명을 다른 의미로 실천하려고 시도하는 것은 예수님의 말씀을 오해하고 있으며 말씀대로 순종하고 있지 않다는 것을 드러내는 또 다른 표시이다.

그러나 어떤 상황에서 구체적으로 무엇을 하라고 하시는지, 주님의 의도를 확실히 알 방법이 없기 때문에 예수님의 말씀을 곡해하고 불순종하는 것은 아니다. 오히려 선포되는 그리스도의 말씀을 들을 때마다 우리는 자신이 해야 할 일이 무엇인가를 분명히 인식하게 된다. 하지만 주님의 뜻을 성취하는 것은 우리의 인식이나 이해만으로 되는 것은 아니다. 주님의 뜻을 행하는 것은 오로지 그리스도를 믿는 믿음으로만 가능하다. 그러므로 예수님께서 제자들에게 주신 은사는 그때와 마찬가지로 우리도 똑같이 사용할 수 있다. 사실 주님께서 세상을 떠나신 지금은 훨씬 더 그 부분이 쉽게 되었다. 왜냐하면 주님께서 영화롭게 되셨다는 것을 알고 있고, 성령이 우리와 함께 계신다는 것을 알고 있기 때문이다.

그러므로 예수님께서 제자들을 부르시는 기사들이 복음서에 다양하게 나타난다고 해서, 이 부르심을 서로 비교할 필요가 없다. 마찬가지로 각자 개인이 인식하는 소명 역시 제자들의 관점에서 혹은 신약의 어떤 다른 인물들의 관점에서 고려해야 할 문제가 아니다. 시종일관 변하지 않는 요인으로 소명의 근거가 되는 그리스도는 그때나 지금이나 동일한 분이시다. 이 땅에 계실 때 중풍병자나 제자에게 하신 말씀이든지, 오늘날 우리에게 하시는 말씀이든지 시대와 상관없이, 그분의 말씀은 언제나 동일하다. 그때처럼 지금도 주님은 그분의 나라와 그분의 영광으로 들어오라고 우리를 은혜 가운데서 불러 주신다.

우리와 제자들 혹은 우리와 중풍병자 사이의 상황을 동등한 위치에 둘 수 있는가? 이것은 위험한 질문이다. 우리는 그 어느 쪽에도 자신을 비교할 수 없다. 우리가 해야 하는 것은 오로지 성경의 어느 부분에 등장하는 것이든 간에 그분의 말씀을 듣고 그리스도의 뜻에 순종하는 것이다. 성경은 우리에게 선택에 따라 흉내낼 수 있도록 그리스도인의 유형을 시리즈별로 나열해 주지 않는다. 성경은 우리에게 각각의 상황 가운데서 오직 예수 그리스도 한 분만을 전달하고 있다. 우리는 각기 그분의 말씀만 들어야 한다. 그분은 어디서나 동일하신 주님으로 존재하신다.

그렇다면, 오늘날 우리는 제자도에 응하라는 주님의 소명을 어디서 들을 수 있을까? 해결책은 이것이다. 이것 외에는 아무런 대안이 없다. 말씀을 듣고 성찬을 받는 것이다. 그리고 그것을 통해서 주님께서 직접 들려주시는 음성을 들어야 한다. 그러면 그분의 소명을 듣게 될 것이다.

13장

세례
Baptism

　공관복음서에 등장하는 제자들과 주님에 대한 관계는 거의 모두 주님을 따르는 관점에서 묘사되고 있다. 하지만 바울 서신서는 이 같은 개념을 그다지 중요하게 다루지 않는다. 우선 바울은 이 땅에서 사역하신 주님의 삶에 관한 이야기는 많이 줄이고, 부활하셔서 영광을 받으신 그리스도의 임재와 우리 안에서 역사하시는 주님의 사역에 큰 비중을 두고 있다. 그래서 바울은 자기만의 독특한 용어를 새로 설정할 필요가 있었다. 바울은 복음을 전하되 사셨다가 죽으시고 다시 살아나신 주님께 초점을 맞추어 그 부분을 강조하고 있다.

　그렇긴 해도 사도 바울이 사용하는 용어들은 공관복음서 기자들의 내용을 확증하고 있으며 공관복음서 기자들의 내용은 사도 바울의 용어를 확증한다. 본질적인 의미에서는 어느 한쪽이 다른 쪽보다 더 나은 것은 아니다. 결국 우리는 '바울이나 아볼로에게 혹은 게바나 그리스도파'에 속한 것이 아니다. 우리의 믿음은 성경이 일률적으로 증언하는 통일성에 근거를 두고 있다.

바울이 증언하는 그리스도가 공관복음의 기자들이 증언하는 그리스도보다 우리에게 더 생생하다고 말하는 것은 성경의 통일성을 파괴하는 것이다. 물론 이 표현이 종교개혁과 역사비평historico-critical의 순수한 교리라고 흔히 여겨지고 있지만, 알고 보면 사실은 정반대이다. 성경의 통일성을 파괴하는 것은 가장 위험한 광신주의자의 열정이다.

바울이 증언한 그리스도가 바울에게 생생했던 것처럼, 오늘을 살아가는 우리에게도 생생하다고 누가 말하게 되는가? 우리는 이런 확신을 오직 성경에서만 얻을 수 있다. 그렇지 않다고 해도 우리가 말씀에 얽매이지 않고 자유롭게 다가오시는 그리스도의 임재에 대해서 말할 수 있을까? 아니다. 성경만이 우리가 그리스도의 임재에 대해서 가지고 있는 증인이며, 그 증인은 바로 성경의 통일성이다. 성경의 통일성은 성경이 말씀하고 있는 그리스도의 임재가 공관복음에서 나타나신 예수 그리스도의 임재를 포함한 것임을 의미한다.

공관복음서 기자들이 증언하는 예수님은 사도 바울이 증언하는 그리스도보다 우리에게 더 가깝거나 혹은 더 멀리 계신 것이 아니다. 임재하시는 그리스도는 성경 전체의 그리스도이시다. 그분은 성육신하시고 십자가에 못 박히신 분, 부활을 통해서 영광을 받으신 그리스도이다. 그리고 그분은 말씀을 통해서 우리를 만나 주신다. 공관복음서 기자들의 표현과 사도 바울의 증언 사이에는 용어상의 차이가 있다고 하나 성경의 통일성을 깨뜨리는 내용은 전혀 없다.[1]

---

[1] 성경이 직접 증언하고 있는 내용을 존재론적인 명제와 자주 혼동하고 있는 이 오류는 어느 모로 보나 광신주의의 본색을 드러내고 있다. 예를 들어, 만일 그리스도께서 다시 살아나셔서 임재하신다는 증언을 존재론적인 명제로 받아들인다면 성경의 통일성이 와해되는 것은 불가피하다. 그런 식으로 받아들인다면 예수님의 임재에 대해서 공관복음서에 나타난 예수님의 임재와는 다른 방식으로 이야기를 하게 되기 때문이다(공관복음서에서는 예수님께서 부활 승천하신 것을 의

공관복음서의 내용 중에 그리스도께서 사람들을 불러서 당신을 따르게 하시는 사건이 나온다. 이 사건과 관련해서 사도 바울은 세례를 논하고 있다. 세례는 사람에 의해서 하나님께 드려진 제안이 아니라, 그리스도에 의해서 사람에게 주신 제안이다. 그것은 오로지 그분의 은혜로운 부르심을 통해서 표현되었듯이, 예수 그리스도의 뜻에 근거를 둔다. 세례는 본질상 '세례를 받는다, 그리스도의 소명을 받아들인다'는 식으로 표현되는 수동적 행위이다. 세례를 통해서 신자는 그리스도의 소유가 된다. 세례를 받을 대상에게 그리스도의 이름이 선포될 때 그는 그 이름에 동참하게 되어 '예수 그리스도와 합하여'롬 6:3; 갈 3:27; 마 28:19 세례를 받게 된다. 그 순간부터 그는 예수 그리스도의 소

미한다. −역자 주). 예수 그리스도께서 살아나셔서 우리에게 모습을 드러내신다는 사실은 존재론적인 의미를 가진 개별적인 진술로 받아들여서 다른 존재론적인 진술에 비판적으로 적용될 수 있다. 그렇게 되면 그것은 신학적인 원리로 대해석하게 된다. 이 과정은 완전론(perfectionism; 인간은 종교적으로도 완전한 경지에 도달할 수 있다는 학설이다. −역자 주)을 주장하는 광신주의자들의 태도와 흡사하다. 그것은 성화를 다루고 있는 성경 주제를 그와 유사한 다른 존재론으로 오해한 데서 빚어진다. 이렇게 되면 하나님 안에 거하는 이는 죄를 범하지 않는다는 주장은 더욱 심한 궤변을 늘어놓기 위한 출발점으로 변모된다. 하지만 그들의 주장은 성경의 문맥과는 상관없이 그 진술을 별도로 음미할 수 있는 개별적인 진리로 만드는 것이 된다. 그러나 성경의 증언을 선포하는 것은 완전히 다른 성격을 띠고 있다. 그리스도께서 살아나셔서 임재하신다는 주장은 성경에서 제시된 증언이라는 잣대로 엄선하여 취할 때만 말씀하신 성경의 말씀에 입각한 것으로서, 그제야 비로소 사실이 되는 것이다. 이 말씀이 우리 믿음의 대상이다. 이 말씀을 통하지 않고는 이 진리에 접근할 수 있는 다른 방도를 찾을 수 없다. 그러나 이 말씀은 공관복음서(마 28:20 참조 −역자 주)와 바울의 서신서(고후 13:3; 갈 2:20 참조 −역자 주)에 나오는 그리스도의 임재를 다 함께 증언하고 있다. 우리가 어느 한쪽을 더 가까이한다는 것은 오로지 말씀에 의해서, 즉 성경의 증언을 통해서 규정되어야 한다. 물론 이것은 바울의 증언과 공관복음서 기자들의 증언이 대상과 용어라는 이 두 가지 면에서 서로 다르다는 명백한 사실을 부인하는 것은 아니다. 하지만 양쪽 모두 성경 전체의 관점에서 해석되어야 한다. 이 같은 결론은 '성경의 잣대'라는 엄격한 교리에 근거하여, 단순히 한 가지의 선험적 지식만으로 도출된 것은 아니다. 우리 견해의 타당성은 모든 면에서 검증을 해야 한다. 이어지는 주장을 통해서 우리가 밝히고자 하는 것은 그리스도를 따르는 것에 대해서 사도 바울이 공관복음서가 말하는 논지를 취하여 그것을 어떻게 더 발전시켜 나가는지를 보여 주는 것이다.

유가 된다. 그는 세상의 지배에서 벗어나 그의 소유권이 그리스도에게 이양되어 그리스도의 것이 된다.

그러므로 세례는 단절의 표시라고 말할 수 있다. 그리스도는 사탄의 영역을 뚫고 들어가 자신의 소유가 된 사람들에게 손을 얹으시고 세례를 베푸시며, 스스로 자신의 교회를 일으키신다. 이런 행위로 말미암아 과거와 현재는 서로 분리되고 만다. 옛것은 지나가고 모든 것이 새롭게 되었다. 인간은 새로운 삶이 가져다주는 자유에 대한 억누를 수 없는 갈망 때문에 자신을 속박하는 요소를 스스로 끊어 버릴 수 있다. 세례란 이렇게 스스로 자신을 속박에서 끊어 내는 단절을 의미하는 것이 아니다. 이 단절은 오래전에 그리스도께서 이미 성취해 놓으신 것으로 세례를 통해서 우리의 삶 속에서 이루어지고 있다. 우리는 이제 우리 삶에 있어서 하나님께서 주신 모든 현실과의 직접적인 관계를 상실하게 된다. 중보자이신 그리스도께서 우리의 인생사에 개입하신다. 세례를 받은 그리스도인은 세상에 속하지 않게 되어 더는 세상에 종노릇하지 않는다. 그는 오직 그리스도에게 속한 자가 되어 세상과의 관계는 주님을 통해서 중개된다.

세상과의 단절은 완전하다. 거기에는 옛사람의 죽음이 수반되어야 한다.[2] 세례를 통해서 인간은 옛 세상과 함께 죽는다. 세례의 본질을 규명한다고 할 수 있는 이 죽음은 수동적인 사건이다. 그것은 마치 인간이 갖가지 종류의 포기와 금욕을 통해서 스스로 죽음을 성취해야만 하는 것처럼 생각할 수도 있는데 사실은 그것이 아니다. 이렇게 하는

---

[2] 예수님까지도 자신의 죽음을 세례와 연관지어 말씀하셨다. 그리고 제자들도 이 죽음의 세례를 공유할 것이라고 약속하셨다(막 10:39; 눅 12:50).

것은 결코 그리스도께서 요구하시는 옛사람의 죽음이 될 수 없다. 옛사람은 의지를 발동해서 자신의 죽음을 결심해도 자신을 죽일 수 없다. 옛사람은 오로지 그리스도 안에서, 그리스도를 통해서, 그리스도께서 함께할 때만 죽을 수 있다.

그리스도께서 옛사람을 처단하신다. 그리스도와 교통함으로써, 그리고 그 교통 가운데서만 인간은 죽게 된다. 그리스도와 교제를 나누는 가운데 그리고 세례의 은혜를 통해서 인간은 자신의 죽음을 선물로 받게 된다.[3] 이런 죽음은 은혜의 선물이며 인간의 힘으로는 결코 이루어 낼 수 없다. 옛사람과 그의 죄는 심판을 받아 유죄를 선고받는다. 그러나 이 심판으로부터 세상과 죄에 대해서 죽은 새 사람이 태어난다. 따라서 이 죽음은 분노에 찬 창조주의 행위로 초래된 결과가 아니며, 그리스도의 죽음으로 말미암아 우리가 받게 되는 은혜로운 죽음으로, 창조주의 은혜로 인해서 피조물인 우리가 받게 된 선물이다. 이것은 그리스도의 십자가로 인한 능력과 사귐을 통해서 이루어지는 죽음이다. 그러므로 그리스도의 소유가 되는 자는 그분의 십자가에 복종하여 그리스도와 함께 고난을 받고 죽어야 한다. 예수님과 교제할 수 있도록 허락받은 자는 그리스도께서 제자들에게 지워 주는 십자가를 지기 위해서 은혜의 원천인 '세례의 죽음'을 경험해야 한다.

그리스도의 십자가와 죽음은 참혹하고 고통스러운 여정이었다. 하지만 우리에게 지워진 십자가의 멍에는 그리스도와의 교제로 말미암아 쉽고도 가볍다. 그리스도의 십자가는 우리가 세례를 통해서 최종적으로 겪게 되는 죽음을 의미하며, 은혜로 충만한 죽음이다. 우리가

---

[3] 슐레터(Schlatter) 역시 세례를 순교로 언급하면서 고전 15:29을 인용한다.

지고 가는 십자가는 그리스도께서 죽으신 죽음의 권세 안에서 날마다 죽는 것이다. 이렇게 세례는 그리스도의 십자가에 동참하는 것을 의미한다롬 6:3ff; 골 2:12. 신자는 십자가의 멍에를 지고 전진한다.

세례를 통한 죽음은 '죄로부터의 칭의'justification from sin를 의미한다. 죄인이 죄로부터 구원을 받으려면 반드시 죽음을 통과해야 한다. 만일 믿기로 결심한 자가 죽게 되면 그는 죄에서 벗어나 의롭게 된다롬 6:7; 골 2:20. 죄는 이제 죽은 자들에게 아무런 권리도 주장하지 못하며, 죄의 요구는 죽음과 함께 청산되었고 소멸되었다. 이처럼 죄에서 벗어나 의롭게 되는 칭의는 오직 죽음을 통해서만 일어날 수 있다. 죄를 용서한다는 것은 죄를 간과하고 망각한다는 뜻이 아니라, 죄인 쪽에서는 실제로 죽어서 죄와 분리된다는 뜻이다. 그러나 죄인의 죽음이 저주가 아니라 칭의를 가져오는 유일한 이유는 이 죽음이 그리스도의 죽음에 동참하는 것이기 때문이다. 그리스도의 죽음과 합해서 받는 세례를 통해서 죄 용서와 칭의를 받고 죄로부터 완전히 분리되는 것이다. 예수님은 제자들에게 십자가의 고난에 동참할 것을 권유하셨다. 이는 그 십자가를 통해서 칭의를 선물하시고자 함이요, 죄에 대해서 죽고 그 결과 죄 사함을 선물하고자 하심이다. 십자가의 고난을 함께 감당하면서 예수님을 따랐던 제자들은, 사도 바울의 가르침을 들은 후에 세례를 받았던 성도들이 받은 것과 똑같은 선물을 받았다.

세례를 받을 대상에게는 그 예식이 수동적인 사건이라 할지라도, 그것은 결코 기계적인 절차가 아니다. 세례를 성령과 연결하면, 이 부분은 대단히 명확하게 드러난다마 3:11; 행 10:47; 요 3:5; 고전 12:11-13. 세례 받고 얻는 선물은 성령이다. 그러나 성령은 성도들의 마음속에 내주하시는 그리스도 자신이다고후 3:17; 롬 8:9-11, 14ff; 엡 3:16f. 세례를 받은 자들의 심령은 성령이 내주하시는 처소이다. 성령은 예수님께서 머물러 계신다는 증거이자 우리가 그분과 함께 교제하고 있다는 징표이다. 성령은 예수 그리스도의 본성고전 2:10과 그분의 뜻을 올바르게 깨닫게 한다. 성령은 그리스도께서 이 땅에서 우리에게 말씀하신 모든 내용요 14:26을 가르치고 기억나게 한다. 또한 성령은 모든 진리 가운데로 우리를 인도하여요 16:13 그리스도를 온전히 깨달을 수 있게 하며, 성령을 통해 하나님께서 우리에게 허락하신 은사들을 알 수 있게 한다고전 2:12; 엡 1:9.

성령이 우리 안에 창출하신 은사는 불확실성이 아니라 확신과 분별력이다. 그러므로 우리는 성령 안에서 행할 수 있으며갈 5:16, 18, 25; 롬 8:2, 4, 확신 가운데서 행할 수 있다. 제자들이 예수님과 교제를 나누면서 누렸던 확신은 주님께서 그들을 떠난 후에도 약화되지 않았다. 성도들의 마음속에 성령을 보내 주심으로 인해서 그 확신은 영원히 지속할 뿐만 아니라 견고해지고 깊어져서 성령과의 교통이 더욱 왕성해진다롬 8:16; 요 16:12f.

예수님께서 자신을 따라오라고 사람들을 부르셨을 때, 주님은 그들에게 순종의 행위를 촉구하셨다. 예수님을 따르는 것은 공적인 행위였다. 이처럼 세례도 공적인 사건이다. 왜냐하면 세례를 통해서 그리스도의 몸을 이루는 한 지체가 되어 그의 삶이 뚜렷이 드러나기 때문이다갈 3:27f; 고전 12:13. 예수 그리스도를 통해서 초래되는 세상과의 단절은 이제 더는 감출 수 없는 상태가 된다. 세상과의 단절은 세례 받은 성도가 교회의 일원이 되어 교회 생활과 예배에 참여함으로써 공개적으로 드러나야 한다. 교회에 합류하게 되면 세상과 일, 그리고 가족에게서 벗어나 예수 그리스도와의 교제 속에서 구별된 삶을 살게 된다. 그는 이 발걸음을 홀로 내딛는다. 그러나 그는 잃었던 것들, 곧 형제자매와 집과 전토를 도로 얻게 된다. 다시 말해서, 세례를 받은 자는 보이는 그리스도의 공동체 안에서 살아가면서 영적 가족의 교제를 누리게 된다는 뜻이다. 우리는 다음의 두 장에서, 먼저는 '그리스도의 몸'과 그다음에는 '보이는 공동체'의 순서로 이 말의 의미를 충분히 도출할 수 있도록 노력할 것이다.

세례와 세례가 주는 은사에는 변경이 불가능한 최종적 특성이 있는 것이 분명하다. 그리스도의 세례는 재차 반복해서 받을 수 없다.[4] 세례를 받고 개종한 후에 타락한 사람은히 6:6 다시 회개가 불가능하다는 점을 표현하기 위해서 히브리서가 고심했던 것이 바로 이 궁극성과 유일함이다히 6:4ff. 세례를 받음으로 우리는 그리스도의 죽음에 동참하게 된다. 그리스도께서 영원히 단번에 죽으신 것처럼, 우리도 세례를 통해서 죽음을 경험함으로 사형 선고를 받고 죽음에 동참한 것이다. 그분이 재차 희생을 드릴 필요가 없듯이, 세례를 받은 자도 그리스도 안에서 영원히 단번에 죽었다. 이제 세례받은 자는 죽은 자이다. 그는 이 죽음을 통해서 예수님께 내려진 죽음의 선고를 받았고, 예수님과 함께 죽었다. 그리스도인이 삶 속에서 날마다 죽는다는 것은 세례를 통해서 한 번 죽은 것에 따른 결과이다. 이것은 뿌리가 잘려 나간 나무가 말라 죽는 것과 같은 이치이다. 따라서 세례를 받은 자를 주관하는 율법은 "자신을 죄에 대하여는 죽은 자"롬 6:11로 여겨야 한다는 것이다. 이제부터 세례를 받은 자는 자신을 오로지 죽은 자로

---

4) 요한의 세례를 대조해 보라. 그것은 그리스도와 연합되는 세례를 통해서 반드시 다시 새로워져야 한다(행 19:5).

인식할 수 있다. 그 죽음 속에 구원에 필요한 모든 것이 이미 성취되어 있다.

세례를 받은 자의 삶은 이런 죽음을 문자 그대로 반복하는 것이 아니다. 오히려 그리스도의 죽음을 우리 안에서 역사하시는 그분의 은혜라고 받아들이고, 그 믿음을 끊임없이 새롭게 함으로 살아가는 것이다. 그들이 가진 믿음의 원천은 영원히 단번에 십자가에 달리신 그리스도의 죽음에 있는 것으로, 자신들도 세례를 통해서 경험해 본 것이다.

세례의 이 궁극적인 요소는 유아세례에 대한 의문점에 대해서 중요한 실마리를 던져 준다.[5] 유아세례가 세례인지 아닌지는 의심할 필요가 없다. 문제는 세례는 반복할 수 없다는 일회적인 특성 때문에 유아들을 대상으로 세례를 줄 때 분명한 선을 그어 놓을 필요가 있다는 것이다. 2-3세기에는 믿는 성도들이 노년이 되거나 죽음에 임박하여 세례를 받았는데, 물론 이것은 건전한 교회 생활의 표지는 아니었다. 그렇지만 이것은 세례에 담겨 있는 은혜의 본질을 깨닫게 해 주며 그 점에 대해서 안타깝게도 오늘날 우리에게는 결여되어 있는 통찰력을 보여 준다. 유아세례에 관한 문제에서는, 예수 그리스도께서 우리를 구원하신 행위가 단번에 영원하다는 사실을 기억하는 확고한 신앙관이 정립되어 있을 때만 예식을 치를 수 있다. 유아세례는 오직 살아 있는 그리스도의 공동체 안에서만 시행될 수 있다. 교회 없이 시행되는 유아세례는 성례전의 남용일 뿐만 아니라 어린이의 영혼을 경솔하

---

5) 신약 시대에 유아세례를 시행한 증거로 흔히 인용되는 본문은 아마도 요한일서 2:12ff를 들 수 있을 것이다. 아이들, 아비들, 청년들이라는 세 가지 유형으로 나누어 표현하고 있는 것을 보면, 아이들이란 그리스도인 공동체를 가리키는 일반적 명칭이 아니라 문자 그대로 어린이를 지칭하는 것으로 보아야 한다.

게 다루는 혐오스러운 행위이다. 왜냐하면 세례는 결코 반복될 수 없기 때문이다.

예수님의 소명은 주님께서 세상에 계실 그 당시에 부르심을 받았던 자들에게도 역시 최종적인 것이었으며 반복될 수 없었다. 주님을 따랐을 때 그들은 자신을 이전의 삶에 대해서는 죽은 자로 여겼다. 그들이 가진 모든 것을 버리라고 하셨던 주님의 의도意圖 또한 바로 이런 이유에서 나온 것이다. 강한 결단이란 철회할 수 없는 성질을 가지게 되며, 철회할 여지를 남기지 않는다.

그러나 결단은 또한 주님으로부터 받았던 은사가 얼마나 완전하고 온전한가를 보여 주었다. "만일 소금이 그 짠맛을 잃는다면, 무엇으로 짜게 하겠는가?" 은사는 예수님께서 주신다. 은사가 가진 변경 불가능한 최종적 성격finality에 대해서 이보다 더 명확하게 표현해 주는 것은 없을 것이다. 예수님께서 제자로부터 옛 생명을 취하셨기 때문에 이제 예수님 편에서 제자에게 새 생명을 주셨다. 그 생명이 너무도 완벽하고 온전한 것이기에 주님은 제자에게 십자가를 선물로 주신 것이다. 그것이 바로 초대 교회의 제자들에게 주신 세례라는 선물이었다.

14장

그리스도의 몸
The Body of Christ

    초대 교회 제자들은 육신으로 임재하신 예수님과 함께 지내면서 교제를 나누었다. 오늘날 우리도 그런 사귐과 교통을 나눌 수 있으려면 어떻게 해야 할까? 사도 바울은 세례를 통해서 우리가 그리스도의 몸을 이루는 한 지체가 된다고 말한다. 그러나 이것은 대단히 어려운 진술이기에 상세한 설명이 필요하다.

    이 말속에는 예수님께서 죽으셨다가 부활하신 몸이지만, 세례를 받은 사람들도 육신으로 임재하신 주님 안에서 여전히 살 수 있고 예수님과 교제할 수 있다는 것이다. 따라서 주님께서 십자가에서 죽으심으로 지상을 떠나신 사건은 제자들에게는 손해가 아니라 새로운 선물을 가져다준 셈이다. 제자들이 육신을 입으신 주님을 대면하면서 누릴 수 있었던 교제는 바로 오늘날 우리들에게 허락된 교제와 동일한 것이었다. 아니, 저들보다 우리가 주님과 나누는 교제가 더욱 풍성하고 더욱 확실하다고 말할 수 있다. 왜냐하면 우리에게 임하셔서 함께 하시는 주님은 영광의 몸을 입으신 주님이시기 때문이다. 우리는 믿음 안에서 믿음으로 이 선물의 위대함을 알아야만 한다. 예수님의 몸이 그 믿음의 기초요 확신이다. 그리스도의 몸이 우리가 구원에 동참할 수 있는 길이 되는 유일하고도 완전한 선물이다. 그리스도의 몸이야말로 진정 '생명의 새로움'newness of life[1]이다. 그리스도의 몸 안에서 우리는 하나님의 행하심을 따라 영원한 하나님의 나라로 동행하게 되었다.

아담의 타락 이후로, 하나님은 죄인인 인간들에게 말씀하시는 사역을 중단하신 적이 없었다. 하나님은 저들에게 당신을 주시기 위해서 저들을 찾아오셨다. 인간에게 말씀하시는 본질적 목적은 인간과 하나님 사이에 상실되었던 사귐을 회복하는 것이었다. 하나님의 말씀은 약속과 율법의 두 가지 형태로 임하셨다. 율법은 그 자체가 사람을 변화시키는 능력이 있는 것이 아니어서 우리를 변화시키는 데는 유용하지 못하였다.[2] 한편, 사람들은 하나님께서 수여하신 것을 거부하면서 말씀을 배척하였다. 그들은 하나님께서 받아 주시리라고 나름 기대하면서 희생 제사를 드리고 나름대로 공로를 쌓아 나갔으며, 그들은 이런 행위들로 값을 치르고 자신들의 공로를 축적하고 싶어 하였다.[3]

그때 최고의 기적이 일어난다. 하나님의 아들이 사람이 되셨다. 말씀이 육신을 입으셨다. 그분은 영원 전부터 성부 아버지의 영광 가운데 계셨고, 태초에 창조를 실행하신 분이었다. 그분은 바로 하나님이시다고전 8:6; 고후 8:9; 빌 2:6ff; 엡 1:4; 골 1:16; 요 1:1ff; 히 1:1ff. 그런데 성경에서

---

[1] "새 생명 가운데서 행하게 하려 함이라"(롬 6:4)에 근거한다. -역자 주
[2] "율법이 육신으로 말미암아 연약하여 할 수 없는 그것을 하나님은 하시나니"(롬 8:3)에 근거한다. -역자 주
[3] "행위에서 난 것이 아니니 이는 누구든지 자랑하지 못하게 함이라"(엡 2:9)에 근거한다. -역자 주

표현하고 있듯이 그분은 "죄 있는 육신의 모양"을 보유한 인간의 본성과 인간의 형태를 스스로 취하심으로 인간을 용납하셨다 롬 8:3; 갈 4:4; 빌 2:6ff. 하나님은 종전과 같이 선포되는 말씀을 통해서만이 아니라 이제는 예수님의 몸을 통해서도 인간humanity을 소유하신다. 인간을 향한 긍휼 때문에 하나님은 자신의 아들을 인간 육신의 모양으로 이 땅에 보내셨다. 그리스도 안에서 하나님은 온 인류를 짊어지고 자신에게로 인도해 오신다. 하나님의 아들께서 육신의 몸을 입으시고 전 인류를 자신의 몸으로 안으신다.

인류는 하나님께 진노의 대상이었다. 하나님의 말씀이 그들을 위해서 육신을 입으셨을 때(요 1:14 참조 -역자 주), 육신의 몸을 입으신 주님 자체가 말씀하시는 주님이 되셨다. 하지만 이 땅의 인생들은 육신적인 교만 속에서 주님을 거부했던 죄인들이다. 그리하여 예수님은 인간이 가진 모든 약점에도 불구하고 하나님의 긍휼로 인해서 인간의 몸을 입으셨다.

인간을 취하신 예수 그리스도의 몸이 지금 인간 구원의 근거가 되었다. 비록 스스로는 전혀 죄가 없으시지만 예수님께서 짊어지신 것은 죄성을 가진 육신이다 고후 5:21; 히 4:15. 성육신하신 인간의 몸을 통해서 주님은 친히 모든 육신을 취하신다. "진정 그는 우리의 질고를 담당하시고, 우리의 슬픔을 짊어지셨다." 예수님께서 인간 본성에 내재되어 있는 질병과 고통을 치유하실 수 있었던 것은 순전히 성육신 때문이다. 왜냐하면 주님께서 자신의 몸으로 모든 연약한 것을 친히 담당하시고 짊어지셨기 때문이다 마 8:15-17. "그가 찔림은 우리의 허물 때문이고, 그가 상함은 우리의 죄악 때문이다." 주님은 우리의 죄를 담당하셨고 우리의 죄를 용서하실 수 있었다. 왜냐하면 자신의 몸 안에 우리의 죄악된 육신을 '취하셨기' 때문이다. 마찬가지로 예수님께서 죄인들을 영접하시고 죄인들을 자신에게로 인도해 들이셨다눅 15:2. 왜냐하면 주님께서 친히 자신의 몸으로 죄인들을 짊어지셨기 때문이다. 그리스도께서 오심으로 인해서 '주의 은혜의 해'가 시작되었다눅 4:19.

결과적으로 성육신하신 하나님의 아들은 두 가지 자격으로 존재하셨는데, 한편으로는 범죄한 사람의 몸을 입으시고 다른 한편으로는 구원받은 새로운 인간의 대표가 되신 것이다. 그분을 통해서 드러난 모든 역사는 자신의 몸으로 담당하신 새로운 인류를 대신해서 행하신 것이었다. 그분이 두 번째 아담, 곧 '마지막' 아담이라고 불리는 것도 바로 이 때문이다고전 15:45.

그리스도와 마찬가지로 첫 번째 아담은 개인으로서의 한 인간인 동시에 온 인류의 대표이기도 하였다. 그 역시 본질적으로 온 인류를 짊어지고 있었다. 아담을 통해서 온 인류가 타락했으며, '아담'(히브리어로 '사람'을 의미한다.)을 통해서 사람이 타락한 것이다롬 5:19. 그리스도는 아담을 통해서 새로운 인간이 창조된 두 번째 사람이시다고전 15:47. 즉, 그리스도는 '새 사람'이시다.

제자들이 스승이신 예수님과 누렸던 육신의 교제와 성찬의 본질을 이해하기 원한다면, 우리는 다음의 요점에서 출발해야만 한다. 주님을 따른다는 것이 육신으로 그분과의 결속을 의미한다는 것은 전혀 우연이 아니다. 이는 성육신의 당연한 결과였다. 만일 그분이 단순히 어떤 선지자나 선생이었다면 굳이 '따르는 이들'이 필요하지 않았을 것이며, 그저 생도들이나 청중들로 족했을 것이다. 그러나 주님은 인간의 육을 입고 오신, 성육신하신 하나님의 아들이시기 때문에 자신의 가르침뿐만 아니라 자신의 몸에도 동참하게 될 '자신을 따르는 자들과의 친교'가 필요하다. 제자들은 그리스도의 몸을 통해서 교통하고 사귐을 나눈다. 그들은 주님과의 육신적인 교통을 통해서 삶을 누리고 고난을 감당한다. 제자들이 십자가의 짐을 짊어져야 하는 것도 바로 이런 이유에서다. 그리스도는 제자들 모두의 죄짐을 담당하셨고, 제자들 모두를 자신의 소유로 취하셨다.

예수님은 지상의 몸으로 십자가형과 죽음을 당하셨다. 그 죽음을 통해서 새 사람은 십자가형으로 죽임을 당하였다. 예수 그리스도께서 취하셨던 것은 한 사람이 아니라 인간의 '형상', 죄성을 가진 육신, 인간의 "본질"이었다. 따라서 예수님께서 십자가 상에서 짊어지신 모든 사람은 그분과 더불어 고난과 죽임을 당하게 된다. 주님께서 우리의 모든 연약한 것과 우리의 모든 죄악을 십자가에서 지고 가셨다. 그분과 함께 십자가에 달리는 것은 우리이고 그분과 함께 죽는 자도 우리이다.

육신을 입으신 그분의 몸이 죽음에 처해진 것은 사실이다. 하지만 결국은 다시 살아나셔서 썩지 않는 영광스러운 몸이 되셨다. 빈 무덤을 남기신 바로 그 몸인데도 새로운 몸이 되신 것이다. 죽으실 때 하신 것처럼 이번에도 예수님은 인류를 짊어지고 부활로 인도하신다. 이처럼 그리스도는 영광스럽게 변화된 자신의 몸 안에서도 자신이 지상에서 취하셨던 인류를 감당하신다. 이처럼 주님은 이 땅에서 친히 짊어지셨던 그 인류를 영광을 입으신 몸을 통해서도 영원히 담당해 주신다.

그렇다면 우리를 위해서 이 모든 일을 행하신 그리스도의 몸에 어떻게 동참할 수 있을까? 분명히 말하지만, 그분의 몸을 통하지 않고는 그분과의 교제나 교통 같은 것은 있을 수 없다. 왜냐하면 우리가 하나님 앞에 받아들여지고 구원받을 수 있는 것은 오직 그분의 몸을 통해서만 가능하기 때문이다. 따라서 그분의 몸에 동참하려면, 그리스도의 몸으로 표현되는 두 가지 성례전인 세례와 성만찬을 통해야만 한다.

그리스도께서 십자가형을 당하실 때 그 몸의 옆구리에서 물과 피가 흘러나온 사건을 다루고 있는 성경 본문을 유심히 살펴보라. 사도 요한은 성례전의 두 가지 요소인 물과 피를 확실하게 언급하고 있다 요 19:34-35. 사도 바울은 그리스도의 몸에 속한 지체가 되는 자격을 이 두 가지 성례전으로 확고히 명시함으로써 요한의 진술을 확증하고 있다.[4] 성례전은 그리스도의 몸을 통해서 시작되고 그리스도의 몸에서 끝이 난다. 또한 성례전의 본질을 고스란히 담아내는 것은 오직 그리스도의 몸이 임재하시는 경우에 한한다. 그리스도의 몸에 속한 지체가 되려면 설교 말씀만으로는 충분하지 않다. 성례전도 추가되어야 한다.

세례는 예수 그리스도의 몸을 구성하는 일원으로 가입시키는 것이며, 성만찬은 그 몸을 통한 교제를 장려하고 지속적으로 교통하게 하는 역할을 한다. 세례를 통해서 우리는 그리스도의 몸을 이루는 지체가 된다. 우리는 "그리스도와 합하여" 세례를 받는다 갈 3:27; 롬 6:3. 우리는 "세례를 받아 한 몸"고전 12:13이 된다. 따라서 세례를 통해서 우리가 죽음으로써 성령의 은사가 우리에게 임하게 되고, 우리는 그리스도께서 그분의 몸을 통해서 우리를 위해서 이루어 놓으신 구원에 동참하

---

[4] 마찬가지로 에베소서 3:6은 말씀, 세례, 성만찬을 구원의 은사에 모두 포함시킨다.

게 된다. 초대 교회에서 제자들이 성만찬을 행했던 것처럼, 우리가 그리스도의 몸을 함께 나누는 성찬은 우리가 '그리스도와 함께' 있고 '그리스도 안에' 있으며 또한 그분이 '우리 안에' 계신다는 표지이자 증거가 된다. 바르게만 이해한다면, 그리스도의 몸에 대한 교리는 이런 표현들이 내포하는 의미를 깨달을 수 있는 실마리가 된다.

성도가 '그리스도와 함께한다'는 것은 성육신의 결과이다. 성육신을 통해서 예수님께서 인간의 모든 본성을 짊어지셨기 때문이다. 그분의 삶, 죽음, 부활이 전 인류에게 영향을 끼치는 사건이 되는 것도 바로 이 때문이다롬 5:18ff; 고전 15:22; 고후 5:14. 하지만 그리스도인들은 특별한 의미에서 '그리스도와 함께' 존재한다. 다른 나머지 인간들에게는 그리스도와 함께 있다는 것이 죽음을 뜻하지만, 그리스도인들에게는 은총의 수단이 된다. 세례는 그리스도인들이 '그리스도와 함께 죽었고'롬 6:8, '그분과 함께 십자가에 달렸으며'롬 6:6; 골 2:20, '그분과 함께 장사되었고'롬 6:4; 골 2:12, '그분이 죽으신 모양대로 함께 연합되었다'롬 6:5는 것을 보장한다. 이 모든 것을 통해서 그리스도인들은 자신도 그분과 함께 살게 되리라는 확신을 가지게 된다롬 6:8; 엡 2:5; 골 2:12; 딤후 2:11; 고후 7:3. 그리스도는 '하나님께서 우리와 함께하신다'를 뜻하는 임마누엘의 하나님이시기 때문에 '우리는 그리스도와 함께하는 것'이다. 그리스도를 이런 식으로 인식할 때만 우리가 그분과 함께 있다는 것이 은혜의 원천이 된다.

세례를 통해서 그리스도와 하나가 된 그리스도인은 그분의 고난을 함께 나누는 공동체와도 하나가 된다. 이처럼 세례를 받게 되면 개인으로서는 그리스도의 몸을 이루는 한 지체가 되는 것이고, 공동체의 모습으로 보면 그리스도의 몸과 동일한 하나의 몸을 이루게 되는 것이다. 그리스도인들은 '그리스도 안에' 있고, '그리스도인들 안에 그리스도께서 계신다.' 그리스도인들은 더 이상 '율법 아래에'롬 2:12, 3:19 있는 것이 아니다. 이제는 '육체 안에'롬 7:5, 8:3, 8, 9; 고후 10:3 있는 것도 아니고 "아담 안에"고전 15:22 있는 것도 아니다. 이제부터 그리스도인들의 실존과 삶은 어떤 형태를 취하든지 간에 전적으로 '그리스도 안에' 있는 것이다.

성육신의 기적을 이렇게 다양하게 표현한 것이야말로 사도 바울의 대단한 업적이었다. 지금까지 말한 모든 내용을 요약하면, 그리스도는 말씀과 우리를 향한 그분의 태도를 통해서만이 아니라, 육의 몸을 입으신 그분의 삶을 통해서도 '우리를 위하신다'는 것이다. 그는 그의 몸 안에서 우리가 하나님 앞에 서야만 하는 자리를 차지하고 계신다. 그리스도는 우리를 대신해서 고난과 죽임을 당하시는데 성육신 때문에 그렇게 하실 수 있는 것이다고후 5:21; 갈 3:13, 1:4; 딛 2:14; 살전 5:10 등. 예수 그리스도의 몸은 엄밀한 의미에서 십자가에 달릴 때와 마찬가지로 '우리를 위하시고', 말씀과 세례와 성만찬을 통해서 우리에게 내어 주신 바 될 때도 역시 그리스도의 몸은 '우리를 위해서'였다. 이것이 육신을 입으신 예수 그리스도와 교제를 나눌 수 있는 확고한 근거가 된다.

그리스도의 몸은 그분이 자신의 것으로 취하신 새 사람과 동일하다. 사실상 그리스도의 몸이 교회인 것이다. 예수 그리스도는 그분 자신인 동시에 자신의 교회도 되신다고전 12:12. 최초의 오순절 이후로 그리스도의 삶은 그분의 몸인 교회라는 형태로 이 땅에서 영원히 계속되고 있다. 교회 바로 그 자체에 십자가에 죽으시고 다시 살아나신 그분의 몸이 있다. 바로 여기에 그분이 자신의 것으로 취하신 인간이 있다. 그러므로 세례를 받는다는 것은 그리스도의 몸에 속한 자로서 몸의 일부를 이루는 교회의 지체가 되는 것을 의미한다갈 3:28; 고전 12:13. 결국 그리스도 안에 있다는 것은 교회 안에 있다는 뜻이다. 그러나 만일 우리가 교회 안에 있다면 우리는 실제로 육을 입고 계신 그리스도 안에 있는 것이다. 이제 우리는 '그리스도의 몸'이라는 개념의 배후에 있는 풍성한 의미를 깨달은 것이다.

예수님께서 승천하신 후 그리스도는 자신의 몸인 교회를 통해서 이 땅에 좌정하고 계신다. 교회는 그리스도께서 실제로 임재하시는 곳이다. 일단 이 진리를 깨달았다면, 이제 우리는 과거에 안타까울 정도로 무시되었던 교회의 실존이 보여 주는 중요한 측면을 제대로 회복해 나가고 있는 것이다. 우리는 교회를 하나의 기관이 아닌(물론 독특한 의미에서의 인격이지만) 하나의 인격체로 받아들여야 한다.

교회는 한 사람One Man 공동체이다.[5] 세례를 받은 자는 누구나 다 '그리스도 안에서 하나'가 된다갈 3:28; 롬 12:5; 고전 10:17. 교회는 '사람'이되, '새 사람'이다. 교회는 십자가에 달리신 그리스도의 죽음을 통해서 새 사람으로 창조된다. 유대인과 이방인 간의 적대감 즉 세상을 둘로 나눈 그 적대감이, '이 둘로 자기 안에서 한 새 사람을 지어 화평하게 하시는'엡 2:15 십자가를 통해서 폐기되고 만다. '새 사람'은 다수가 아닌 한 사람이다. 새 사람인 교회라는 울타리 너머에는 오로지 온갖 분열을 조장하는 옛 인간만 있을 뿐이다.

교회라는 이 새 사람은 '하나님을 따라 의와 진리의 거룩함으로 창

---

[5] "법조문으로 된 계명의 율법을 폐하셨으니 이는 이 둘로 자기 안에서 한 새 사람을 지어 화평하게 하시고"(엡 2:15)에 근거한다. —역자 주

조된 존재'엡 4:24이다. 이 사람은 '자기를 창조하신 이의 형상을 따라 지식에까지 새롭게 하심을 입은 자'골 3:10이다. 이 구절에서는 그리스도만 홀로 하나님의 형상과 동일시된다. 아담은 창조주의 형상을 따라 만들어진 최초의 인간이었다. 그러나 그는 타락함으로 그 형상을 박탈당하였다. 두 번째 사람이자 마지막 아담은 하나님의 형상, 즉 예수 그리스도의 형상을 따라 창조된다고전 15:47. 그러므로 새 사람은 그리스도이자 동시에 교회이다. 그리스도는 새 사람 속에 있는 새로운 인간이다.

성도라는 한 개인을 새 사람과 연관 지을 때는 새 사람을 '덧입고 있다'는 식으로 표현한다.[6] 새 사람은 성도라는 한 개인을 덮어 주기 위해서 만들어진 복장에 비유할 수 있다. 그는 하나님의 형상, 즉 그리스도와 교회로 자신을 가려야 한다. 세례는 그리스도로 옷 입는 예식이다. 세례를 통해서 우리는 그리스도의 몸으로 들어가서 하나로 합쳐진다는 의미로 그 속에서는 헬라인이나 유대인, 종이나 자유인 간에 아무런 차별이 없다. 교회로 들어가지 않고서는 어느 누구도 새 사람이 될 수 없고 그리스도의 몸을 이루는 지체가 될 수 없다. 개인으로 홀로 떨어져서 새 사람이 된다는 것은 불가능한 일이다. 새 사람은

---

6) '덧입는다'는 이 비유는 집에 거주한다거나 옷을 입고 있다는 의미로 장소나 공간을 상징적으로 나타낸 표현이다. 어쩌면 고린도후서 5:1ff 역시 이런 관점으로 해석할 수 있을 것이다. 여기서 우리는 '덧입는다'는 의미를 하늘에 있는 처소와 연관을 지어 말하고 있다는 것을 발견할 수 있다. 이렇게 덧입지 않으면 벌거벗은 상태로 있으므로 그런 자는 당연히 하나님 앞에서 수치를 당하게 될 것이다. 하지만 현시점에서는 덧입고 있지 않다. 그러나 앞으로 덧입기를 갈망하고 있다. 그런 일은 하늘에 있는 처소로 옷을 입을 때 일어난다. 이 세상에서는 우리가 교회라는 처소로 덧입고 있지만, 바울이 그토록 갈망하는 하늘에 있는 교회로 덧입게 될 때 비로소 우리는 완전한 상태에 이를 것이다. 그렇지만 두 가지 경우 모두 우리가 덧입고 있는 것은 바로 하나님께서 임재하고 계시는 교회이다. 이것은 세상에 있든 하늘에 있든 동일하게 하나님의 성막을 지칭한다. 그것이 우리를 덮고 있는 그리스도의 몸이다.

의롭게 되는 칭의를 받은 후에 더는 성도 개인으로 머물 수 없다는 의미이다. 새 사람은 교회 즉 그리스도의 몸을 의미하며, 사실 새 사람은 그리스도 자신을 뜻한다.

십자가에 못 박히시고 다시 살아나신 주님은 성령을 통해서 교회로, 새 사람의 모습으로 존재하신다. 그분이 성육신하셔서 영원토록 내주하신다는 관점에서 그분의 몸이 새로운 사람이라고 말하는 것은 정확히 맞는 표현이다. 신성의 모든 충만이 육체를 입은 그리스도 안에 거하시듯이 성도들도 그리스도로 충만해 있다골 2:9; 엡 3:19. 성도들이 그리스도의 몸 안에 있고, 그 몸이 만물 안에서 만물을 충만하게 하시는 오직 그분이실 때만, 성도들 자신이 바로 그 충만에 거하게 된다. 그리스도와 그분의 몸인 교회가 하나라는 사실을 인정한다면, 그 몸을 주관하고 계시는 이는 그리스도라는 사실 그리고 그분의 주권에 관한 진리도 굳게 붙들어야 한다. 그리스도의 몸이라는 주제를 더욱 발전시켜 나갈 때 바울이 그리스도를 교회의 머리라고 칭하는 것도 바로 이 때문이다엡 1:22; 골 1:18, 2:19. 그리스도가 교회의 머리가 되심은 그리스도께서 자신의 교회를 주관하고 계신다는 진리를 상징적으로 의미해 주고 있다.

구속사에 관련된 진의를 논할 때 없어서는 안 될 필수 요소이자, 그리스도와 교회의 하나 됨을 신비적인 융합으로 해석하려 드는 일부의 주장을 배제할 수 있는 역사적 사실은 그리스도의 승천(그리고 그분의 재림)이다. 교회 안에 임재해 계시는 그리스도는 재림주로 다시 오실 바로 그분이시다. 주님의 임재를 생각할 때, 이 땅에 거하시는 그분의 임재이거나 아니면 하늘 구름을 타고 다시 오실 그분의 임재이든지 간에, 양쪽 모두 그분은 동일한 주님이시고 동일한 교회인 동시에 한 분으로 계시는 동일한 몸이다. 하지만 우리가 이 땅에 있든지 아니면 하늘에 있든지 간에 그리스도와 교회는 동일한 몸이면서도 거기에는 엄청난 차이점이 있다. 따라서 그리스도와 교회의 공통점과 차이점을 모두 동일한 비중으로 다루어야 하는 것은 불가피한 일이다.

그리스도의 몸이라는 관점에서 보면, 교회는 한 사람이다. 그러나 그것은 많은 지체로 이루어진 공동체이기도 하다롬 12:5; 고전 12:12ff. 교회는 많은 지체로 이루어진 한 몸이기 때문에, 어떤 지체도, 손이나 눈 혹은 발이 각기 자신의 개인적 특성을 초월할 수 있는 방식으로 분리될 수는 없다. 이것이 사도 바울이 의미하는 몸의 비유이다. 손이 눈의 자리를 차지한다거나 눈이 귀의 자리를 대신한다는 것은 있을 수 없다. 신분과 역할이 각기 따로 정해져 있다.

한편, 각 지체들은 자신의 신분과 역할을 한 몸의 지체로서 그리고 섬김을 통해서 서로 연합하는 공동체로서만 보전해 나간다. 그리스도와 그분의 몸이 교회의 본질을 드러내듯이, 각 지체는 각 지체의 본질을 드러내서 공동체의 정체성을 밝혀 주는 것이며, 각 지체의 연합으로서의 공동체는 교회 전체가 하나가 되는 교회의 일치를 예표한다. 여기서 우리는 성령의 직무와 사역을 만나게 된다. 비록 전체 모습은 이미 그리스도 안에서 완성되어 있다 해도, 여러 지체의 마음속에 그리스도께서 계시게 하는 것은 성령이 하시는 사역이다엡 3:17; 고전 12:3. 개개의 지체를 하나 되게 하여 교회로 세워나가는 분이 성령이시다엡 2:22, 4:12; 골 2:2. 성령은 몸에 속한 지체들을 공동체로 만들어 가신다롬 15:30, 5:5; 골 1:8; 엡 4:3. 주님께서 성령이시다고후 3:17. 그리스도의 교회는 성령을 통해서 그리스도께서 임재하시는 곳이다. 이런 식으로 그리스도의 몸으로 살아가는 것이 우리 자신의 삶이 된다. 그리스도 안에서 우리는 더 이상 자신의 삶을 살아가지 않는다. 오히려 그분이 우리 안에서 자신의 삶을 살고 계신다. 교회 안에 있는 신실한 자들의 삶은 진정 그들 안에서 그리스도께서 살고 계시는 삶이다 갈 2:20; 롬 8:10; 고후 13:5; 요일 4:15.

십자가에 못 박히시고 영화롭게 되신 그리스도의 몸이라는 공동체 안에서 우리는 그분의 고난과 영광에 동참한다. 그리스도의 십자가는 그분의 몸인 교회에 지워진 짐이다. 십자가 밑에서 지고 가는 교회의 모든 고난은 그리스도 자신의 고난이다. 이 고난은 먼저 세례를 통한 죽음의 형식을 취하다가, 나중에는 세례의 능력 안에서 그리스도인들이 날마다 죽어가는 것으로 그 모습을 드러낸다 고전 15:31. 그러나 이 고난에는 말로 표현할 수 없는 엄청난 약속이 보장되어 있기에, 성도들은 이보다 훨씬 더 큰 고난을 감수한다. 죄를 대속할 수 있는 것은 오직 그리스도께서 친히 당하신 고난을 통해서만 가능하며, 주님께서 겪으신 고난과 승리의 사건은 '우리를 위하여' 일어난 것이다. 하지만 주님의 몸을 통해서 주님과 사귐을 가지는 것을 부끄럽게 여기지 않는 자들에게는 측량할 수 없는 은혜와 특권이 부여된다. 그것은 주님께서 저들을 위해서 하신 것처럼 저들 편에서도 '주님을 위해서' 고난을 받을 수 있게 하신다.

우리에게 허락된 그 어떤 영광 중에서도 그리스도를 위해서 고난을 받을 수 있음은 가장 영광스러운 것이다. 또한 그것은 그리스도인이 누릴 수 있는 최고의 특권인 것이다. 이것은 율법을 통해서는 생각도 할 수 없는 일이다. 왜냐하면 율법에 의하면 각자의 죄에 대해서는 오로지 형벌만 따르기 때문이다. 율법 아래서는 우리 모두 죄인이기 때문에 자신의 선을 위해서 고난을 받을 수 있는 것은 아무것도 없으며, 더군다나 이웃의 선을 위해서 그렇게 한다는 것은 더욱 무리이다. 그뿐만 아니라 그리스도의 선을 위해서 고난을 받을 수 있다는 것은 생각조차 할 수 없는 일이다. 하지만 우리는 우리를 위해서 내어 주신 바 되고 우리가 받아야 할 죄의 형벌을 담당하신 그리스도의 몸을 통해서 '그리스도를 위해서' 고난과 죽음을 분담할 수 있는 자유를 얻게 된다. 이제 우리는 우리를 위해서 모든 것을 가능하게 하신 그분 때문에, 그리스도를 위해서 수고와 고난을 감당할 수 있다. 이것이 그리스도의 몸을 통해서 공동체 안에서 우리가 누리는 은혜의 기적이다빌 1:25, 2:17; 롬 8:35ff; 고전 4:10; 고후 4:10, 5:20, 13:9.

비록 그리스도께서 우리의 구속에 필요한 모든 대속적인 고난을 성취해 놓으셨다 해도, 이 땅에서 감당하실 주님의 고난은 아직 끝나지 않았다. 주님은 은총 가운데 자신의 교회를 위해서 친히 재림하시기까지 교회를 위해서 감당해야 할 고난의 남은 부분을 이 땅에 남겨 두셨다. 이 고난은 그리스도의 몸인 교회의 유익을 위해서 허용되었다. 이 고난이 과연 인간의 죄를 대속하는 힘이 있는가에 대해서는 전혀 알 방도가 없다(벧전 4:1 참조 -역자 주). 하지만 우리는 적어도 다음의 사실은 알 수 있다. 즉, 그리스도를 위해서 고난을 받는 자는 교회를 위해서 사역하는 교회 일꾼의 직무를 통해서 고난을 받는다. 이 직무를 감당하는 자는 다른 사람은 면할 수 있는 것을 자신이 감당할 수 있도록 특권을 부여받은 자이다.

"우리가 항상 예수의 죽음을 몸에 짊어짐은 예수의 생명이 또한 우리 몸에 나타나게 하려 함이라 우리 살아 있는 자가 항상 예수를 위하여 죽음에 넘겨짐은 예수의 생명이 또한 우리 죽을 육체에 나타나게 하려 함이라 그런즉 사망은 우리 안에서 역사하고 생명은 너희 안에서 역사하느니라"고후 4:10-12; cf. 1:5-7, 13:9; 빌 2:17.

그리스도의 몸에는 각기 자신에게 할당된 고난의 몫이 있다. 하나님은 어떤 사람에게는 다른 사람을 대신해서 특별한 고난을 담당할 수 있는 은혜를 허락하신다. 그리고 이 고난은 어떤 대가를 치러서라도 반드시 견뎌 내야 한다. 그리스도의 몸을 위해서 고난을 받기에 합당하다고 하나님으로부터 인정을 받는 자는 복된 자이다. 그런 고난은 진정한 기쁨이며골 1:24; 빌 2:17, 자신이 예수 그리스도의 죽음을 짊어지고 있다는 것과 자신의 몸에 그리스도의 흔적을 가지고 있다는 사실에 대해서 자부심을 가지게 한다고후 4:10; 갈 6:17.

이제 그리스도인은 살든지 죽든지 자신의 몸을 통해서 그리스도를 영화롭게 하는 방식으로 섬김을 실천할 수 있다빌 1:20 참조. 주님의 몸에 속한 지체들이 행하는 섬김과 복종은 그리스도께서 바로 그런 지체들 속에서 이루어지기를 원하시는 그리스도의 삶을 반영한다갈 4:19. 여기에는 낯설거나 이색적인 사상이 전혀 없다. 우리는 그저 초대 교회 제자들이 그리스도를 따라간 그 길을 가고 있는 것이다.

이제 '그리스도의 몸'을 다루어 온 이 장을 마무리하고자 한다. 즉, 그리스도의 몸에 대한 총체적인 교리로서 성경의 증언들을 요약하는 것으로 결론을 내리고자 한다. 그리스도의 몸에 대한 신약 성경의 교리는 하나님의 성전에 관한 구약 성경의 예언을 성취한 것이다. 우리는 헬라식 사고방식이 아니라, 히브리적 사고를 가진 선지자들의 교훈을 가지고 성전을 이해해야 한다.

우리는 다윗이 하나님을 위해서 성전을 짓고자 제안한 내용을 알고 있다. 그러나 그가 선지자와 의논을 할 때, 그는 자신의 계획에 대하여 하나님께서 하시는 말씀을 듣게 된다. "가서 내 종 다윗에게 말하기를 여호와께서 이와 같이 말씀하시되 네가 나를 위하여 내가 살 집을 건축하겠느냐 … 여호와가 또 네게 이르노니 여호와가 너를 위하여 집을 짓고"삼하 7:5, 11. 하나님의 성전은 오직 하나님만이 세우실 수 있다. 하지만 예상 밖으로 다윗은 그의 아들이 그 집을 세울 것이고 다윗의 자손은 그 통치권이 영원토록 계속될 것이라고 약속을 받는다 12-13절. "나는 그에게 아버지가 되고 그는 내게 아들이 되리니"14절. 하나님의 평화를 뜻하는 '평화의 아들' 솔로몬이 이 약속의 말씀을 자신에게 주어진 약속으로 받아들였다. 약속대로 솔로몬은 성전을 세웠고 이 점에서 그는 하나님의 인정을 받았다.

그러나 이 성전은 하나님의 약속을 온전히 성취하기엔 충분하지 않았다. 그것은 사람들의 손으로 지어진 것이어서 결국에는 무너지게 되어 있었다. 예언은 아직도 성취되지 않았다. 하나님의 백성들은 아직도 그의 나라가 영원히 계속될, 다윗의 아들이 짓게 될 성전을 갈망하고 있다. 예루살렘 성전은 여러 차례 무너졌다. 이 사실은 예루살렘 성전이 하나님께서 약속하신 온전한 성전이 아니라는 증거이다.

그렇다면, 참된 성전은 어디에 있었던 것일까? 그리스도는 아직도 성취되지 않았던 그 예언을 자신의 몸에 친히 적용시키시는 것으로 이 질문에 대한 답변을 제시하신다. "유대인들이 이르되 이 성전은 사십육 년 동안에 지었거늘 네가 삼 일 동안에 일으키겠느냐 하더라"요 2:20ff. 유대인들이 고대하고 있었던 성전은 그리스도의 몸이었다. 구약 성경의 성전은 단지 그리스도의 몸에 속한 그림자에 지나지 않았다골 2:17; 히 10:1, 8:5.

예수님은 사람을 입으신 당신의 몸에 관해서 이야기를 하고 계신 것이다. 주님은 육신을 입으신 당신의 몸인 이 성전이 파괴될 것을 알고 계신다. 그러나 주님은 다시 살아나시고, 부활로 영광을 입으신 몸은 새로운 성전, 즉 영원한 성전이 될 것이다.

이것이 바로 하나님께서 당신의 아들을 위해서 세우시는 성전이요 집이다. 그러나 이 성전은 또한 성부를 위해서 아들로 말미암아 세워진 것이다. 새로운 사람인 그리스도의 교회가 그러하듯이 하나님도 이 집을 자신의 진정한 처소로 삼으신다. 성육신하신 그리스도께서 그 몸으로 완성한 성전인 것이다. 마찬가지로 새 예루살렘에 관해서 언급하고 있는 요한계시록에도 하늘에는 성전이 아예 없다고 말씀하신다. 왜냐하면 '전능하신 하나님과 어린 양이 그들의 성전'계 21:22이기 때문이다.

성전은 자신을 낮추시고 사람들 가운데 거하시기 위해서 하나님께서 은혜 가운데 친히 임하시는 곳이다. 또한 그곳은 하나님께서 당신의 백성을 영접하는 장소이기도 하다. 성전의 이 두 가지 측면은 오로지 성육신을 통해서만 성취된다. 여기는 당신의 친 백성이 된 새 사람뿐만 아니라 육신의 모습으로 하나님께서 실제로 임재하시는 곳이다. 왜냐하면 그리스도께서 새 사람을 자신의 몸을 통해서 친히 입으셨기 때문이다. 따라서 그리스도의 몸은 하나님께서 우리를 용납하시고 대속하시며 화평하게 하시는 자리이다. 하나님은 그리스도의 몸을 통해서 우리를 찾아오신다. 그리고 우리는 바로 그리스도의 몸을 통해서 자신이 하나님께 용납되었다는 사실을 깨닫게 된다.

그리스도의 몸은 산 돌로 세워진 신령한 집이다벧전 2:5ff. 오직 그리스도만이 이 성전의 기초와 머릿돌이 되신다엡 2:20; 고전 3:11. 하지만 동시에 주님은 자신의 몸된 성전 안에 거하신다. 그리스도는 신실한 자들의 마음을 충만하게 하시고, 그리스도 안에는 거룩하게 하시는 성령이 내주하고 계신다고전 3:10, 6:19. 하나님의 성전은 예수 그리스도 안에 있는 거룩한 사람들이다. 그리스도의 몸은 하나님의 살아 계신 성전이자 동시에 새 사람으로 구성된 살아 있는 성전이다.

15장

보이는 공동체
The Visible Community

그리스도의 몸이 좌정하여 계시는 곳은 이 세상이라는 처소이다. 성육신하심으로 이 일이 일어났다. 그리스도는 자신이 소유하신 땅에 오셨다. 그러나 그리스도께서 태어나실 때, 인간들은 여관에 묵을 곳이 없다는 이유로 아기 예수를 마구간의 구유에 누였다. 그리스도께서 죽임을 당하실 때도, 인간들은 그리스도를 십자가에 못 박았다. 그리하여 그리스도의 몸은 땅과 하늘 사이에 세워 놓은 십자가의 형틀에 매달리셨다. 그러나 이 모든 인간의 행위에도 불구하고, 성육신은 이 땅에 그리스도의 처소가 있음을 보여 주고 있다. 처소가 있다는 것은 세상에 드러남을 의미한다. 따라서 그리스도의 몸은 육안으로 식별할 수 있는 몸이 될 것이다. 그렇지 않다면 어떻게 그리스도의 몸을 몸이라고 말할 수 있겠는가. 그러므로 육신을 입으신 예수는 누구나 볼 수 있는 분이시지만, 그분의 신성은 오직 믿음의 눈을 통해서만 볼 수 있다. 예수님께서 육신을 입고 실재하셨던 것은 우리 눈으로 직접 볼 수 있었던 사실이지만, 예수님께서 우리의 육신을 짊어지셨음을 아는 것은 믿음의 문제이다. 루터는 다음과 같이 말하였다. "당신은 인자가 되신 이 사람을 가리켜, 이분이 바로 하나님이시라고 말해야 한다."

진리나 교리나 종교는 형상이 없는 실체이기에 자신을 위한 처소가 전혀 필요하지 않다. 그것들은 육체에서 분리된 독립체disembodied entities이다. 이것들은 듣고 배우고 이해할 수 있는 형태로 존재하는데, 그것이 전부이다. 그러나 성육신하신 하나님의 아들은 들을 수 있는 귀나 이해할 수 있는 마음뿐만 아니라 자신을 따르는 살아 있는 사람들을 필요로 하신다. 주님께서 제자들에게 자신을 따라오라고 하시며 육신을 입으신 실체로 제자들과 교제하신 것도 바로 이 때문이다.

이 영적 교제는 성육신하신 주 예수 그리스도께서 친히 출발점이 되시고, 주님을 통해서 영적 교제가 유지된다. 제자들을 부르셔서 육신을 입으신 주님과 교제를 나눌 수 있게 한 것은 육신을 입고 오신 말씀이었다. 부르심을 받은 제자들은 광채를 발해야 하는 빛이었고, 누구나 볼 수 있도록 언덕 위에 세워진 도성이었기 때문에 더는 제자리에서 맴돌 수 없었다. 주님과의 교제는 십자가와 예수 그리스도의 수난으로 인해서 고난의 그림자가 드리워져 있었다. 십자가 수난을 당하신 주님과 교제를 나누기 위해서는 모든 것을 포기하고 고난과 박해를 받아야 한다. 하지만 부르심을 받은 제자들은 온갖 핍박을 당하는 중에도 그들이 잃었던 모든 것, 즉 형제자매와 전토와 집을 다시 얻게 된다. 모든 것을 잃어버린 제자들은 그리스도를 따르는 자들로 이루어진 교회라는, 눈에 보이는 공동체를 통해서 그대로 다시 회복하게 된다. 예수님과 교제를 나누면서 행동하고, 사역하고, 고난을 겪은 몸들이 예수님을 따른 공동체 안에 있었다.

부활 승천하심으로 높임을 받으신exalted 주님의 몸 역시 교회의 형태로 나타나서 눈으로 볼 수 있는 몸이 되었다. 어떻게 이 몸이 보이게 될까? 먼저 말씀이 선포되는 가운데서 드러난다. "그들이 사도의 가르침을 받아 서로 교제하고 떡을 떼며 오로지 기도하기를 힘쓰니라"행 2:42. 이 단어 하나하나가 중요한 의미를 가지고 있다. 여기서 "사도의 가르침"은 '설교'를 뜻하는 것으로, 이는 '어떤 구체적인 사건을 알리는 행위'를 뜻한다. 전달해야 할 내용은 객관적이고 변함이 없는 것으로 오로지 '가르침'을 통해서 전달되어야 한다. '알린다'는 말은 상대방에게 아직 알려지지 않은 사실들로 한정된다. 일단 그것을 전달했다면 다시 보고할 필요가 전혀 없다. 위의 본문은 교회가 '지속적으로' 사도들의 가르침을 받았다고 기록되어 있다. 다시 말해서, 가르침이 필요 없는 것이 아니라 끊임없는 반복된 가르침이 필요했다는 의미이다. '가르침'과 그 가르침의 '지속성'은 공동체의 입장에서 볼 때 내적인 필요가 있었다는 것이 분명하다.

또 한 가지 유의해야 할 사항이 있다. 여기서 구전으로 전달된 가르침은 사도들의 입을 통해서 나온 것이다. 이 사도들은 예수 그리스도를 통해서 하나님께서 계시하신 사건들을 증거하라고 하나님의 택하심을 입은 자들이다. 그들은 육을 입으신 예수님과 교제를 나누면서 살았던 자들이다. 그들은 성육신하시고 십자가에 못 박히셔서 부활하신 그리스도를 본 자들이며 자신들의 손으로 직접 주님의 몸을 만져 본 자들이다요일 1:1. 그들은 말씀을 선포하도록 성령 하나님의 도구로 쓰임 받은 증인들이다. 사도들의 가르침이란 육을 입으신 하나님이신 예수 그리스도의 삶을 통해서 계시된 사건을 증언하는 것이다. 따라서 사도들과 선지자들은 교회가 세워지는 기초석이다. 반면에 모퉁잇돌은 예수 그리스도이시다엡 2:20. 사도 시대 이후 교회의 설교는 동일한 근거를 토대로 하고 있다는 의미에서 언제나 '사도의 가르침'을 본보기로 삼아야만 한다. 사도의 가르침을 본보기로 삼음을 통해서 우리는 초대 교회와 통일성을 공유하게 된다.

그렇다면, 사도들의 가르침을 지속적으로 들어야 할 이유는 무엇일까? 사도들이 구전으로 가르친 말씀은 사람의 언어를 전달 수단으로 하는 참된 하나님의 말씀이다살전 2:13. 그러므로 사람들을 하나님께로 이끌어서 하나님의 사람이 되게 하는 하나님의 말씀은 그 말씀의 목적을 성취할 능력을 가지고 있다. 하나님의 말씀은 그 말씀을 증거하는 교회를 찾는다. 따라서 하나님의 말씀이 교회 안에 거하게 되는 것이다. 하나님의 말씀은 말씀 자신이 먼저 움직여서 교회로 들어간다. 말씀과 교회가 각기 떨어져 있는 상태에서, 설교자가 직접 말씀을 가지고 교회로 들어가 말씀을 교회의 필요에 적용시키는 것을 자신의 임무라고 생각한다면 그것은 오산이다. 정반대로 말씀은 자발적으로 그리고 스스로 움직인다. 설교자가 해야 할 일은 오로지 말씀이 가는 길에 조금이라도 훼방을 놓지 않도록 도와주는 것이다.

말씀이 전면에 나서서 사람들을 말씀 가운데로 데려오게 된다. 사도들은 이 사실을 알고 있었고, 또한 말씀은 자신들이 전할 메시지의 내용이었다. 사도들은 하나님의 말씀을 직접 보았다. 그들은 말씀이 어떻게 오셔서 육신을 입으셨는지, 그리고 그리스도의 육신을 통해서 온 인류를 어떻게 짊어지셨는지를 똑똑히 보았다. 사도들이 증거해야 할 내용은 정말 단순하였다. 하나님의 말씀이 육신이 되셨다는 것이다. 주님은 죄인들을 말씀 가운데로 데리고 와서 죄인들의 죄를 용서하신다. 주님은 죄인들을 용서하셔서 의인으로 인정하기 위해서 말씀으로 오셨다.

지금 교회 안으로 들어가는 말씀이 바로 이 말씀이다. 이 말씀이 육신이 되고, 이 말씀이 이미 온 인류의 죄를 짊어지고 있다. 이제는 교회를 형성하고 있는 믿는 백성이 없이는 몸으로 존재할 수 없게 되었다. 게다가 이 말씀이 오실 때 성령도 함께 오셔서, 그리스도인들에게 사람의 몸을 입고 성육신하신 그리스도의 은사들을 드러내신다. 성령은 홀로 있든 무리를 지어 있든, 말씀을 듣는 자들 안에서 믿음을 일으켜 설교를 통해서 예수 그리스도께서 들어오시는 것을 분별할 수 있도록 한다. 성령은 우리의 눈을 열어 권능을 입은 육신의 몸으로 그리스도께서 우리 가운데 들어오시는 것을 보게 하신다. 성령은 그리스도가 이미 오래전에 우리를 받아들이셨고, 오늘도 다시 우리를 영접하실 것이라는 사실을 알려 주신다.

사도들이 설교한 말씀은 온 세상의 죄를 자신의 몸으로 짊어지셨던 바로 그리스도의 말씀이었다. 그 말씀이 성령을 통해서 임하시는 그리스도이시다. 사도들의 가르침을 한마디로 요약하면 '교회 안에 거하시는 그리스도'였다. 그리스도 자체가 바로 사도들이 했던 설교의 핵심이다. 이 가르침은 결코 불필요한 것이 아니었다. 사도들의 가르침이 그리스도의 말씀에 의해서 허용되었고, 그리스도의 말씀에 대한 믿음 안에서 이 가르침이 나날이 정립되었기 때문에, 이 가르침은 스스로 말씀 안에서 견고하게 서 있는 교회를 창조한다. 사도들이 전하는 이 메시지를 통해서 보이는 교회가 세워진다. 하지만 설교를 통해서만 교회의 모습이 드러나게 되는 것은 아니다. 이것은 세례와 성만찬이라는 예전을 통해서도 이루어진다. 이 두 예식은 우리 주 예수 그리스도의 참된 인성true humanity으로부터 나온 것이다. 이 두 가지 성례전을 통해서 주님은 우리를 육신적으로 만나 주시며 자신의 몸인 교회에 동참할 수 있는 교제fellowship와 교통communion을 허락하신다. 그리고 이 예식들은 말씀과 밀접하게 연결되어 있다. 두 가지 예식 모두 우리를 위한 그리스도의 죽음을 선포한다롬 6:3ff; 고전 11:6. 이 두 가지 예식을 통해서 우리는 그리스도의 몸을 영접한다.

세례를 통해서 우리는 그리스도의 몸에 속한 지체가 되며, 성만찬을 통해서 우리는 우리가 영접한 주님의 몸과 더불어 구체적인 사귐과 교통을 누리게 된다. 그뿐만 아니라 그리스도의 몸을 이루고 있는 다른 지체들과의 육신적인 교제가 가능한 것도 바로 이 성만찬을 통해서이다. 이처럼 우리는 그리스도의 몸이라는 선물을 통해서 주님과 한 몸이 된다.

우리는 세례와 성만찬이라는 이 두 예식을 통해서 죄를 용서받는 것 외에도 훨씬 더 많은 것을 누리게 된다. 성례전이라는 선물은 바로 교회를 통해서 누리게 되는 그리스도의 몸 그 자체이다. 이런 의미에서 죄 사함의 은혜는 그리스도의 몸인 교회를 통해서 누리게 되는 하나님의 선물이다.

현재 우리가 행하는 관례와는 대조적으로, 신약 시대에는 사도들이 말씀을 선포할 때 세례와 성만찬을 함께 실시한 것이 아니며, 믿는 백성들만 별도로 세례와 성만찬을 시행하였다고전 1:1, 14ff, 11:17ff. 그 이유는 세례와 성만찬은 오직 그리스도의 몸이라는 공동체만이 집행할 수 있지만, 말씀 집회는 신자들뿐만 아니라 불신자도 참여함을 고려해야 했기 때문이다. 성례전은 오로지 교회 성도로만 한정되어 있다. 따라서 믿는 백성의 모임은 참된 의미에서 세례와 성만찬의 집회이며 설교 집회preaching congregation는 불신자와 구도자를 포함하는 모임이었다. 예수 그리스도의 교회가 말씀을 선포해야 하는 곳은 세상임이 입증되었다. 그리스도의 몸은 말씀과 성례전을 중심으로 모여 있는 회중을 통해서 세상 사람들에게 뚜렷이 드러난다.

교회나 회중은 유기적으로 연결된 기관이다. 교회를 그리스도의 몸으로 이야기할 때는 유기적 결합과 질서가 포함되어 있다. 유기적 결합과 질서는 그리스도의 몸에 있어서 없어서는 안 될 필수적인 것인 동시에 하나님께서 지정해 놓으신 것이다. 유기적인 연결성이 없는 몸은 반드시 망하게 되어 있다. 사도 바울의 가르침에 의하면, 그리스도의 몸은 유기적인 형태를 취하고 있다롬 12:5; 고전 12:12ff. 이런 맥락에서 볼 때 내용과 형식, 실재와 현상을 구분한다는 것은 불가능한 일이다. 이 같은 식으로 구분을 고집하는 것은 그리스도의 몸을 부인하는 것으로, 성육신하신 주님 자체를 부인하는 것과 다를 바 없다요일 4:3. 따라서 교회는 세상을 향한 말씀의 선포뿐만 아니라 내적인 질서도 고려해야 한다.

교회의 질서는 기원과 특성상 하나님께서 제정하신 것이다. 물론 다스리는 차원이 아니라 섬김의 차원에서 그렇다는 것이다. 교회의 직분자들이 하는 일은 '섬기는 일'고전 12:5이다. 그들은 하나님의 교회를 통해서고전 12:28, 그리스도엡 4:11와 성령행 20:28의 주관으로 임명을 받게 된다. 교회가 그들을 임명하는 것이 아니다. 교회가 자체적으로 직분을 나누어 책임을 맡길지라도, 그 일은 전적으로 성령의 지도를 통해서 이루어진다행 13:2.

사역과 교회는 모두 삼위일체 하나님으로부터 기원한다. 직분들offices은 교회를 섬기기 위해서 존재하는 것으로 직분의 영적 권위는 오로지 이 같은 섬김을 통해서만 발휘된다. 교회가 직분자들을 세울 때 시간과 상황에 따라 다양하게 변화를 주어야 하는 것도 바로 이런 이유에서다. 예를 들어, 예루살렘 교회의 직분자들과 바울이 개척한 선교 공동체의 직분자들 간에 차이가 나는 것은 당연하다. 교회의 연결조직articulation은 하나님께서 제정하시지만 형태는 필요에 따라 다양하게 변화를 줄 수 있으며, 섬기는 일을 위해서 일꾼을 세울 때는 교회 자체의 영적 판단에 맡겨야 한다.

이와 유사하게 성령이 개개인에게 부여하시는 은사도 교회라는 몸 안에서 사역의 엄격한 규율에 복종해서 다스림을 받아야 한다. 하나님은 무질서의 하나님이 아니라 질서와 평화의 하나님이시기 때문이다고전 14:32f. 성령은 교회의 유익을 위해서 이런 부분을 확실히 세우시며, 각 사람에게 성령 자신을 나타내신다고전 12:7. 사도, 선지자, 교사, 감독(주교), 집사, 장로, 돕는 자들고전 12:28ff; 엡 2:20, 4:11은 그리스도의 몸을 이루고 있는 교회의 사역자들이다.

그들이 세움을 받는 것은 교회를 섬기기 위함이다. 따라서 이들의 직분은 하나님께서 내려 주신 것이므로 거룩한 것이다. 물론 교회는 당시의 형편에 따라서 질서의 형태를 자유롭게 채택할 수 있지만, 외부에서 그 질서를 침해하는 일이 있다면 이는 가시적인 형태로 존재하시는 그리스도의 몸을 직접 공격하는 것이 된다.

교회의 모든 사역 중에서 말씀과 성례전의 사역은 지극히 중요한 것이다. 이 교훈에 대해서 우리는 다음과 같은 사항에 유념해야 한다. 설교자의 직분과 은사에 따라 말씀을 선포하는 방식은 다양성을 띨 수 있을 것이다. 그러나 어떤 설교이든지, 즉 바울의 설교나 베드로의 설교이든 혹은 아볼로나 그리스도파의 설교이든 간에, 이 모든 설교 안에서 나누어질 수 없는 한 분이신 그리스도가 반드시 선포되어야 한다고전 1:11ff. 모든 설교자는 서로 손발을 맞추어 함께 공동의 목적을 위해서 일해야 한다는 것은 자명하다고전 3:6.

　분파가 생겨나면 서로 편을 갈라서 분쟁을 일삼게 되고 결국에는 분파의 이익을 추구하게 될 것이다딤전 6:5, 20; 딤후 2:16, 3:8; 딛 1:10. 이렇게 되면 하나님의 구원을 명성이나 권력 추구 혹은 부당 이득의 형태로 주어지는 세속적인 대가를 받기 위해서 팔아 버리는 일이 쉽게 일어난다. 이와 유사하게 인간의 자연적인 본성에 의해서 일단 불이 붙으면, 사람들의 마음을 순수하고 단순한 복음의 진리에서 벗어나게 만드는딤후 3:7 일들, 문제를 일으키고 논쟁을 벌이는 일들이 너무나도 쉽게 일어난다. 이렇게 되면 하나님의 계명에 순종하는 것이 아니라 고집대로 자기주장만 내세우는 쪽으로 결론이 나고 만다.

　이와는 반대로 말씀 선포의 목적은 언제나 동일하다. 그것은 건전하고 온전한 교리, 참된 질서와 통일성을 보장하는 것이다딤후 4:3; 딤전 1:10, 4:16; 딛 1:9, 13, 2:1, 3:8. 정통교리가 어디서 끝나고 이단이 어디서 시작하는가를 알아보기란 항상 쉬운 일이 아니다. 어느 교파에서는 용인되는 교리가 다른 교파에서는 이단으로 처단되는 것도 바로 이 때문이다계 2:6, 15ff. 그러나 일단 이단 사상이 문제로 불거지면 그것은 반드시 처단해야 한다. 거짓 교사는 제명하고 개인적인 모든 교제를 단절시켜야 한다갈 1:8; 고전 16:22; 딛 3:10; 요이 10장ff. 말씀의 순수성을 보존하려면 맺고 끊는 것이 분명해야 한다. 교회가 말씀을 선포하는 것과 질서를 요구하는 영역space은 하나님께서 제정하신 법령에 따라 이처럼 선명하게 드러나야 한다.

　신약 성경은 교회의 본질에 대해서 명확하고도 결정적인 답변을 제시하고 있다. 교회는 예식과 질서뿐만 아니라 세상을 살아가는 지체들의 일상생활 속에서도 관심을 기울여야 할 영역이 있다. 바로 이 때문에 이제 우리는 가시적인 교회의 생활 공간living-space[1]에 대해서 말해야만 한다.

예수님과 제자들이 함께 삶을 영위했던 공동체적인 생활은 일상의 모든 영역을 다 포괄하고 있었다. 그리스도의 제자들이 나누는 교제 안에서, 각 개인의 삶은 형제를 사랑하는 삶이었다. 이런 공동생활을 통해서 하나님의 아들로서 취하신 구체적인 인성concrete humanity은 표면으로 드러난다. 공동생활 가운데 나타나는 하나님의 육신적 임재는 사람으로 하여금 하나님을 위해서 매일의 삶 속에서 자기 자신의 목숨을 걸 것을 요구한다. 하나님의 임재가 구체적으로 드러나게 될 때, 비로소 우리는 우리를 위해서 육신을 입으신 주님께 속하게 된다. 그리스도인의 삶에서 제자로서 살아가는 각 개인과 예수님의 몸은 서로 떨어질 수 없는 관계이다.

이 모든 요소가 사도행전에 나오는 초대 교회에 관한 기록에서 확실히 드러나고 있다행 2:42ff, 4:32ff. '그들은 사도의 가르침을 받아, 서로 교제하고 떡을 떼며 오로지 기도하기를 힘썼다. 그리고 믿는 사람이 한마음과 한뜻이 되어 모든 물건을 서로 통용하였다.' 여기서 교제가 말씀과 성만찬 사이에 언급되어 있다는 것은 깊은 의미를 내포하고 있다. 교제는 언제나 하나님의 말씀에서부터 시작되며, 우리는 성만찬을 통해서 완벽한 교제의 지향점에 이르게 된다.

그리스도의 공동체가 경험하는 모든 공동생활은 말씀과 성례전 사이를 계속해서 오가며 그 시작과 끝도 예배를 기준으로 이루어진다.

---

1) 독일어 'lebenstraum'의 영어 번역이다. 사람이 소망하는 범위까지 반영한 충분한 주거공간을 확보해야 할 필요를 의미한다. —역자 주

우리는 지상의 성만찬을 통해서 하나님의 나라에서 주님과 함께 나누게 될 최종적인 성만찬을 대망한다. 공동체가 이 같은 기원과 목표를 가지게 될 때, 공동체는 소통이 가능한 완벽한 교제를 누리게 되는 것이다.

이럴 경우 물질을 사용하는 부분에서도 필요한 곳을 찾아 서로 나누게 된다. 자유와 기쁨과 성령의 능력 안에서 공동생활이 모범적으로 영위된다. 여기서는 '부족한 자가 전혀 없었고, 서로가 필요한 것을 나누어 주었으며, 제 것이라고 말하는 자가 아무도 없었다.' 일상생활 가운데서 드러나는 이런 사건들을 통해서 우리는 강요가 전혀 없는 복음의 완전한 자유, 그 자체를 드러내는 완벽한 그림을 보게 된다. 그들은 진정 '한마음과 한뜻'을 가진 자들이었다.

이처럼 초대 교회는 온 세상이 다 볼 수 있도록 뚜렷이 드러나는 공동체로서, 이상하게 들릴지 모르지만 온 백성에게 칭송을 받았다(행 2:47 참조 –역자 주). 어떻게 해서 이 같은 좋은 소문을 얻게 되었을까? 이스라엘 백성은 마음의 눈이 어두워져서 이런 공동체 생활의 비밀이 바로 자신들이 못 박은 그리스도의 십자가에 있다는 사실을 몰랐던 것일까? 혹은 온 땅의 열방들이 하나님의 백성을 칭송해야 할 그날을 예상이라도 했던 것일까? 아니면 교회가 연약했던 성장기나 혹은 신자와 불신자 간에 처절한 투쟁과 갈등을 겪는 시기에, 하나님께서 종종 보여 주셨던 그분의 인애가 역사하신 결과일까? 보편적인 인간의 선의나 동정심을 유발해 교회의 운명을 지켜 주시는 하나님의 방법도 있지 않은가. 아니면, 교회에 대해서 호의를 가졌던 사람들은 단지 "예수를 십자가에 못 박아라"고 외친 그 무리가 아니라 "호산나"라고 외치던 그 사람들이었을까?

여러 가지 생각이 오갈 수 있지만, 핵심은 제자들이 공동체 생활의 완벽한 모습을 보여 주었다는 것이다. 그러자 "주께서 구원받는 사람을 날마다 더하게 하셨다." 이처럼 일상생활에서의 완벽한 삶을 통해서 드러나는 교회는 세상을 공략하여 세상의 자녀들을 탈취해 온다. 교회가 나날이 성장한다는 것은 주님의 능력이 그 속에 내주해 계신다는 증거이다.

초대 교회 제자들은 주님께서 계신 곳에 그들도 반드시 함께 있고, 그들이 있는 곳에 주님 또한 세상 끝날까지 함께하실 것이라는 말씀의 의미를 정확히 알고 있었다. 제자들이 행하는 모든 일은 자신이 속해 있는 교회라는 공동체 생활의 한 부분이었다. 그러므로 '한 지체가 있는 그곳에 온 몸도 함께 있다'는 원칙, 즉 그리스도의 몸인 교회 공동체를 주관하는 원칙이 성립되는 것도 바로 이 때문이다. 지체가 몸에서 떨어져도 좋다거나 떨어지기를 원하는 그런 삶의 영역은 아예 존재하지 않는다. 우리가 어디에 있든, 무슨 일을 하든, 이 모든 것은 교회라는 그리스도의 몸을 통해서 일어나는 것이다.

그리스도인은 "그리스도 안에서" 강한 자도 될 수 있고 약한 자도 될 수 있다 빌 4:13; 고후 13:4. 그는 "주 안에서" 수고하고, 기뻐한다 롬 16:9, 12; 고전 15:58; 빌 4:4. 그가 말하고 권면하는 것도 "그리스도 안에서" 이루어지는 일이며 고후 2:17; 빌 2:1, 손님을 대접하는 것도 "그리스도 안에서" 하는 일이다 롬 16:2. 결혼도 "주 안에서" 고전 7:39 하고 옥에 갇혀 있을 때도 "주 안에서" 지낸다 빌 1:13, 23. 설사 종이라 해도 그는 "주 안에서" 살아간다 고전 7:22. 그리스도인들의 모든 인간관계는 그리스도와 교회라는 울타리 안에서 이루어진다.

모든 그리스도인이 그리스도와 교회의 삶에 전적으로 참여한다는 것을 확실하게 보장하는 것은 그리스도의 몸과 합하여 세례를 받는 것이다. 만일 세례를 통해서 누리는 은혜가 설교와 성만찬에 참여하는 것으로 국한된다면, 예컨대 은혜의 방편에 참여하거나 혹은 교회의 직분을 맡거나 사역을 행하는 것으로 한정된다면, 이는 잘못된 것이며 신약 성경의 가르침에 역행하는 것이다. 오히려 그리스도의 몸이 활동하는 모든 영역에 참여할 수 있는 특권을 삶의 모든 영역에서 누리는 것은 바로 이 세례를 통해서 부여되는 것이다.

세례를 받은 형제에게 예배 참여는 보장하면서도, 일상생활에서는 하나님의 사역에 아무것도 관여하지 못하도록 하는 것은 그에게 학대와 멸시를 안겨 주는 것과 동일한 행위이다. 만일 이런 일이 일어난다면 그것은 그리스도의 몸에 죄를 범하는 것이다. 세례를 받은 형제에게 구원의 은혜를 누릴 권리는 인정하면서도 이 땅에서의 삶에 필요한 것을 공급해 주지 않는다면, 그리고 형제가 물질적인 궁핍으로 염려하는 것을 방치한다면, 구원의 은혜는 조롱거리가 되고 우리는 거짓말쟁이가 될 것이다. 성령이 말씀하심에도 불구하고 성령의 말씀을 외면한 채, 육체와 본성이 이끄는 소리에 귀를 기울이거나 개인의 동정심과 혐오감에 따라 행동한다면 우리는 성례전을 범하고 있는 것이다. 그리스도의 몸과 합하여 세례를 받게 되면 그 사람의 개인적 신분은 구원받은 상태로 변화될 뿐만 아니라 일상생활 속 관계 역시 바뀌게 된다.

노예인 오네시모는 빌레몬이라는 그리스도인인 주인에게 심한 잘못을 저지른 후 도망을 쳤다. 어느 시점에서 오네시모는 세례를 받게 되었고, 그때 빌레몬은 바울로부터 그를 "이 후로는 종과 같이 대하지 아니하고 종 이상으로 곧 사랑 받는 형제로"몬 1:16 영원히 받아 달라는 부탁을 받게 된다. 바울은 '육신 안에서' 형제 된 자라는 부분을 강조함으로써 특권을 받은 그리스도인들이 자칫하면 빠지기 쉬운 오해에 대해서 경고하고 있다. 특권층에 속한 일부 그리스도인들은 교회에서는 사회적 지위가 낮은 그리스도인들과의 교제를 묵인하지만, 밖에서는 냉대하는 태도를 벗어던지지 못하고 있었다.

그런데 빌레몬은 오네시모를 형제로 맞이해야 한다. 아니 그 이상으로 바울을 대하듯이 그를 대우해야 한다 17절. 또한 오네시모는 형제이기 때문에 자신이 당한 손해에 대한 보상을 청구해서도 안 된다 18절. 바울은 빌레몬에게 그 부분을 달갑게 받아들이라고 부탁한다. 하지만 필요한 경우에는 그에게 직접 명령을 내리는 것도 마다하지 않을 터였다 8-14절. 아마 빌레몬은 부탁받은 것 이상으로 친절을 베풀었을 것이다 21절. 오네시모는 세례를 받았기 때문에 육신 안에서 한 형제다. 오네시모가 여전히 종으로 있었는지는 분명하지 않지만, 주인과 종 사이의 모든 관계는 완전히 달라졌다.

어떻게 이런 일이 일어나게 되었을까? 주인과 종의 관계인 이 두 사람이 이제는 그리스도의 몸을 이루는 동일한 지체가 되었다. 그들의 공동생활이 이제는 그리스도의 몸인 교회를 구성하는 작은 세포로 기능하게 된다. '세례를 받은 자들은 그리스도로 옷 입었다. 이제는 유대인도 헬라인도, 종도 자유인도, 남자도 여자도 없다. 그들은 모두 예수 그리스도 안에서 하나가 되었기 때문이다' 갈 3:27f; 골 3:11. 교회 안에서 사람들을 자유인이나 종, 혹은 남자나 여자로 구분하지 않고 그리스도의 몸에 속한 지체로 본다. 물론 이것이 종은 이제 종이 아니고, 남자는 이제 남자가 아니라는 뜻은 아니다. 교회 안에서는 사람들이 유대인이든지 헬라인이든지, 종이든지, 주인이든지, 그들의 특별한 지위에 따라 우대를 받아서는 안 된다는 의미이다. 사람을 그런 식으로 취급하는 구습(舊習)은 어떤 대가를 치르더라도 물리쳐야 한다. 각 사람을 바라볼 때 우리는 그리스도의 몸된 교회에 속한 한 지체로 간주해야 한다. 다시 말해서, 우리는 그리스도 안에서 모두 하나 된 몸이다. 유대인과 헬라인, 자유인과 노예, 남자와 여자 이 모두는 이제 그리스도의 몸이라는 공동체의 일원으로 서로 교제를 나누는 위치에 있다.

그리스도인들이 어디에 모여 살든지 간에 서로 대화하고 마주하는 그곳에 교회가 존재하며, 그들은 함께 그리스도 안에 거한다. 그들이 나누는 교제의 성격을 전적으로 바꾸어 놓는 것이 바로 다음과 같은 태도이다. 아내는 '주 안에서' 남편에게 순종한다. 종이 주인을 섬기는 그 자체가 하나님을 섬기는 것이다. 또한 주인은 그 역시 자신의 주님께서 하늘에 계시다는 사실을 알고 있다(골 3:18-4:1). 그러나 그들은 '육신 안에서 그리고 동시에 주 안에서' 모두 형제 된 자들이다.

이것이 교회가 세상의 삶을 공략해서 그리스도를 위한 영역을 정복하는 방법이다. 왜냐하면 '그리스도 안에' 있는 것은 무엇이든지 세상과 죄와 율법의 지배를 받지 않기 때문이다. 세상에 있는 어떤 법도 이런 교제를 방해할 수 없다. 형제에 대한 사랑과 섬김에 조건을 두는 것은 교회로서는 절대 용납할 수 없는 일이다. 왜냐하면 형제가 있는 곳에 그리스도의 몸이 있고, 형제가 있는 곳에 그분의 교회가 있기 때문이다.

그리스도의 몸에 속한 지체는 세상으로부터 해방되었으며 세상으로부터 부르심을 받았다. 그는 교회가 시행하는 예배와 훈련에 동참하는 것뿐만 아니라, 형제들과 새로운 삶을 살아가는 공동체 생활을 통해서도 세상 사람들에게 자신이 소명을 받았다는 증거를 명백히 보여 주어야 한다. 세상이 어떤 형제를 멸시할 때, 그리스도인은 그를 사랑하고 섬길 것이다. 세상이 그에게 폭력을 행사할 때, 그리스도인은 원군이 되어 그를 위로할 것이다. 세상이 그를 멸시하고 모독할 때, 그리스도인은 자신의 명예를 희생해서라도 형제의 치욕을 덮어 줄 것이다. 세상이 이익을 구할 때, 그리스도인은 그 이익을 포기할 것이다. 세상이 착취할 때, 그리스도인은 자신을 비울 것이다. 세상이 억압할 때, 그리스도인은 무릎을 꿇어서라도 짓눌린 자를 일으켜 세워 줄 것이다. 세상이 정의를 거부한다면, 그리스도인은 자비를 추구할 것이다. 세상이 거짓을 도피처로 삼는다면, 그리스도인은 말 못 하는 자를 위해서 입을 열어 진리를 증언할 것이다. 그런 그리스도인을 위해서라면 그가 유대인이든 헬라인이든, 종이든 자유인이든, 강한 자든 약한 자든, 고상한 자든 비천한 자든 그 어느 것 하나 가리지 않고 그리스도인은 세상과의 모든 교제를 단념하고서라도 그를 도울 것이다. 왜냐하면 그리스도인은 그리스도의 몸이라는 공동체를 섬기며, 그 몸은 세상 사람들로부터 숨길 수 없기 때문이다. 그리스도인은 세상을 벗어나서 그리스도를 따르라는 소명을 받은 자이다.

그러나 '각 사람은 부르심을 받은 그 부르심 그대로 지내라. 네가 종으로 있을 때에 부르심을 받았느냐? 염려하지 말라. 그러나 설령 네가 자유롭게 될 수 있다 해도, 오히려 종 됨에 순응하라(다시 말하면, 종으로 남아 있어라). 왜냐하면 주 안에서 부르심을 받은 종이라도 주께 속한 자유인이요, 또 그와 같이 자유인으로 있을 때에 부르심을 받은 자는 그리스도의 종이기 때문이다. 너희는 값으로 사신 것이니 사람들의 종이 되지 말라. 형제들아, 너희는 각각 부르심을 받은 그대로 하나님과 함께 거하라' 고전 7:20-24. 제자들은 예수님을 따르기 위해서 모든 것을 버려야만 하였다. 그런데 지금 우리 귀에는 어떻게 들리는가? '각 사람은 부르심을 받은 그 부르심 그대로 지내라?' 이 모순을 어떻게 조화시킬 수 있을까? 예수님의 소명과 사도 바울의 권면, 이 두 가지의 근본 동기를 파악할 때 비로소 해결책이 나온다. 두 경우에 있어서 목적은 한 가지이다. 청중을 그리스도의 몸이라는 공동체 안으로 이끌어 오는 것이다.

초대 교회 제자들이 공동체 속에 들어올 수 있었던 유일한 방법은 예수님과 함께 길을 떠나야 하는 것이었다. 그러나 지금은 우리에게 주님의 말씀이 있기에 그리고 성례전에 참예할 수 있기에 그리스도의 몸은 더 이상 한 장소에 국한되지 않는다. 부활하시고 높임을 받으신 주님은 세상으로 되돌아오셔서 이전보다 훨씬 더 가까이 계신다. 그리스도의 몸은 교회라는 형태로 세상의 심장부를 뚫고 들어오셨다. 세례를 받는 그리스도인은 그리스도의 몸과 합하여 세례를 받는다. 그리스도께서 그에게 오셔서 그의 생명을 자신의 것으로 취하셨기 때문에 그를 붙잡고 있던 세상의 소유권은 박탈된 것이다. 만일 세례를 받은 자가 종이라면, 이제 그는 종의 신분으로 그리스도의 몸에 속한 공동생활에 동참하게 되었다.

그는 이미 세상의 종 된 자로서 매여 있던 모든 속박을 끊어 버리고 그리스도에게 속한 자유인이 되었다. 종이라면 현재의 신분 그대로 지내도 좋다는 이유가 바로 이 때문이다. 그는 그리스도의 몸에 속한 지체로서 그 어떤 반역이나 혁명으로도 이룰 수 없었던 자유를 획득하게 된 것이다. 물론 바울이 이렇게 말한 이유는 그가 세상에 더 밀착되라는 것이 아니고, 오히려 그에게 영적 버팀목을 주어 세상 가운데서 계속 살아갈 수 있게 하기 위함이었다. 바울이 그에게 이렇게 훈계하는 것은 그를 더욱 훌륭한 시민으로 만들려 하거나 세상에 더욱 충성스러운 자로 세우려는 의도가 아니었다. 바울이 이렇게 말하는 까닭은 사회 질서 속에 있는 위험한 영역을 두둔하거나 얼버무리고 넘어가기 위해서가 아니다. 또한 세속 사회의 계층구조가 대단히 선하고 거룩한 제도이기에 혁명으로 전복하는 것이 잘못이라서 그런 것도 아니다.

사실은 예수 그리스도의 역사로 인해서 온 세상이 이미 근본적으로 달라졌다. 주님은 자유인이나 종의 구분 없이 그들 모두에게 해방을 이루어 놓으셨기 때문이다. 혁명은 단지 예수 그리스도께서 제정해 놓으신 거룩한 새 질서를 흐려 놓고야 말 것이다. 그것은 또한 하나님 나라의 도래를 통해서 현존하는 세상 질서를 깨뜨리는 일을 방해하고 지연시키는 것이 될 것이다.

또한 '우리가 받은 세속적인 소명을 성취하는 것이야말로 그리스도인의 삶을 살아가는 것'이라는 식으로 사도 바울의 생각을 해석하는 것은 잘못된 것이다. 분명히 말하지만 그런 해석은 오산이다. 우리는 그리스도인으로서 이 세상이 아니라 그리스도와 주님의 나라에 소망을 두고 있다. 이런 확신을 가장 적절하게 표현하는 방법은 모반과 혁명을 포기하는 것이라고 사도 바울은 말한다. 그래서 종 된 자는 그대로 종의 신분으로 지내라고 말한다. 세상에 필요한 것은 혁명이 아니다. 왜냐하면 세상이 파멸할 때가 이미 찼기 때문이다. 그래서 종으로 사는 자는 종으로 지내라는 것이다. 그에게는 더 나은 약속이 있다. 주님께서 세상에 오실 때 "오히려 자기를 비워 종의 형체를 가지"빌 2:7셨다. 이 사실은 세상을 향한 확실한 심판의 표현이며, 종에게는 든든한 위로의 말씀이다.

사실 노예로 있을 때 부르심을 받아 그리스도인이 된다면 자신이 노예라는 것 때문에 세상에 대한 지극한 사랑, 갈망, 염려로부터 이미 벗어난 몸이 아니겠는가. 따라서 종은 반항의 의미로 고난을 감수할 것이 아니라 교회와 그리스도의 몸의 지체로서 고난을 받아야 한다. 고난을 통해서 그는 세상의 종말을 앞당기게 될 것이다.

"사람들의 종이 되지 말라!" 사람의 종이 되지 아니하는 것은 서로 다른 두 가지 방식으로 일어날 수 있다. 한편으로는 기존 질서의 혁명과 전복을 통해서, 다른 한편으로는 기존 질서에 영성의 후광을 부여함으로 일어나는 것이다.[2] "형제들아, 너희는 각각 부르심을 받은 그대로 하나님과 함께 거하라." '하나님과 함께' 거하기 때문에 혁명을 통해서도, 그리고 잘못된 굴종을 통해서도 사람들의 종이 되어서는 안 된다. 세상에서 하나님과 동행한다는 것은 바로 우여곡절 많은 이 세상의 삶을 살되 예배 참여와 제자도의 삶을 통해서 그리스도의 몸인, 가시적인 교회 속에 거한다는 의미이다. 그러므로 "각 사람은 위에 있는 권세들에게 복종하라" 롬 13:1ff. 그리스도인의 마음은 높은 지위에 끌려서는 안 된다. 그리스도인의 소명은 낮은 자들과 함께 지내는 것이다. 높은 권세를 가진 자들이 그리스도인을 지배한다. 따라서 그리스도인은 저들의 권세 아래 살아가야 한다. 세상은 통치권을 행사하고 그리스도인은 섬기는 삶을 산다. 이렇게 되면 그는 이 땅에 있는 주님의 몫을 분담하게 된다.

---

2) 기존 질서는 무조건 뒤엎어야 한다는 혁명주의적 사고나, 기존 질서에 무조건 굴종하는 것이 현실적인 영성이라는 현실도피적 사고를 가리킨다. —역자 주

예수께서 불러다가 이르시되 이방인의 집권자들이 그들을 임의로 주관하고 그 고관들이 그들에게 권세를 부리는 줄을 너희가 알거니와 너희 중에는 그렇지 않을지니 너희 중에 누구든지 크고자 하는 자는 너희를 섬기는 자가 되고 너희 중에 누구든지 으뜸이 되고자 하는 자는 모든 사람의 종이 되어야 하리라 인자가 온 것은 섬김을 받으려 함이 아니라 도리어 섬기려 하고 자기 목숨을 많은 사람의 대속물로 주려 함이니라 막 10:42-45

"하나님에게서 나오지 않는 권세는 없다." 이 말씀은 그리스도인들을 상대로 전하는 것이지, 집권자들에게 주어진 것이 아니다. 만일 하나님의 뜻을 깨닫고 행하는 그리스도인들이라면 그들은 집권자들이 정해 준 그 자리에서 복종하는 것으로 만족해야 할 것이다. 그들은 유쾌한 태도로 임해야 할 것이다. 하나님은 반드시 집권자들을 도구로 삼아 그리스도인들을 유익하게 하실 것이다. 왜냐하면 하나님의 통치권은 집권자들을 훨씬 더 능가하기 때문이다.

여기서 권세란 지배 세력의 본질을 추상적인 의미로 다루는 학문적인 진술보다 더 깊은 의미가 있다. 이는 실제로 존재하는 집권자들 밑에서 지배를 받고 살아가는 그리스도인의 입장에 적용되는 말씀이다. 집권자에게 저항하는 것은 하나님의 질서를 거부하는 것이다. 세상은 힘으로 통치권을 행사하고, 그리스도와 그리스도인들은 섬김으로 정복해 나가는 것이 하나님께서 정해 놓으신 법도이다. 그리스도인으로서 이 사실을 깨닫지 못한다면 엄중한 심판을 초래하게 될 것이다 롬 13:2. 다시 말해서, 저도 모르게 다시금 세상의 기준 속으로 빠져들게 될 것이다.

그렇다면, 그리스도인들이 걸핏하면 집권자들에 대항하는 태도로 맞서게 되는 이유는 무엇일까? 그리스도인들은 집권자들의 실수와 부당한 행위에 자극을 받아 자칫하면 반감을 가지기 때문이다. 그러나 그런 적개심을 품고 있다면 섬기라고 우리를 불러 주신 하나님의 뜻을 무시하는 심각한 위험에 빠지게 된다. 만일 그리스도인들이 선한 것이 무엇인지를 깨달아서 하나님께서 명하신 대로 실천하는 일에만 마음을 쏟는다면 '다스리는 자들을 두려워하지 않고' 살아가게 될 것이다. 왜냐하면 선한 일로는 관원들을 두려워할 필요가 없고 악한 일로 인해서 관원들을 두려워하게 되기 때문이다.

주님에 대한 믿음을 지키고 선한 일을 하는 한, 그리스도인은 두려워할 까닭이 전혀 없다. 권세에 대한 두려움에서 벗어나고자 하는가? 그렇다면 선을 행하라. 해결책은 이것뿐이다. 다른 사람이 무엇을 하든 그것은 문제가 아니다. 우리 할 일만 제대로 하면 되는 것이다. 두려워하지 말고 제한이나 조건 없이 오로지 선을 행하라. 우리 스스로 선을 행하지 않으면서 어찌 집권자들의 과오를 비난할 수 있겠는가? 우리가 동일한 심판을 자초하면서 어찌 남을 심판할 수 있겠는가? 두려움 없이 살기를 바란다면 선을 행하라. '그리하면 집권자도 당신을 칭찬할 것이다.'

여기서 요점은 굳이 칭찬을 구해서는 안 된다는 것이다. 칭찬은 나중에 생각할 문제다. 그리고 선한 통치가 이루어지는 곳에서는 선을 행하는 자에게는 자연히 칭찬이 뒤따른다. 바울은 언제나 교회가 생각의 출발점이었다. 그리고 그의 유일한 관심은 교회의 안녕well-being과 생존의 방식이었다. 이런 이유로 그도 어쩔 수 없이 그리스도인들의 불의와 부당한 행동에 대해서는 경고를 해야 한다고 생각하였다. 그러나 국가state에 대해서는 단 한마디도 공격적 언사를 사용하지 아니하였다. "그러나 네가 악을 행하거든 두려워하라 그가 공연히 칼을 가지지 아니하였으니 곧 하나님의 사역자가 되어 악을 행하는 자에게 진노하심을 따라 보응하는 자니라" 롬 13:4. 교회 안에서는 무슨 일이 있어도 악한 일이 일어나서는 안 된다. 여기서 바울이 권면하고 있는 대상은 집권자가 아니라 그리스도인들이다.

바울의 관심사는 그리스도인들이 어떤 처지에 있든지, 어떤 갈등이 그리스도인들을 위협하든지 간에 오로지 회개와 순종의 삶을 살아가는 그리스도인이 되는 것이었다. 세상의 권세를 변명해 주거나 정죄하는 것은 관심 밖이다. 어떤 국가도 바울이 언급한 이 부분을 들어 자신의 존재를 정당화할 수 있는 근거를 끄집어낼 자격이 없다. 어떤 국가이든지 간에 이 말씀을 진심으로 받아들인다면 교회가 이 말씀을 통해서 회개하듯이, 저들도 마찬가지로 회개를 해야겠다는 도전을 받게 될 것이다. 만일 국가 지도자가 이 말씀을 듣는다면, 그는 이 말씀이 자신의 직무에 대해서 하나님께서 공적으로 허가해 주신 것으로 받아들일 것이 아니라, 자비의 실천을 위해서 하나님의 사역자가 되라는 위임으로 여기게 될 것이다. 그리고 이런 결단이 일어나면 회개는 당연히 따라올 것이다. 그리스도인들을 향한 사도 바울의 이런 권면은 이 세상의 통치 형태가 너무 선해서가 아니다. 국가의 악함이나 선함과 관계없이, 교회는 하나님의 뜻에 순종해야 하기 때문이다. 바울의 의도는 그리스도인 공동체에게 지배층 관원들의 임무와 책임이 무엇인지를 알려 주려는 것이 아니다. 반대로 바울의 전적인 관심은 국가에 대한 그리스도인 공동체의 책임에 쏠려 있다.

그리스도인은 집권자로부터 칭찬을 받아야 한다. 그런데 현실에서는 이런 공식이 통하지 않는 경우가 있다. 만일 칭찬을 받지 못하고 오히려 형벌과 박해를 받는다면, 무슨 잘못으로 이런 일을 당해야 하는지 억울한 생각도 들 것이다. 하지만 결국 그는 자신에게 형벌을 초래한 그 일을 했을 때 칭찬을 바라보고 한 것은 아니었다. 또한 벌이 두려워서 선한 행동을 한 것도 아니었다. 만일 그가 칭찬 대신 벌을 받는다고 해도 전혀 두려워할 것이 없는 것은 하나님께서 보시기에 그의 양심이 떳떳하기 때문이다. 결국 자신의 행동으로 인해서 교회에 수치를 가져오거나 불신을 조장한 것은 없다는 것으로 기뻐해야 할 것이다.

그가 권세에 복종하는 것은 세속적인 이익을 위해서가 아니라 '양심 때문이다' 롬 13:5. 설령 정부가 실수를 저지른다고 해도 그리스도인의 양심을 해할 수 없는 것도 바로 이 때문이다. 그리스도인은 여전히 자유로우며 두려워할 것이 전혀 없다. 그리고 억울하게 고난을 받는다는 것 자체가 국가에 대해서 해야 할 도리는 다하고 있음을 보여 주는 것이다. 이런 태도를 취할 수 있는 것은 모든 것을 고려해 볼 때 결국 궁극적인 통치권이 국가가 아닌 하나님께 속한 것으로, 국가는 그저 하나님께서 부리시는 일꾼에 불과하다는 것을 충분히 인식하고 있기 때문이다.

사도 바울은 권세자를 하나님의 일꾼이라고 칭하였다. 사도 바울은 바로 그런 세력들 때문에 아무런 잘못도 없이 옥에 갇혀야 하는 억울한 심정이 어떤 것인지를 여러 차례 경험하였다. 그는 세 차례에 걸쳐 심한 매질을 당했으며, 황제 클라우디우스의 지배하에 모든 유대인이 로마로부터 어떻게 추방당했는지에 대해서도 소상히 알고 있었다 행 18:1ff. 세상의 모든 권세와 통치권은 이미 오래전에 그 권능을 잃어버렸음을 아는 사람과 그 권능이 승리 속에서 십자가로 양도되었음을 아는 사람 그리고 그리스도의 승리가 곧 전 세계에 드러나게 될 것을 아는 사람은 '권세자'를 '하나님의 일꾼'이라고 말할 수 있다.

로마서 13장에 나오는 국가에 관한 바울의 모든 교리는 "악에게 지지 말고 선으로 악을 이기라"롬 12:21는 도입부의 교훈에 기초한다. 권세가 선하든 악한 것이든 그것은 중요하지 않다. 문제는 그리스도인들이 선으로 악을 극복하는 것이다. 황제에게 세금을 바치는 문제는 유대인들의 입장에서 보면 대단한 걸림돌이었다. 그들은 로마 제국의 멸망을 기대했고 그래야만 자치권을 가진 독립 국가를 세울 수 있었기 때문이다. 그러나 예수님과 제자들은 이 문제로 조급해할 필요가 전혀 없었다. 예수님의 말씀은 "가이사의 것은 가이사에게 주라"마 22:21는 것이고, 바울은 '너희가 조세를 바치는 것도 바로 이 때문이다. 저희가 하나님의 일꾼이 되어 바로 이 일에 항상 힘쓰고 있다'롬 13:6고 언급하고 있다.

이는 주님의 견해와 한 치도 어긋남이 없다. 그리스도인이라면 어떤 경우에도 가이사의 것은 가이사에게로 돌려야 한다는 주님의 말씀과 바울의 권면 사항은 의미상 동일한 것이다. 그렇다. 그리스도인들은 세금을 강요하는 저들을 '하나님의 일꾼'으로 보아야 한다. 물론 반대의 경우는 참일 수가 없다. 세금을 바치는 것이 하나님을 섬기는 행위는 아니다. 오히려 세금을 부과하는 자들이 그것을 통해서 나름대로 하나님을 섬긴다는 것이 바울의 견해이다. 그러나 이런 희한한 방식으로까지 하나님을 섬기라는 권면이 아니다. 바울의 의도는 집권자들에게 순종할 것과 마땅히 져야 할 책임을 회피하지 말라는 것이다7-8절. 이 같은 관점을 반대하고 거부하는 것은 하나님의 나라와 이 세상 나라를 구분하지 못하는 심각한 무지함만을 드러낼 뿐이다.

그러므로 종은 종으로 남아 있게 해야 한다. 그리스도인은 자신에게 영향력을 행사하는 권세자들에게 복종하면서 살아가는 자이다. 그리스도인은 세상 밖으로 뛰쳐나가서 사는 자가 아니다고전 5:10. 물론 종이라 해도 그리스도인은 예수 그리스도께 속한 자유인으로 살아가는 자이다. 그는 권세자 아래서 살되 선을 행하는 자로 살아가도록 해야 한다. 세상 안에서 살아가되 새로운 사람인 그리스도의 몸에 속한 지체로 살아가도록 해야 한다. 세상 속에서 살아가는 그리스도인의 삶은 하나님과 분리된 상태에 있는 세상을 향하여 교회에서 일어나는 새로운 창조적 사건에 대해서 간증거리가 되어야 하므로, 주저 없이 이 모든 일을 선하게 실행하도록 해야 한다. 그리스도인이 고난을 받는 까닭은 오직 그가 그리스도의 몸을 이루고 있는 지체라는 사실만이 이유가 되어야 한다.

그리스도인을 세상 안에 머무르게 하는 까닭은 창조의 선한 선물들 때문이 아니며, 세상이 돌아가는 특정 상황에 대해서 책임이 있기 때문도 아니다. 그 이유는 성육신하신 그리스도의 몸과 교회를 위해서이다. 그리스도인을 세상 안에 머무르게 하는 까닭은 세상의 악한 영에 대해서 전면 공격을 해야 하기 때문이다. 그리스도인으로 하여금 세속사회에서 소명을 따라 살도록 해야 하는 것은 오히려 이 세상에서는 자신이 이방인이라는 것을 보여 주기 위해서이다.

그러나 이런 일은 교회의 지체된 자로서의 명분을 뚜렷이 드러낼 때만 가능하다. 세상과 교회 간의 대조는 세상 가운데서 드러나야 한다. 그것이 바로 성육신의 목적이다. 그리스도께서 원수들 가운데서 죽임을 당하신 것도 바로 이 때문이다. 종이 종으로 살아야 하고 그리스도인이 권세자들에게 복종하면서 살아야 하는 것도 바로 이 때문이다.

루터가 수도원을 떠나 세상으로 되돌아오려던 결정적인 시기에 그리스도인의 세속적 소명에 관해서 긍정적 결론을 내리게 된 이유도 바로 이 때문이다. 루터가 비판한 것은 수도원 생활의 고상한 수준이 아니라, 수도사적 고행을 개인의 공로로 이해한 부분이었다. 루터가 공격한 것은 속세를 등진 수도원 생활의 비현실성이 아니라, 수도원 생활을 교묘하게 '영적인' 것으로 포장하되 실제적으로 지극히 세속적인 삶으로 왜곡시킨 부분이었다. 루터가 보기에 이것은 복음에 대한 가장 은밀한 왜곡이었다.

천국의 특성otherworldliness을 가장 잘 보여 주는 그리스도인의 삶은 세상 한가운데서, 그리스도인 공동체 안에서, 일상생활을 통해서 드러나야 한다는 것이 루터의 결론이었다. 따라서 그리스도인의 임무는 세속적인 소명의 관점에서 영적인 삶을 살아가는 것이다. 그것이 세상에 대해서 온전히 죽는 것이다. 그리스도인에게 있어서 세속적 소명의 가치는 도우시는 하나님의 은혜를 통해서 그리스도인으로 삶을 살아갈 기회를 부여한다. 또한 세상과 세상이 지지하는 모든 것에 관해서 더욱 맹렬히 공격을 감행할 기회를 마련한다.

루터가 세상으로 되돌아간 까닭은 세상을 바라보는 그의 시각이 더욱 긍정적으로 바뀌었다거나 심지어 초대 기독교의 종말론적 기대를 포기했기 때문도 아니다. 그는 수도원 생활의 내부에서 일어났던 기독교의 세속화에 저항하는 것을 행동으로 표현하고자 하였다. 루터는 그리스도인들을 세상 안으로 재소환함으로써 오히려 모순되게 세상으로부터 더욱 멀어지도록 만들었다. 이는 루터 자신이 몸소 체험한 삶이었다. 세상으로 되돌아가라는 루터의 요청은 본질적으로 성육신하신 주님의 가시적인 교회로 들어오라는 것이었다. 그것은 바울의 경우와 다른 점이 전혀 없다.

　이로써 우리는 '세속적 소명'이라는 관점 안에서 그리스도인의 삶은 명백한 한계를 가지고 있다는 점을 분명히 알게 되었다. 때에 따라서는 세상의 직업으로 부르심을 받은 이후에도 직업의 영역에서 떠나라는 소명도 받을 수 있다. 물론 이것은 사도 바울과 루터가 이해한 관점과 동일하다. 그리스도의 몸이 활동하는 영역과 세상이 활동하는 영역이 충돌을 일으킬 때 세속적 소명의 한계가 드러난다. 언제 한계점에 도달하는지는 바로 알게 되어 있다. 왜냐하면 그때가 되면 교회의 모든 지체는 그리스도에 대한 신앙을 공개적으로 고백할 수밖에 없기 때문이다. 활동 영역이 서로 충돌할 때 세상 편에서도 어쩔 수 없이 반응해야 하는데, 세상 전략은 조심스럽게 자제를 하거나 아니면 폭력을 행사하는 것이다. 이쯤 되면 그리스도인은 공개적으로 고난을 받아야만 한다. 세례를 통해서 그리스도와 함께 죽은 그 시점부터 여태까지는 은밀하게 고난을 받았다. 하지만 지금은 세속적 소명으로부터 공개적으로 추방되었고, 주님의 수난 속에 분명하게 동참하게 된다. 이제 고난당하는 그에게는 교회가 형제로서 베풀 수 있는 모든 교제와 도움이 그 어느 때보다 더 절실하게 다가온 것이다.

　그러나 그리스도인을 세속적 소명에서 추방하는 것은 언제나 세상만이 하는 것은 아니다. 1세기에도 교회의 지체로서 그리스도인에게는 부적합하다고 여겨진 직업들이 있었다. 이교도의 신들과 영웅들의 역할을 맡아야 했던 배우들, 이교도들의 학교에서 이교도의 신화를 가르쳐야 했던 교사들, 인간의 생명을 노리개로 삼아 죽여야 했던 검투사들, 검을 휘둘렀던 군인들, 근위병, 재판관들은 세례를 받으려고 할 때 다들 이교도들의 직업을 포기해야 하였다. 나중에 교회는 이런 직업에 관한 금지령을 해제할 수 있다는 가능성을 발견하였다. 그 결과로 타락한 이들이 점점 더 교회에서 세상으로 넘어가게 되었다.

세월이 갈수록 그리스도와 적그리스도 간의 갈등은 더욱더 첨예하게 대립되고, 그리스도인들을 제거하려는 세상의 노력도 대단히 치밀해진다. 지금까지 세상은 그리스도인들에게 먹거리와 의복, 그리고 숙박 장소를 허용해 주었다. 그러나 완전히 반기독교적인 상태로 변한 세상은 그리스도인들이 일용할 양식을 위해서 일할 수 있는 사적인 영역조차 허락하지 않는다. 그리스도인들은 필요한 빵 부스러기 하나를 얻기 위해서 억지로 주님을 부인해야 할 형편이다. 이런 지경에서 그리스도인은 세상을 떠나 멀리 달아나거나 아니면 감옥에 들어가야 할 상황이다. 어찌할 도리가 없는 것이다. 그러나 그리스도인 공동체가 이 땅에서 발붙일 곳 하나 없이 모든 영역을 다 빼앗기게 되면 종말이 가까워질 것이다.

이처럼 그리스도의 몸이 세속적인 삶의 영역 안으로 깊이 침투하는 것은 사실이지만, 이 둘 사이에는 언제나 넘을 수 없는 커다란 간격이 존재한다. 또한 그 간격은 점점 더 분명하게 드러나게 되어 있다. 그러나 세상 안이든 세상 밖이든 간에 그리스도인의 선택은 다음 말씀에 대한 순종이 결정의 기준이 된다. "너희는 이 세대를 본받지 말고 오직 마음을 새롭게 함으로 변화를 받아 하나님의 선하시고 기뻐하시고 온전하신 뜻이 무엇인지 분별하도록 하라" 롬 12:2.

수도원에서 영적으로 포장된 세속적 '세상'을 만들어 내는 방식이 있었다. 세상 속에서 부당하게 눌러앉는 방식이 있는가 하면 세상으로부터 부당하게 도피하는 방법도 있다. 두 가지 경우 모두 세상의 방식을 따라가는 것이다. 그러나 그리스도의 교회는 세상과는 다른 '면모'

를 지니고 있다. 교회가 해야 할 일은 세상과는 온전히 다른 면모를 더욱 깊이 깨닫는 것이다. 이는 곧 그리스도 자신의 모습이다. 그리스도는 세상으로 오셔서 무한한 자비로 인간을 감당하셨고, 친히 그 인간을 떠맡으셨다. 하지만 그리스도는 세상을 본받으시기는커녕 오히려 세상으로부터 버림과 배척을 당하셨다. 그리스도는 이 세상에 속한 분이 아니셨다. 교회는 세상과 정면으로 맞서는 가운데 고난을 당하신 주님의 모습을 한층 더 닮아 가게 될 것이다. 따라서 형제들은 다음의 말씀을 귀담아들어야 한다.

> 형제들아 내가 이 말을 하노니 그 때가 단축하여진 고로 이 후부터 아내 있는 자들은 없는 자 같이 하며 우는 자들은 울지 않는 자 같이 하며 기쁜 자들은 기쁘지 않은 자 같이 하며 매매하는 자들은 없는 자 같이 하며 세상 물건을 쓰는 자들은 다 쓰지 못하는 자 같이 하라 이 세상의 외형은 지나감이니라 너희가 염려 없기를 원하노라 장가 가지 않은 자는 주의 일을 염려하여 어찌하여야 주를 기쁘시게 할까 하되_고전 7:29-32

세상 가운데서 드러나는 교회의 삶이 바로 이런 것이다. 그리스도인이라고 해서 삶의 형태가 세상 사람들과 다른 것은 아니다. 희로애락을 느끼며 인생을 살아가고, 필요한 것들을 구매하고 매일매일 살아가기 위한 목적으로 세상에 있는 것들을 이용한다. 그러나 무엇을 소유하든, 그리스도인들은 오직 그리스도로 말미암아 그리스도 안에서 그리스도 때문에 가지는 것이다. 따라서 그들은 소유에 매이지 않는다. 그들은 없는 듯이 모든 것을 누린다. 그들은 물질에 마음을 두지 않고 내적으로 자유롭다. 그들이 이 모든 것을 끊지 않고 세상을 자유롭게 이용할 수 있는 것도 바로 이 때문이다.고전 5:13.

만일 세상이 제자도에 걸림돌이 된다면, 세상을 떠날 수 있는 것도 역시 이런 이유 때문이다. 믿음 생활을 통해서 가능하다면 혼자 지내는 것이 더 축복이라고 말하는 사도 바울의 견해도 인정한다고전 7:7, 33-40. 그러면서도 혼인을 하기도 한다. 물건을 사고파는 교역을 하되 일상생활에 꼭 필요한 것에 한해서 한다. 재물을 축적하기도 하지만 거기에 마음을 쏟는 일은 없다. 그들은 노동을 한다. 왜냐하면 빈둥거리면서 지내는 것은 허용되지 아니하기 때문이다. 분명히 말하지만 그렇다고 해서 노동 자체가 목적은 아니다. 노동을 위한 노동은 신약 성경의 개념이 아니다. 누구나 노동을 통해서 자기 쓸 것을 벌어야 하고 또한 형제들에게 나누어 줄 것도 가지고 있어야 한다살전 4:11f; 살후 3:11f; 엡 4:28. 바울이 손수 개종시킨 자들에게조차 짐이 되지 않으려고 자부심을 가지고 직접 자기 손으로 일을 했듯이, 그리스도인은 "외인들"에게 일절 손을 벌리지 말아야 한다살전 4:12; 살후 3:8; 고전 9:15. 자립 자족하는 이런 정신을 통해서 설교자는 자신의 이익을 위해서가 아니라 오로지 교회를 섬기는 차원에서 사역함을 보여 줄 기회를 얻게 되는 것이다.

하나님은 노동에 대한 계명을 말씀하실 뿐만 아니라, 기도로 우리의 필요를 아뢰고 자족할 것도 말씀하신다. "아무 것도 염려하지 말고 다만 모든 일에 기도와 간구로, 너희 구할 것을 감사함으로 하나님께 아뢰라"빌 4:6. 그리스도인들은 다음과 같은 사실을 익히 알고 있다. "그러나 자족하는 마음이 있으면 경건은 큰 이익이 되느니라 우리가 세상에 아무 것도 가지고 온 것이 없으매 또한 아무 것도 가지고 가지 못하리니 우리가 먹을 것과 입을 것이 있은즉 족한 줄로 알 것이니라 부하려 하는 자들은 시험과 올무와 여러 가지 어리석고 해로운 욕심에 떨어지나니 곧 사람으로 파멸과 멸망에 빠지게 하는 것이라"딤전 6:6-9.

따라서 그리스도인들은 세상 물질을 사용하되 그것을 '한때 쓰다가 없어질 것들'골 2:22로 간주한다. 그들은 갖가지 선한 것들을 만들어 주신 창조주께 감사의 기도를 드리면서 세상물질을 사용한다딤전 4:4. 저들은 풍족할 수도 있고 부족할 수도 있다. 넉넉할 수도 있고 모자랄 수도 있다. 하지만 그럼에도 불구하고 그 속에서도 자유를 누린다. "내게 능력 주시는 자 안에서 내가 모든 것을 할 수 있느니라"빌 4:13.

그리스도인들은 세상 안에서 살아간다. 그들은 세상을 이용한다. 왜냐하면 저들도 혈과 육을 가진 인간이기 때문이다. 그리고 또 하나의 이유가 더 있다. 그리스도께서 이 세상에 오신 것은 바로 그들의 육신을 위해서이다. 그리스도인들은 세상적인 활동을 통해서 마음껏 즐긴다. 그들은 결혼한다. 그러나 그들의 결혼은 세상 사람들이 이해하는 결혼과는 완전히 다르다. 그리스도의 결혼은 "주 안에서" 치러질 것이다고전 7:39. 그리스도인의 결혼은 그리스도의 몸을 섬기는 것으로, 기도와 자기 절제라는 훈련을 통해서 거룩하게 될 것이다고전 7:5. 이런 점에서 그리스도인의 결혼은 교회를 향한 그리스도의 자기희생적인 사랑으로 비유할 수 있다. 심지어 그리스도인의 결혼은 그리스도의 몸에 속한 일부가 되며, 그것을 축소시키면 바로 교회가 될 것이다엡 5:32.

그리스도인들은 물건을 사고판다. 서로 거래도 하고 흥정을 한다. 그러나 다시 한번 강조하지만, 정신적인 자세는 세상 사람들과 같지 않다. 거래할 때도 그들은 일방적으로 유리한 조건을 내세우지 않을 것이다살전 4:6. 그뿐만 아니라 세상으로서는 이해할 수 없는 일도 마다

하지 않을 것이다. 상대방으로부터 부당하게 이익을 갈취당하거나 불의를 당한다 해도 '이 세상과 연관된 것들'에 대해서는 이방인의 법정에까지 끌고 가서 자신을 변호하지 않을 것이다. 설사 그런 일이 일어난다 해도 그들은 그리스도인의 공동체 안에서, 교회의 권징을 통해서만 해결을 보려고 할 것이다고전 6:1-8.

이처럼 이 세상을 통해서 드러나는 그리스도인의 공동체는 '이 세상의 외형은 사라져 없어지며, 시간은 짧고, 주님께서 오실 날은 가깝다'고전 7:31, 29; 빌 4:5는 사실을 영원히 확증하는 것이 된다. 이런 생각을 하게 되면, 저들은 말할 수 없는 기쁨에 사로잡히게 된다빌 4:4. 기독교 공동체의 입장에서 보면, 세상은 그들에게 점점 더 작아질 것이고, 그들이 바라는 것은 오로지 주님의 재림이다. 그들은 여전히 육신을 입고 살아간다. 하지만 시선은 하늘을 향해 있다. 그들이 고대하는 주님께서 그 하늘로부터 다시 오실 것이다.

그리스도인들에게 있어서 이 세상은 본향으로 돌아가기 위해서 잠시 머무는 곳이다. 그리스도인은 외국에 있는 나그네와 같이 지내면서 세상 사람들의 후한 대접을 친절히 받아들이고 세상 사람들의 법에 순종하며 관원들에게는 예의를 지킨다. 그들은 육신적인 삶에 필요한 것들을 감사히 받아들인다. 그리고 그 모든 것을 통해서 정직과 정의, 겸손과 온유, 화평과 섬김을 드러낸다. 그리스도인들은 모든 사람에게 하나님의 사랑을 보여 주되 '특히 믿음의 형제들에게는 더욱 돈독한 애정을 나타낸다'갈 6:10; 벧후 1:7. 그리스도인들은 고난 가운데서도 참고 즐거워하며, 시련 속에서도 하나님을 영화롭게 한다.

그들은 이방의 집권자와 이방의 법률 아래서 각자의 삶을 살아간다. 무엇보다도 그들은 권세를 가진 모든 이를 위해서 기도한다. 그것이 그들이 할 수 있는 가장 귀한 섬김이 되기 때문이다. 하지만 그들에게 있어서 그 땅은 지나가다 잠시 머무는 곳이다. 어느 때든지 계속 행군하라는 신호가 떨어질 수 있다. 그때는 장막을 걷어서 세상 친구들과의 모든 인연을 뒤로하고 오로지 자신들을 부르시는 주님만 따라가게 될 것이다. 그때 드디어 그들은 유배지를 벗어나 하늘에 있는 본향을 향해서 발걸음을 옮기게 되는 것이다.

세상으로부터 박해와 수모를 당하며 고난과 궁핍과 목마름 가운데서도 그리스도인은 온유한 성품을 보유하고 인정을 베풀며 화평을 누리며 살아간다. 사실 세상이 보존되는 것은 오직 그리스도인이 이렇게 살아가기 때문이다. 오로지 세상은 그들 때문에 보전될 수 있으며, 하나님께서 진노와 심판으로부터 세상을 보호하시는 것도 그리스도인들 때문이다. 하지만 그들은 세상으로부터 오는 박해와 수모, 궁핍과 고난, 주림과 목마름을 피할 수 없다. 그렇지만 그 가운데서도 그들은 온유와 자비를 드러내고 화평하게 하는 자들로 살아간다.

그들은 이 땅에서는 이방인과 나그네로 지낸다 히 11:13, 13:14; 벧전 2:11. 그들은 땅의 것이 아닌 하늘의 것을 추구한다 골 3:2. 왜냐하면 그들의 참된 삶은 하나님 안에서 그리스도와 함께 감추어져 있기 때문이다. 지금 여기서 드러나는 그들의 모습은 다만 앞으로 있게 될 실상의 그림자에 지나지 않는다. 옛사람이 날마다 은밀히 죽어간다. 세상 사람들 앞에서 그들의 죽음은 확실히 드러난다. 그들은 여전히 자기 자신에게도 숨겨져 있는데, 그들의 오른손이 하는 일을 그들의 왼손이 모른다. 그들이 눈에 보이는 공동체임에도 불구하고, 그들은 오직 주님만 바라보기에 그들은 언제나 서로에게조차 알려지지 않았다. 하나님은 하늘에 계시고 그들의 삶은 하늘에 계신 그분과 함께한다. 그리고 그들이 기다리는 것도 바로 그 하나님이시다. 그러나 그들의 생명이 되시는 그리스도께서 모습을 드러내실 때 그들 역시 영광스러운 모습으로 주님과 함께 나타나게 될 것이다골 3:4.

그들은 땅에서 정처 없이 방랑한다 해도, 하늘의 삶을 살아간다. 그들은 연약함에도 불구하고, 세상을 보호한다. 소란 가운데서도 평화를 맛보며 가난할지라도 원하는 것은 다 누리면서 살아간다. 그들은 고난을 버텨 내며 즐거움 가운데서 살아간다. 겉으로 보기에는 모든 사람에게 죽은 것같이 보이지만, 속으로는 강건한 믿음의 삶을 살아간다.

생명이신 그리스도께서 모습을 드러내실 때, 즉 주님께서 영광 중에 나타나실 때 그들 역시 주님과 함께 이 땅의 제왕들처럼 영광스러운 모습으로 변하게 될 것이다. 그들은 주님과 함께 다스리며 승리를 누리고, 밝은 빛처럼 하늘에서 빛날 것이다. 거기서 기쁨은 그들 모두의 것이 될 것이다(크리스티아 프리드리히 리히터C. F. Richter). 그것이 바로 세상에서 부르심을 받은 사람들의 모임인 교회the Ecclesia이며, 택함 받은 자들의 회집이다. 교회란 지상에 존재하는 그리스도의 몸이며, 그리스도를 따르는 자들과 제자들이다.

16장

성도들
The Saints

그리스도의 교회, 곧 제자들의 공동체는 그들을 얽어맸던 세상의 갈고리들에서 풀려났다. 물론 그 공동체는 여전히 세상 가운데서 살아가야 한다. 하지만 그 공동체는 한 몸이 되어 자체적인 통치권을 가지고 자기만의 고유한 삶의 영역을 보유하고 있다. 그것이 거룩한 교회이자엡 5:27 성도들의 공동체이다고전 14:33. 그 지체들을 각기 성도라고 부르는데롬 1:7 그들은 예수 그리스도 안에서 거룩하여진 자들이며고전 1:2 창세 전에 이미 선택받고 구별된 자들이다엡 1:4.

예수 그리스도를 통해서 소명을 받고 또한 창세 전에 선택을 받은 목적은 거룩하고 흠이 없는 자들로 세움을 입기 위해서이다엡 1:4. 그리스도께서 자신의 몸을 죽음에 넘기신 것은 자신의 소유인 성도들을 거룩하고 흠이 없고 책망할 것이 없는 모습으로 자기 앞에 세우기 위해서이다골 1:22. 그리스도의 죽음을 통해서 죄에서 벗어나게 된 결과, 예전에 그들은 자신의 지체를 죄에게 넘겨주어 죄의 종이 되었지만, 이제는 그 지체를 의의 병기로 거룩하게 사용할 수 있게 되었다롬 6:19-

22. 오직 하나님만이 거룩하시다. 죄악된 세상과 완전히 떨어져 계시든지 아니면 세상 한복판에서 자신의 성소를 세우고 계시든지 간에 하나님은 거룩하시다.

이스라엘 백성이 출애굽한 직후, 모세는 백성들과 함께 세상의 종살이에서 건져 주신 하나님을 찬양할 때 후렴구에서 이렇게 노래하였다. '여호와여 신 중에 주와 같은 자가 누구니이까? 주와 같이 거룩함으로 영광스러우며 찬송할 만한 위엄이 있으며 기이한 일을 행하는 자가 누구니이까? 주께서 오른손을 드신즉 땅이 그들을 삼켰나이다. 주의 인자하심으로 주께서 구속하신 백성을 인도하시되 주의 힘으로 그들을 주의 거룩한 처소에 들어가게 하시나이다. 주께서 백성을 인도하사 그들을 주의 기업의 산에 심으시리이다. 여호와여 이는 주의 처소를 삼으시려고 예비하신 것이라. 주여 이것이 주의 손으로 세우신 성소로소이다'출 15:11ff.

시편 기자는 세상 한가운데로 오셔서 처소를 정하시고 성소를 세우셔서 그곳에서 심판과 구원을 발하시는 분으로 하나님의 거룩함을 표현하고 있다시 99편 등. 더욱이 오직 지성소에서만 일어날 수 있는 그 대속의 행위를 통해서 자신의 백성과 교통하시게 되는 것도 바로 이 땅에 있는 성소를 통해서 이루어진다레 16:16ff.

하나님은 백성과 언약을 맺으셔서 세상과 구별하여 자신의 소유로 삼으시고 언약의 말씀을 통해서 자신의 거룩함을 확증하신다. "너희는 거룩하라 이는 나 여호와 너희 하나님이 거룩함이니라"레 19:2. "너희를 거룩하게 하는 나 여호와는 거룩함이니라"레 21:8. 이처럼 언약의 기초는 바로 '거룩함'이라는 말씀에 토대를 두고 있다. 이후에 나오는 모든 규례는 하나님과 백성의 거룩함을 전제로 하고, 동시에 하나님과 백성의 거룩함을 지켜나가도록 규정하고 있다. 홀로 거룩하신 하나님과 마찬가지로 자신의 성소로 삼고 있는 백성들 역시 속된 것에서 벗어나 죄를 멀리하는 자들이다. 왜냐하면 그들은 하나님께서 친히 택하시고 대속하신 언약의 백성으로 성소를 통해서 거룩한 자들로 세워져 가기 때문이다. 그리스도의 몸이 성전이다. 따라서 거룩한 공동체를 세워 나가는 것이 하나님의 목적이다. 하나님의 뜻은 마침내 그리스도의 몸을 통해서 성취되었다. 왜냐하면 하나님은 그리스도의 몸을 세상과 죄로부터 특별히 구별하셨고, 하나님께서 이 땅에서 친히 머무시는 성소로 지정해 놓으셨기 때문이다. 하나님은 성령과 함께 바로 이 성소 안에 거하신다.

어떻게 이런 일이 가능할까? 어떻게 하나님께서 죄성을 가진 인간들을 통해서 성도들의 공동체를 세워 나가실 수 있을까? 거룩하신 하나님께서 어떻게 죄인들과 언약을 맺으실 수 있단 말인가? 그리고 주님은 불의한 자들이 비난할 때, 어떻게 이 비난에 대해서 신경쓰지 않으신단 말인가? 하나님의 의가 상하지 않고 어떻게 죄인을 의롭게 만드실 수 있는가? 하나님은 자신의 의를 변호하기 위해서, 하나님 당신이 친히 대변자로 나서셔서 스스로 당신의 정당성을 입증하신다. 이것이 바로 해결책이다. 바로 그리스도의 십자가 안에서 이런 엄청난 기적이 일어났다 롬 3:21f. 죄인이 하나님 앞에서 목숨을 부지하려면 죄와 분리되어야 하는 것은 당연한 일이다.

하지만 죄인은 삶 자체가 죄라고 할 만큼 죄와 결탁되어 있기에, 죄에서 벗어나는 길은 죽음밖에 없다. 다시 말해서, 하나님께서 자신의 의를 보전하시는 방법은 죄인을 죽임으로써만 가능하다. 그렇다면, 죄인이 어떻게 죽지 않고 살아서 하나님 앞에 거룩한 자로 설 수 있을까? 그것이 중대한 문제이다. 이 문제는 하나님께서 친히 인간이 되셔서 예수 그리스도를 통해서 우리의 육신을 짊어지는 것과 그리스도의 몸을 통해서 우리의 육신을 짊어지고 십자가형을 당하는 것으로 해결되었다. 즉, 우리의 육신을 짊어지신 친아들을 죽이심으로써 이 땅에 있는 모든 육신을 죽이게 하신 것이다. 드디어 아무도 선한 이가 없으되 오직 하나님만 선하시고, 어느 누구도 거룩하지 아니하되 오로지 하나님만이 거룩하다는 말씀의 의미가 밝혀진다. 하나님은 가장 두려운 방법(독생자의 십자가 대속을 말한다. -역자 주)을 통해서 자신의 의로움을 증거하신다 롬 3:26.

하나님께서 행하시는 진노의 심판 가운데서 하나님 홀로 의로운 분이 되시려면, 하나님 편에서는 온 인류를 십자가의 죽음에 넘겨주어야 하는 절차가 필요하였다. 이것을 위해서 예수님의 죽음이 예정되어 있었고 그 죽음을 통해서 하나님의 의가 명백히 드러났다. 하나님께서 자신의 의를 은혜 가운데서 친히 증거하신 것도 바로 예수님의 죽음을 통해서이며, 자신의 의가 유일하게 거할 수 있는 곳도 바로 예수님의 죽음 안에서였다. 예수님의 죽음에 동참함으로써 우리 역시 하나님의 의에 참여하게 된다. 왜냐하면 그리스도께서 짊어지신 것은 우리의 육신이며 친히 나무에 달려 그 몸으로 담당하신 것도 우리의 죄악이기 때문이다 벧전 2:24.

십자가 상에서 그리스도에게 이루어진 일이 우리에게도 체험을 통해서 동일하게 일어난다. 예수님께서 우리의 생명과 죽음을 함께 나누셨기에, 우리도 그리스도의 생명과 죽음에 참여하게 되었다. 하나님께서 그리스도의 죽음을 통해서 자신의 의를 세우셔야 했기 때문에, 하나님의 의가 내포된 십자가에는 우리도 당연히 주님과 동참하게 된다. 왜냐하면 주님께서 바로 그 십자가 상에서 우리의 육신을 짊어지셨기 때문이다. 우리는 주님과 함께 십자가에서 죽었기에 예수님의 죽음을 통해서 하나님의 의에 동참하게 된다. 죄인인 우리에게 죽음을 가져온 하나님의 의는 예수님의 죽음 안에서 우리를 의롭게 하기 때문이다. 예수님의 죽음은 하나님의 의를 세울 뿐만 아니라 그리스도의 죽음을 통해서 한 몸을 이룸으로써 우리를 의롭게하기 때문이다. 다시 말해서, 예수님의 죽음을 통해서 하나님 자신도 의롭게 되고 또한 예수님을 믿는 자도 의롭다고 인정을 받게 되는 것이다롬 3:26.

하나님의 의의 관점에서 볼 때 전적으로 완전하게 불의한 죄인, 즉 자신의 의라고는 전혀 없는 죄인이 의롭게 되는 것은 전적으로 하나님의 의에 달려 있다. 그러므로 의롭게 되기 위해서 인간적인 힘으로 무언가를 해 보고자 시도할 때마다, 우리는 하나님의 의를 통해서만 가능한 칭의의 유일한 기회를 상실하게 된다. 의로우신 분은 오로지 하나님뿐이시다. 이것은 우리가 십자가를 통해서만 이해할 수 있는 진리이다.

그러나 그리스도의 죽음을 믿음의 시각으로 바라보게 되면, 우리는 우리가 죄인으로서 정죄를 받은 바로 그 십자가에서 하나님의 의를 얻게 된다. 그럴 때 우리가 의로운 자로 인정받을 수 있게 되는 것은 스스로 자신의 의를 세울 수 있는 모든 시도 자체를 기꺼이 포기하고 하나님만 의로우심을 받아들이기 때문이다. 그러므로 우리가 하나님 앞에서 의인이 될 수 있는 유일한 방법은 하나님만 의로우시고 우리는 존재 자체가 전적으로 죄인이라는 사실을 인정하는 것이다.

사실상 '죄인인 우리가 하나님 앞에서 어떻게 의롭게 될 수 있는가?'라는 이 물음은 '우리와 달리 하나님은 어떻게 홀로 의로우신 분인가?'라는 물음과 근본적으로 동일하다. 우리가 의롭게 되는 칭의의 유일한 근거는 하나님만이 홀로 의로우신 분이라는 사실에 기반을 두고 있다. 즉 "그럴 수 없느니라 사람은 다 거짓되되 오직 하나님은 참되시다 할지어다 기록된 바 주께서 주의 말씀에 의롭다 함을 얻으시고 판단 받으실 때에 이기려 하심이라 함과 같으니라"롬 3:4는 말씀처럼 하나님의 칭의 위에 인간의 칭의가 세워진다. 중요한 것은 오로지 하나님의 의가 우리의 의를 능가한다는 것과 하나님의 의가 보전保全되어야 한다는 것, 그리고 하나님 홀로 의로우시다는 것이다. 이것이 십자가에서 치러진 싸움이며, 이것이 십자가에서 얻은 하나님의 승리이다. 그리고 그리스도께서 십자가에서 승리하심으로 '하나님만 홀로 의로우시다'는 것을 입증하였고 죄를 고백하는 모든 자의 죄악을 대속하셨다롬 3:25.

하나님의 의는 본질상 대속의 효력을 가지고 있다롬 3:25. "곧 하나님께서 그리스도 안에 계시사 세상을 자기와 화목하게 하시며 그들의 죄를 그들에게 돌리지 아니하시고 화목하게 하는 말씀을 우리에게 부탁하셨느니라"고후 5:19. 하나님께서 그 죄를 대신 짊어지시고 죽음의 대가를 치러야 하는 그 죗값을 친히 담당하신 것이다. "하나님은 화목하게 하는 말씀을 우리에게 부탁하셨다." 이 말씀은 오직 하나님만이 의로우시고, 예수님을 통해서 우리가 의롭게 되었다는 것을 믿으라고 요청한다. 그리스도의 죽음과 사도 바울이 선포하는 복음 사이에는 부활이 놓여 있다. 십자가에 대속의 능력을 부여하는 것은 오로지 부활을 통해서이다. 십자가에 못 박히신 그리스도의 복음은 주님의 죽음이 사망으로 끝나지 않았다는 것이다. 그 이후에 부활이 있었고 이 부활을 통해서 우리에게는 하나님과 화목하게 되는 은총이 임하는 것이다.

"그러므로 우리가 그리스도를 대신하여 사신이 되어 하나님이 우리를 통하여 너희를 권면하시는 것 같이 그리스도를 대신하여 간청하노니 너희는 하나님과 화목하라"고후 5:20. 대속의 메시지는 그리스도께서 직접 전하시는 말씀이다. 그리스도는 부활하신 주님으로서 사도 바울의 입을 통해서 자신이 친히 십자가에 못 박혔다고 증언하신다. 사도 바울은 예수님의 죽음을 통해서, 그리고 예수님의 죽음을 통해서 우리에게 허락된 하나님의 의를 통해서, 우리에게 자신의 참된 자아를 발견하라고 말한다.

예수님의 죽음을 통해서 자신의 참된 자아를 발견하는 자는 자아의 참된 모습을 오직 하나님의 의義 안에서 확인하게 된다. "하나님이 죄를 알지도 못하신 이를 우리를 대신하여 죄로 삼으신 것은 우리로 하여금 그 안에서 하나님의 의가 되게 하려 하심이라"고후 5:21; 히 4:15. 아무 죄도 없는 주님께서 죽임을 당하신 것은 죄성을 가진 우리의 육신을 짊어지셨기 때문이다. 주님은 우리의 육신 때문에 하나님과 세상으로부터 미움을 받으시고 고소를 당하셔서 급기야는 죄인으로 낙인이 찍히셨다. 그러나 우리는 주님의 죽으심을 통해서 하나님의 의를 얻게 된다.

우리는 예수님의 성육신으로 인해서 주님 안에 있는 자들이다. 예수님께서 우리를 위해서 죽으셨기 때문에, 우리는 유일하게 의로우신 하나님을 통해서 죄에서 벗어난 죄인의 신분으로 주님 안에서 하나님의 의가 되었다. 만일 그리스도께서 하나님이 보시기에 마땅히 정죄를 받아야 할 우리의 죄를 담당하셨다면(고후 5:21 참조 -역자 주), 바로 그 주님을 통해서 우리는 의로운 존재가 되는 것이다. 물론 이

의는 우리에게서 난 것이 아니며 롬 10:3; 빌 3:9, 엄밀한 의미에서 오로지 하나님의 의로서 하나님의 속성에 속한다.

따라서 하나님의 의에는 이런 의미가 내포되어 있다. 즉 '죄인인 우리가 하나님의 의가 됨으로 말미암아 우리는 하나님의 의'사 54:17를 소유하게 되었다. 그리하여 "거룩하신 이는 오직 하나님이시고 우리는 하나님이 용납하신 죄인이다"를 의미한다. 이런 맥락에서 하나님의 의는 곧 그리스도이시다 고전 1:30. 또한 그리스도는 "우리와 함께하시는 하나님", 곧 "임마누엘" 사 7:14 이시자 우리의 의가 되시는 여호와가 되신다 렘 33:16.

그리스도께서 우리를 대신하여 죽으셨다는 말씀은 칭의를 선포하는 것이다. 주님의 죽으심과 부활을 통해서 우리가 그리스도의 몸과 하나 되는 것은 세례를 통해서 일어난다. 그리스도께서 영원히 단번에 죽으신 것처럼, 우리에게 주어진 세례와 칭의 역시 단 한 번으로 영원까지 효력이 지속되는 것이다. 이 두 가지 사건은 엄밀한 의미에서 반복될 수 없다. 그 일은 단 한 번으로 최종적인 효력을 가지며 또한 그 부분을 날마다 되새길 필요가 있다.

그러나 우리들의 관행은 언제나 본질을 벗어나는 속성이 있다. 만일 우리가 본질을 잃어버린다면 결코 회복할 수 없다. 히브리서는 하나님의 은사를 맛본 자들이 타락하게 되면 그 마지막이 어떻게 되는가를 계속 강조하는데, 그것을 보더라도 성도의 본질을 지켜나가는 이것이 얼마나 중요한가를 기억할 필요가 있다 히 6:5f, 10:26f. "만일 소금이 그 맛을 잃는다면, 무엇으로 짜게 할 수 있겠는가?" 세례를 받은 자들은 언제나 이 두 구절을 명심해야 한다. "너희는 알지 못하는가" 롬 6:3; 고전 3:16, 6:19. "너희 자신을 죄에 대하여는 죽은 자요 그리스도 예수 안에서 하나님께 대하여는 살아 있는 자로 여길지어다"롬 6:11.

하나님의 거룩과 칭의에 관련해서 일어날 수 있는 모든 일은 십자가에서 뿐만 아니라, 우리 안에서도 이미 일어났다. 우리는 죄에서 벗어나서 죄에 대해서는 죽고 의롭게 되었다. 이로써 하나님의 역사는 이미 완성되었다. 하나님은 자신의 의 안에서 이 땅에 있는 자신의 성소를 세우셨다. 이 성소는 바로 그리스도이시며 그분의 몸이다.

우리가 죄에서 벗어난 것은 죄인인 우리가 예수 그리스도 안에서 죽음으로써 이루어진 사건이다. 하나님께서 죄로부터 의롭게 된 사람들을 준비하셨다. 이 사람들이 예수님의 제자 공동체이자 성도 공동체이다. 그들은 하나님의 성소 안으로 인도하심을 받았는데, 사실은 그들이 곧 성소이자 하나님의 성전이다. 그들은 세상으로부터 택함을 받아 세상 가운데 거하며, 그들 자신이 구원받은 새로운 영역 안에서 산다.

신약 성경에서는 그리스도인을 간단히 '성도'라고 부른다. 우리의 예상과는 달리 의인이라고 부르지 않는 것은 그 용어가 그들이 받은 은혜를 제대로 드러내지 못한다고 생각하기 때문이다. 어떤 경우에도 의인이란 이 용어는 세례와 칭의의 사건에만 국한되는 것이다. 날마다 새로워져야 한다는 말은 중요하다. 성도는 '의롭게 된 죄인'이라는 말도 참되다. 그러나 이것보다 더 중요한 개념이 있는데, 그것은 최종적인 성도의 견인, 즉 성화이다. 두 가지 개념(칭의와 성화)은 공통된 근원을 가지고 있다. 곧 십자가에 못 박히신 예수 그리스도고전 1:2, 6:11이시다. 또한 공통된 내용을 가지고 있다. 이는 그리스도와의 교제와 교통이다. 근원과 내용은 분리할 수 없게 연결되어 있지만, 바로 그 이유 때문에 동일하다는 것은 아니하다.

칭의는 과거에 행하신 하나님의 구원 역사를 우리에게 적용하는 수단이 되고, 성화는 하나님의 사역에 대한 약속을 현재와 미래에 적용하는 수단이 된다. 칭의는 예수님의 죽음이라는 독특하고 종결적인 사건을 통해서 그리스도와의 교제와 교통에 우리가 들어가도록 보장하고, 성화는 우리로 하여금 그리스도 안에서 계속해서 교제하게 한다. 칭의는 주로 사람과 하나님의 율법 사이의 관계에 관한 것이고, 성화는 예수님께서 재림하실 때까지 그리스도인이 세상으로부터 구별된 삶을 살게 하는 것에 관한 것이다. 성화는 교회를 지체들과 함께 보존하는 반면, 칭의는 개인을 교회의 지체로 만든다. 칭의는 신자로 하여금 죄악된 과거의 삶을 끊어 버리게 하고, 성화는 신자로 하여금 믿음 안에서 보존되고 사랑 안에서 자라도록 인도한다. 칭의와 성화의 관계는 창조와 보존의 관계와 유사하다. 칭의는 새 사람의 새로운 창조이고, 성화는 예수 그리스도의 날까지 새 사람을 보존한다.

성화는 '내가 거룩하니, 너희도 거룩하라'는 말씀과, '너희를 거룩하게 하는 주님인 나는 거룩하니라'는 말씀에서 밝혀진 바와 같이 '하나님의 목적이 성취되는 과정'이다. 그 일은 성령 하나님의 역사로 성취된 것이다. 성령 하나님은 신실한 자들이 구속의 날까지 인치심을 받은 구원의 인치심 the seal을 주시는 분이다. 그때까지 그들은 율법 아래에서 후견을 받았고, 옥 안에 있는 것처럼 갇혀 있었다 갈 3:23. 그러나 이제 그들은 하나님의 성령으로 인치심을 받아 그리스도 안에서 보호받고 있다. 이 봉인은 깨어지지 않는다. 하나님께서 문을 닫으셨고, 하나님의 손에 열쇠를 쥐고 계신다. 다른 말로 하면, 하나님은 그리스도 안에서 택하신 사람들을 완전히 소유하고 계신다. 그 출입문은 닫혔고 성령 안에서 성도는 하나님의 소유가 되었다.

성도의 공동체는 최종적인 구원을 기다리며, 누구도 깰 수 없는 봉인에 의해서 세상으로부터 보존되었다. 외국의 영토를 여행하는 봉인된 기차와 같이, 교회는 세상을 관통해 나간다. 교회는 '안팎으로 역청을 칠한'창 6:14 방주와 같아서, 홍수 속에서도 안전하게 통과할 것이다. 성도들은 예수님의 재림 때에 구원을 받도록 인치심을 받았다 엡 4:30, 1:13f; 살전 5:23; 벧전 1:5 등. 또한 성령은 성도들의 운명에 대해서 인침 받은 확신을 주시는 보증이 되신다. "이는 우리가 그리스도 안에서 전부터 바라던 그의 영광의 찬송이 되게 하려 하심이라 그 안에서 너희도 진리의 말씀 곧 너희의 구원의 복음을 듣고 그 안에서 또한 믿어 약속의 성령으로 인치심을 받았으니 이는 우리 기업의 보증이 되사 그 얻으신 것을 속량하시고 그의 영광을 찬송하게 하려 하심이라" 엡 1:12-14.

교회의 성화는 거룩하지 않은 모든 것과 죄로부터의 분리됨을 의미하며, 성화를 성취하는 도구는 교회에 대한 하나님의 인치심이다. 그로 인해서 교회는 하나님의 소유이며 지상에 있는 하나님의 거처임과 동시에 세상을 향해서 심판과 화목의 메시지가 나오는 처소이다. 성화는 그리스도인이 이미 심판을 받았음을 의미하고, 그리스도의 재림 때까지 보존되고 있음을 의미하며, 그리스도의 재림을 향해 나아가고 있음을 의미한다.

이 모든 것은 성도의 공동체를 위한 삼중적인 의미를 가지고 있다. 첫째로, 성도들의 성화는 세상과 명백하게 분리됨을 통해서 유지될 것이다. 둘째로, 성화는 하나님의 거룩하심에 합당한 방식으로 살아감을 통해서 유지될 것이다. 셋째로, 성도들은 예수 그리스도의 날까지 성화의 완성을 기다려야만 한다는 것이다. 그러므로 성화는 오직 가시적인 교회 안에서만 가능하다. 세상에서 교회가 자기 자신의 영역을 확보하는 것 그리고 교회와 세상 사이의 경계를 표시하는 중요한 선은 교회가 성화의 상태에 있음을 증명한다.

성령이 교회를 봉인함으로 인치셔서 세상으로부터 차단하신다. 이 인치심이 교회의 의무를 완수할 수 있도록 교회에 힘과 능력을 준다. 이와 동시에 교회는 교회 자신을 위해서 세상 안에 일정한 영역을 요구하고, 교회와 세상 사이에 경계선을 분명하게 정해야 한다. 이제 교회는 산 위에 위치하고 하나님의 직접적인 행동에 의해서 기초를 놓은 도시이며, 마태복음 5:14의 그 '도시'(동네)polis이다. 교회는 그렇게 하나님 당신이 인치신 하나님의 소유이다. 세상은 세상이고 교회는 교회이다. 그럼에도 불구하고 하나님의 말씀은 '세상과 세상에 있는 모든 것이 하나님의 것임'을 선포하며, 교회로부터 세상을 향해서 나아간다.

우리가 만일 성화를 공적인 생활과는 전혀 어떤 상관이 없는, 순전히 개인적인 문제로 여긴다면 어떻게 될까? 우리는 개인적 성화와 하나님의 인치심을 통해서 그리스도의 죽음 안에서 성취된 '교회의 성화' 사이에 존재하는 혼돈에 결국 우리 자신을 빠뜨리게 될 것이다. 성화를 단지 개인적인 문제로만 여기는 것은 형제들의 가시적인 공동체 밖에서 성화를 추구하는 옛사람의 기만적인 교만이고 거짓된 영성이다. 성화를 개인적인 문제로만 여기는 것은 의롭게 된 죄인들의 가시적인 교제 공동체로서 그리스도의 몸에 대한 멸시이고, 자기 자신을 내적인 인간애로 가장한 멸시이다. 우리의 육신을 가시적으로 짊어지시고 십자가로 지고 가신 것이 그리스도의 선한 즐거움이셨음에도 불구하고 말이다. 성화를 개인적인 문제로만 여기는 것은 우리의 교제에 대한 멸시이기도 한데, 우리가 형제들로부터 고립된 상태에서 성화에 이르려고 하기 때문이다. 그리고 성화를 개인적인 문제로만 여기는 것은 동료 죄인들에 대한 멸시이기도 한데, 우리가 교회 공동체와 단절하고 죄인으로 구성된 교회의 모습을 역겹게 여기고 우리 자신의 선택에 따라서 개인적 차원에서 거룩함을 추구하기 때문이다. 교회 밖에서 성화를 추구함으로써 우리는 자신이 거룩하다고 선언하는 것이다.

교회는 성령의 인치심으로 거룩하게 되었기 때문에 항상 전장戰場 한복판에 있다. 교회 안에서부터나 교회 밖에서부터 성령의 인치심이 깨지지 않도록 세상을 향해서 전쟁을 선포한다. 세상이 교회가 되거나 교회가 세상이 되지 않도록 영적인 씨름을 한다. 교회의 성화는 실로 지상에 있는 그리스도의 몸에게 주어진 영역을 수호하기 위한 방어전이다. 교회와 세상이 서로에 대해서 분리되는 것은 교회가 지상에 있는 하나님의 성소를 위해서 싸우는 십자군임을 의미한다.

이 성소는 오직 가시적인 교회 안에서만 존재할 수 있다. 그러나 여기서 우리는 두 번째 요점에 도달한다. 교회는 세상으로부터 분리되어 있다. 성도란 모든 삶의 영역에 있어서 부르심과 복음에 합당하게 사는 자이다엡 4:1; 빌 1:27; 골 1:10; 살전 2:12. 날마다 복음에 합당하게 살 수 있는 유일한 방법은 신앙과 삶의 유일한 기초가 되는 복음을 날마다 묵상하는 것이다. "우리 하나님의 성령 안에서 씻음과 거룩함과 의롭다 하심을 받았느니라"고전 6:11. 이런 매일의 묵상을 통해서 성도는 성화된다. 성도들이 합당한 삶을 살아야 할 복음은 세상과 육신의 죽음을 선포하는 것이고, 세례를 통해서 그리스도와 함께 성도들 자신이 십자가에서 못 박혀 죽었음을 선포하는 것이다. 세례는 죄의 권세가 이미 소멸되었기 때문에 죄가 그들을 더는 주장하지 못하고, 그리스도인은 다시는 죄를 지을 수 없게 되었음을 선포하는 것이다. "하나님께로부터 난 자마다 죄를 짓지 아니하나니"요일 3:9.

이것이 바로 그리스도인이 더 이상 죄인이라고 불리지 않는 이유이다. 여기에서 죄인은 죄의 영속적 지배 아래에 여전히 사는 사람이라는 의미이다(유일한 예외는 딤전 1:15인데, 그것은 개인적인 고백이다). 반면에 그들은 전에 죄인, 불경건한 자, 원수롬 5:8, 19; 갈 2:15, 17였지만, 지금은 그리스도를 통해서 거룩해졌다. 성도는 율법적 의미에서 거룩해지라고 요구받는 죄인이 아니다. 만일 그렇다면 그것은 행위로 의롭다함을 받는 율법으로 돌아가는 것이고 그리스도를 모독하는 것이 될 것이다. 하지만 그렇지 않다. 성도는 성령을 통해서 예수 그리스도 안에서 거룩하게 된 자이다.

성도들의 삶은 충격적인 과거의 배경에서 빠져나온 것이다. 육체에 속한 어둠의 일들이 성령 안에서 생명의 밝은 빛 가운데 공개적으로 드러났다. "육체의 일은 분명하니 곧 음행과 더러운 것과 호색과 우상 숭배와 주술과 원수 맺는 것과 분쟁과 시기와 분냄과 당 짓는 것과 분열함과 이단과 투기와 술 취함과 방탕함과 또 그와 같은 것들이라"갈 5:19-21. 그리스도의 교회 안에는 그런 악들이 발붙일 곳이 없다. 이런 악들은 십자가로 폐해지고 정죄를 받고, 끝이 났기 때문이다. 그리스도인들이 새 출발을 할 때, '그런 일을 행하는 사람은 하나님의 나라를 유업으로 받을 수 없다'갈 5:21; 엡 5:5; 고전 6:9; 롬 1:32는 경고를 받았다. 이 같은 죄들은 사람을 영원한 구원에서 끊어 낸다. 만일 이런 악들이 교회 안에서 그 추한 머리를 든다면 출교excommunication 외에는 다른 대안이 없다고전 5:1ff.

예외 없이 그 목록들은 음행으로 시작된다. 음행은 그리스도 안에 있는 새 생명과 어울릴 수 없다. 대부분의 경우에 탐심의 죄가 두 번째로 나온다 고전 5:10, 6:10; 엡 4:19, 5:3, 5:2; 골 3:5; 살전 4:4ff. 음행과 탐심은 '불결함'과 '우상 숭배'로 요약될 수 있다 고전 5:10, 6:9; 엡 5:3; 갈 5:19; 골 3:5, 8. 그다음으로는 형제애에 반하는 죄들이 나온다. 그리고 마지막으로 '흥청거림' revelling 이 나온다.[1] 죄의 목록들 중에서 음행이 맨 처음에 나온 것은 분명히 우연이 아닌데, 그 당시의 특정한 환경 때문이라기보다는 그 악의 특정한 성격 때문일 것이다. 음행은 옛 아담의 부활이다. 아담이 하나님처럼 되기를 원했을 때, 생명의 창조주가 되기를 원했을 때, 섬기기보다 다스리기를 원했을 때 범했던 죄이다. 음행은 인간이 하나님에 의해서 정해진 한계를 뛰어넘고, 하나님께서 지으신 창조 세계에 공격적인 손을 대려고 시도했던 것을 상징한다. 이스라엘 백성은 구원하시는 주님의 신실하심을 지속적으로 부인했고, 우상들을 숭배했으며 고전 10:7, 음행의 죄를 범하였다.

음행은 창조주에 대항하는 첫 번째 죄이다. 어쨌거나 그리스도인에게 있어서 음행은 그리스도의 몸에 대해서 범하는 특별한 죄인데, 그리스도인의 몸은 그리스도의 지체이고 오직 그리스도에게만 속하기 때문이다. 창기와의 신체적인 연합은 그리스도와의 영적인 연합을 해제하고, 그리스도에게서 그의 몸을 도둑질하고 그 몸을 죄에게 빌려줌으로써, 그리스도인은 그리스도와의 교제와 교통을 박탈당한다. 음행은 우리 자신의 몸에 대한 죄이다. 그리스도인은 그의 몸 또한 성령이 거하시는 성전임을 깨달아야만 한다 고전 6:13ff. 그리스도인의 몸과 그리

---

[1] 마가복음 7:21f에 나오는 주님의 말씀이 이 모든 목록의 자료가 될 수 있다.

스도 사이에 교통이 밀접하므로, 그의 몸은 자기 자신뿐만 아니라 세상에도 속할 수 없다. 그리스도의 몸 안에서 어우러지는 공동체 생활은 우리 자신의 몸에 대해서 범죄하는 것을 금한다. 호색가는 분명히 하나님의 진노를 일으킨다 롬 1:29; 고전 5:1f, 7:2, 10:7; 고전 12:21; 히 12:16, 13:4.

그리스도인은 순결하다. 그는 그의 몸을 그리스도의 몸인 교회에 대한 봉사에만 헌신한다. 그리스도께서 죽음에 넘겨지셨던 것처럼, 그리스도인은 그리스도께서 십자가 위에서 겪으셨던 몸의 고난과 죽으심이 자기 자신의 몸과도 밀접하게 연결되어 있음을 안다. 십자가에 달리시고 영광을 받으신 그리스도의 몸과 우리가 교제하고 교통함으로, 그리스도께서 우리를 음란함으로부터 해방시키신다. 그 교통을 통해서 우리 안에서 길들지 않은 육신적 열정은 날마다 죽게 된다. 그리스도인은 자기의 몸을 그리스도의 몸된 교회를 세워 가는 데 헌신함으로써, 정숙함과 자기 절제를 연습한다. 그리스도인은 결혼생활에서도 정숙함과 자기 절제를 연습한다. 그리하여 결혼생활도 그리스도의 몸에 속한 삶으로 만든다.

탐욕도 음란과 밀접하게 연결되어 있다. 채울 수 없는 욕망이 탐욕과 음란의 공통점이고 이 두 가지로 인해서 죄인은 세상에 굴복하게 된다. 하나님께서 주신 십계명은 "너는 탐내지 말라"고 말씀한다. 호색가와 탐욕스러운 사람은 둘 다 욕망의 완벽한 화신이다. 호색가는 다른 사람을 소유하기를 원하고, 탐욕스러운 사람은 물질적인 것을 원한다. 탐욕스러운 사람은 지배력과 권력을 추구하지만, 결국 그는 마음으로 추구하는 세상의 노예가 되고 만다. 음행과 탐욕은 모두 자기 자신을 더럽히고 불결하게 하며 불결한 방식으로 세상과 접촉하게 한다. 이 두 가지 악은 그리스도인이 그리스도에게 속해 있음을 부인하도록 한다는 점에서 우상 숭배이다.

그러나 우리가 새로운 우상 숭배의 신들을 만들고 우리가 좋아하는 새로운 세상을 만들었을 때, 우리는 이 작업들을 통해서 우리 자신의 탐욕을 신격화하고 있는 것이다. 이 같은 상황에 이르면 우리는 신앙 동지들을 우리의 뜻을 가로막는 장애물로 여기고 증오하게 된다. 증오, 시기, 그리고 살인 등 이 모든 것이 이기적인 탐욕의 열매들이다. "너희 중에 싸움이 어디로부터 다툼이 어디로부터 나느냐 너희 지체 중에서 싸우는 정욕으로부터 나는 것이 아니냐" 약 4:1f. 호색가와 탐욕스러운 사람은 형제애를 알 수 없다. 그들은 자신의 마음을 덮고 있는 어둠 위에서 번성한다. 그리스도의 몸에 대항하는 죄를 지으면서, 그들은 자신과 신앙 동지들에 대해서 죄를 짓는다. 음행과 형제애는 그리스도의 몸으로 인해서 서로 어울릴 수 없다. 그리스도의 몸으로부터 우리의 몸을 빼냄으로 우리는 우리의 몸으로 이웃을 섬길 수 없게 만든다. 우리는 우리 자신의 몸과 신앙 동지들을 멸시함으로써, 수치를 모르는 불경건한 흥청거림, 소란함, 술 취함의 함정에 빠진다.

다른 말로 하면, 우리는 육체의 지배를 받는 희생자가 되어 "이같은 자들은 우리 주 그리스도를 섬기지 아니하고 다만 자기들의 배만 섬기나니" 롬 16:18에 해당되게 된다. 이 죄는 영적으로 죽은 육체가 자기 자신을 양육하려고 시도하기까지 한다. 그렇게 함으로써 그 사람의 외모에까지 수치를 가져오게 된다. 탐식가glutton는 그리스도의 몸에 속하지 못한다. 교회 편에서 보면 세상과 세상의 악들은 과거에 속한 것이다. 교회는 그런 일을 행하는 사람들과의 모든 접촉을 금하였고, 이런 악들을 피하는 것이 교회의 의무이다 고전 5:9ff. 주님은 "빛과 어둠이 어찌 사귀며" 고후 6:14라고 말씀하신다. 세상에는 "육신의 일"이 있고, 교회에는 "성령의 열매"가 있다갈 5:19; 엡 5:9.

이 문맥에서 "열매"는 무엇인가? 육신의 일은 많은데, 성령의 열매는 오직 하나뿐이다. 일은 사람의 손으로 되지만, 열매는 위로 뚫고 올라와서 그 열매를 맺는 나무도 모르게 훌쩍 자란다. 일은 죽었지만 열매는 살아있다. 일은 자기 힘으로 근근이 살고, 열매는 나무를 떠나서는 존재할 수가 없다. 열매는 언제나 기적이고 피조물인데, 자발적인 의지의 결과가 아니지만 언제나 성장하는 것이다. 성령의 열매는 하나님의 선물이고 오직 하나님께서만 생산하실 수 있다. 열매를 맺은 나무가 열매를 거의 모르듯이, 성령의 열매를 맺는 사람은 성령의 열매를 잘 모른다. 그들은 그들에게 생명을 주신 주님의 능력만을 알 뿐이다. 여기에는 자기를 자랑할 여지가 없고, 주님과의 더욱 친밀한 연합만이 있을 뿐이다. 성도는 그들이 맺은 열매를 의식하지 않는다. 오른손이 하는 일을 왼손이 모르는 것과 마찬가지이다. "오직 성령의 열매는 사랑과 희락과 화평과 오래 참음과 자비와 양선과 충성과 온유와 절제니"갈 5:22-23. 교회의 성화뿐만 아니라, 개인의 성화에 대해서 전반적으로 설명하는 말씀 중에서 이 말씀보다 더 분명한 설명을 찾기는 어렵다.

개인적인 성화와 공동체적인 성화의 근원은 같다. 그리스도와 세상의 분리가 지속적인 갈등 속에서 가시적으로 나타나듯이, 개인적인 성화는 육신에 대한 성령의 갈등으로 나타난다. 성도는 성령과 육신 사이의 다툼과 그로 인한 근심, 그들의 삶 속에 있는 연약함과 죄성을 의식한다. "그리스도 예수의 사람들은 육체와 함께 그 정욕과 탐심을 십자가에 못 박았느니라"갈 5:24. 신자들은 육체 가운데 살고 있다. 바로 육체 가운데서 사는 삶이 생명을 시작하신 하나님의 아들을 믿는 믿음의 행위가 되어야만 한다 갈 2:20. 그리스도인은 날마다 죽는다 고전 15:31. 이것이 고난과 육신의 후패함을 의미하며, 동시에 그들의 속사람은 나날이 새로워진다 고후 4:16. 성도가 육신 안에서 죽어야만 하는 이유는 성령이 그들 안에서 예수님의 생명을 살기 시작하셨기 때문이다. 그리스도와 그의 생명이 성도에게 끼치는 효과는 육신에 대해서 죽는 것이다. 그들이 고난을 찾기 위해서 자기 나름의 길로 찾아다닐 필요가 없다. 그리스도는 날마다 그들의 죽음이 되시고, 날마다 그들의 생명이 되신다.

그러므로 이 승리의 노래가 충만하게 그들에게 적용된다. 하나님께 난 사람은 죄를 습관적으로 짓지 않는다. 죄가 그들을 더 이상 주관하지 못하기 때문이며, 그들은 죄에 대해서 죽고 성령을 통해서 살기 때문이다.[2] "그러므로 이제 그리스도 예수 안에 있는 자에게는 결코 정

---

[2] "신자는 말한다. 나는 산다. 나는 하나님의 눈앞에서 산다. 하나님의 은총으로 나는 그의 심판대 앞에서 무죄 선고를 받는다. 나는 그의 인애, 그의 빛, 그 사랑 안에서 산다. 나는 나의 모든 죄로부터 완전히 건짐을 받았다. 나의 행위를 기록한 하나님의 책에 나의 죗값이 지불되지 않은 계정은 없다. 율법은 나에게 더 이상 어떤 청구도 하지도, 나를 추적하지도, 정죄하지도 않는다. 하나님께서 의로우신 것과 같이, 나는 하나님 앞에서 의롭다. 나의 하나님께서 거룩하시고 나의 하나님 아버지께서 완전하신 것과 같이 나도 거룩하고 완전하다. 하나님의 모든 호의가 나를 아우르시니, 그곳이 바로 내가 서 있는 기초이며, 내가 그 아래 숨는 지붕이다. 하나님의 모든 축복과 평화가 나를 일으키시고 나를 높은 곳으로 안아 올리신다. 그것이 바로 내가 숨 쉬는 공기이며 나를 잘 자라게 하는 음식이다. 내 안에 죄는 더 이상 없다. 나는 완전히 죄를 짓는 것을 그만두었다. 나는 선한 양심을 가지고 있고, 나는 하나님의 길로 행하며, 하나님의 뜻을 행한다. 내가 걷든지 서든지, 앉든지, 눕든지, 깨어 있든지, 잠들었든지 나의 모든 생애가 하나님의 뜻을 따라서 빚어짐을 안다. 내가 말하는 모든 생각과 내가 하는 모든 행동을 나는 하나님의 뜻을 따라서 생각하고 행한다. 내가 어디에 있든지, 집에 있든지 해외에 있든지, 그것은 하나님의 은혜로우신 뜻을 따른 것이다. 내가 일을 하고 있든지 쉬고 있든지 나는 하나님께 용납되었다. 나의 죄는 영원히 도말되었고, 내가 속죄받을 수 없는 새로운 죄를 짓는 것은 불가능하다. 나는 하나님의 은혜로 보존되었고 더 이상 죄를 지을 수 없다. 그렇다. 죽음이 나를 해하지 못한다. 하나님의 모든 천사와 같이 나도 영원한 생명을 가지고 있기 때문이다. 나의 하나님께서 내게 더 이상 격노하시거나 꾸짖지 않으신다. 나는 장차 임할 하나님의 진노로부터 영원히 구속받았기 때문이다. 사탄이 더 이상 나를 괴

죄함이 없나니"롬 8:1. 하나님은 그의 성도들로 인해서 기뻐하신다. 하나님은 죄에 대항하는 그들의 갈등과 죄에 대한 그들의 죽음 속에서 행하고 계신다. 성도는 그들의 눈에는 항상 보이지 않지만, 열매가 있다는 것에 대해서 확신해야 한다. 물론 그것은 죄 사함의 복음이 선포되는 동안, 그들이 음란, 탐욕, 살인 그리고 형제에 대한 증오를 탐닉해도 좋다는 의미가 아니다. 그러나 성령의 열매가 대규모로 눈에 보이게 나타나는 곳마다, 세상이 그리스도인을 보고 일찍이 "이 그리스도인들이 어떻게 서로 사랑하는지 보라"고 말해 왔다. 이렇게 대규모로 성령의 열매가 나타날 때, 성도들은 그들의 눈이 그리스도 한 분만을 바라보도록, 그들 자신이 스스로 성취한 그 어떤 선善에 대해서 공치사하지 아니하도록, 그리고 죄 용서를 위해서 뜨겁게 기도하도록 특별히 신경을 써야 한다.

더 이상 죄의 지배를 받지 않고 성령의 지배를 받는 그리스도인은 다음과 같이 고백해야 할 것이다. "만일 우리가 죄가 없다고 말하면 스스로 속이고 또 진리가 우리 속에 있지 아니할 것이요 만일 우리가 우리 죄를 자백하면 그는 미쁘시고 의로우사 우리 죄를 사하시며 우리를 모든 불의에서 깨끗하게 하실 것이요 만일 우리가 범죄하지 아니하였다 하면 하나님을 거짓말하는 이로 만드는 것이니 또한 그의 말씀이 우리 속에 있지 아니하니라 나의 자녀들아 내가 이것을 너희에게 씀은 너희로 죄를 범하지 않게 하려 함이라 만일 누가 죄를 범하여도 아버지 앞에서 우리에게 대언자가 있으니 곧 의로우신 예수 그

롭히지 못한다. 세상이 더 이상 나를 함정에 빠뜨리지 못한다. 누가 우리를 하나님의 사랑에서 갈라낼 수 있겠는가? 하나님께서 우리를 위하시면, 누가 우리를 대적하리요?"(Kolhbrugge; 콜브루게[1803-1875]는 네덜란드의 루터교 목사이자 신학자이다. -역자 주).

리스도시라"요일 1:8-2:1. 주님께서 "우리의 죄를 사하여 주옵시고"라고 기도하라 하셨다. 주님은 우리에게 서로 용서하는 것을 절대로 싫어하지 말라고 명령하셨다엡 4:32; 마 18:21ff. 형제간의 용서는 그들의 공동체 생활에 주님의 용서가 들어갈 여지를 만든다. 성도는 이제 이웃을 자신들에게 상처를 준 사람으로 보는 대신에, 예수님께서 십자가에서 용서를 이루신 사람으로 본다.

성도의 공동체는 완전하고도 죄 없는 자들로 구성되어, 더 이상의 회개가 필요 없는 이상적인 공동체가 아니다. 성도 공동체는 자기 용서와 아무 관계가 없는 하나님의 용서를 지속적으로 신실하게 선포함으로써, 죄 사함의 복음에 합당함을 증명하는 공동체이다. 성도 공동체란 하나님의 소중한 은혜를 순전하게 덧입고, 그 은혜를 분별없게 내버리지 않음으로 복음에 합당한 삶을 살아가는 남자들과 여자들의 공동체이다.

다른 말로 하면, 죄 용서받음에 대한 설교는 회개, 율법, 그리고 복음에 대한 설교와 함께 선포되어야 한다. 죄에 대한 설교가 없이 죄 용서받음에 대해서 무조건 설교할 수는 없다. 때때로 설교 속에서 죄에 대한 언급이 유지되어야 한다. 복음이 개들에게 주어져서는 안 된다는 것이 주님 당신의 뜻이다. 회개를 설교하는 것이 죄 사함의 복음을 보호하는 유일한 길임을 주님은 단언하셨다. 죄라는 피할 수 없는 현실을 교회가 직면하기를 거절한다면, 교회가 죄 용서에 대해서 말할 때 신뢰를 얻지 못할 것이다. 회개를 설교하지 않는 교회는 신성한 의무를 저버리는 교회이며 복음에 합당하게 행하지 않는 교회이다. 그런 교회는 주님의 용서라는 값진 보물을 낭비하고 있는 거룩하지 못한 교회이다.

일반적 의미에서 인간의 죄성이 그의 선행에까지 전염됨을 개탄하는 것으로는 충분하지 않다. 구체적인 죄들을 지적하고, 처벌하고 정죄하는 것이 필요하다. 이것이 바로 주님께서 주신 "천국 열쇠의 힘"을 적절히 사용하는 것이다.마 16:19, 18:18; 요 20:23. 종교개혁자들도 이 힘의 중요성에 대해서 강조하였다. 교회의 거룩함을 유지하기 위해서는 죄인들을 위해서, 자기 자신을 위해서 이 힘을 행사하는 것이 필수적이다. 교회가 복음에 합당히 행하고자 한다면, 교회적인 권징을 행함이 마땅하다. 성화는 교회를 세상에서 분리해 내는 것뿐만 아니라, 교회로부터 세상을 제거하는 것을 의미한다.

그런 권징discipline의 목적은 완전한 공동체를 세우는 것이 아니다. 권징은 진정 하나님의 자비하심 속에서 살아가는 사람들로 구성된 공동체를 세우는 도구이다. 회중 안에서 이루어지는 권징은 하나님의 소중한 은혜가 펼쳐지는 도구가 된다. 교회의 한 지체가 죄에 빠지면 그가 구원을 잃지 않고 복음이 불신을 당하지 않도록, 그는 권면을 받고 처벌을 받아야 한다. 그것이 바로 자신의 죄를 회개하고 예수 그리스도에 대한 자신의 믿음을 고백하는 자들에게만 세례가 시행되는 이유이다. 그리스도의 참된 몸과 보혈을 "분별하는"고전 11:29 사람만 성만찬의 은혜를 받을 수 있는 이유이다. 성만찬에 참여하기 위해서는 참여하는 자가 자신의 영적인 통찰력에 대해서 설명할 수 있어야 한다. 성만찬에 참여하는 자는 성례가 참으로 그리스도의 몸과 보혈을 기념한다는 것과 자신이 용서받기를 원한다는 것을 증명하기 위해서, 자기 자신의 죄를 살피거나 형제가 자신의 죄를 살피도록 해야 한다는 것을 의미한다. 믿음을 살피는 것에 더해서, 그리스도인이 그의 죄가 사함 받았다는 확신을 구하고 찾는 성례전의 신앙고백이 있어야 한다. 신앙고백은 자기기만과 자기 탐닉에 대해서 하나님께서 주신 해결책이다.

우리가 형제된 그리스도인에게 우리의 죄를 고백하는 것은 육신의 교만을 죽이는 행위이다. 우리는 죄 사함의 말씀을 통해서 하나님의 자비를 전적으로 의지하는 새 사람으로 일어선다. 고백은 그렇게 성도의 삶에 있어서 필수 요소이고, 은혜의 선물들 중의 하나이다. 그러나 고백이 잘못 사용되면, 형벌이 뒤따르게 된다. 고백함으로, 그리스도인은 그리스도의 죽음을 본받게 된다. 루터는 『대요리 문답』에서 이렇게 말하였다. "내가 사람들에게 죄 고백을 하라고 권면할 때, 나는 단순히 그들에게 진정한 그리스도인이 되라고 촉구한다."

권징의 정신은 교회 전체의 영역에 스며들어 있다. 권징의 시행은 교회 안에서의 공식적인 회집으로 제한되지 않는데, 그 이유는 교회의 직분자들이 항상 사역하고 있기 때문이다. "너는 말씀을 전파하라 때를 얻든지 못 얻든지 항상 힘쓰라 범사에 오래 참음과 가르침으로 경책하며 경계하며 권하라"딤후 4:2. 교회 권징의 출발점이 여기에 있다. "어떤 사람들의 죄는 밝히 드러나 먼저 심판에 나아가고 어떤 사람들의 죄는 그 뒤를 따르나니"딤전 5:24. 이에 근거하여, 교회적인 권징 아래서 벌을 받은 사람은 심판의 날에 받을 처벌을 면하게 된다.

그러나 만일 목회적인 직무를 매일 시행함에 있어서 교회의 권징이 무너지면, 다른 모든 것이 문제가 될 수 있다. "모든 지혜로 피차 가르치며 권면하고"골 3:16; 살전 5:11, 14. 그러한 권면은 "게으른 자들을 권계하며 마음이 약한 자들을 격려하고 힘이 없는 자들을 붙들어 주며 모든 사람에게 오래 참으라"살전 5:14를 포함해야 한다. 이것만이 우리가 겪는 매일의 시험, 죄의 유혹, 그리고 회중 안에서 일어나는 배교로부터 교회 공동체를 보호하는 방식이다.

형제애와 섬김의 정신이 없는 곳에는, 권징을 실시하기가 어려울 것이다. 만일 한 형제가 말이나 행동에 있어서 공개적인 죄에 빠지면, 교회는 그에 대해서 공적인 권징을 시행하기 위한 충분한 권위를 가져야만 한다. 이것은 하나의 지루한 과정이 될 것이다. 교회는 먼저 그 죄인과의 교통에서 물러나는 것에 대한 주저함을 극복해야만 한다. "그 사람을 지목하여 사귀지 말고"살후 3:14. "그들에게서 떠나라"롬 16:17. "그런 자와는 함께 먹지도 말라 함이라"(성만찬?)고전 5:11. "이같은 자들에게서 네가 돌아서라"딤후 3:5; 딤전 6:4. "형제들아 우리 주 예수 그리스도의 이름으로 너희를 명하노니 게으르게 행하고 우리에게서 받은 전통대로 행하지 아니하는 모든 형제에게서 떠나라"살후 3:6. 이렇게 하는 목적은 죄인으로 하여금 "부끄럽게"살후 3:14 해서, 그 형제를 다시 얻고자 함이다.

그러나 그 죄인이 일시적으로 교회의 활동에서 배제되었다고 해서 그와의 모든 교제가 종결되는 것을 의미하지는 않는다. "그러나 원수와 같이 생각하지 말고 형제 같이 권면하라"살후 3:15. 그가 처벌을 받고 공동체의 권면을 받았다고 해도 여전히 형제이기 때문이다. 형제애가 교회로 하여금 그 형제를 권징하게 한 것이다. 고집 세고 불량한 사람에게 형벌이 내려지면, 온유와 인내의 정신으로 시행되어야만 한다. "그들로 깨어 마귀의 올무에서 벗어나 하나님께 사로잡힌 바 되어 그 뜻을 따르게 하실까 함이라"딤후 2:26. 이 권징을 적용하는 수단은 각 개인의 경우에 따라서 다를 수 있지만, 그 목적은 문자 그대로 그 죄인을 회개와 화목으로 인도하고자 함이다. 그 죄가 당신과 죄인 사이에 비밀을 유지해야 되는 것이라면, 그것을 공표하는 것은 당신이 할 일이 아니다. 당신이 개인적으로 그를 처벌하고 그 결과 그가 회개하면, 당신은 당신의 형제를 새롭게 얻게 된다. 그러나 그가 당신의 말을 들으려 하지 않고 완고하게 회개하지 아니한다면, 당신은 그의 죄를 공표하지 말고 한두 증인을 택해야 한다 마 18:15f.

이 증인들은 두 가지 이유로 필요하다. 첫째로, 증인들은 죄된 사실을 입증하는 데 필요하다. 죄가 증명될 수 없고 회중의 구성원에 의해서 부인된다면, 그 문제를 하나님의 손에 맡기라. 둘째로, 증인들은 범죄자가 회개를 거부할 경우 이를 증명하는 데 필요하다. 권징 행위에 대해서 비밀을 유지하는 것은 죄인을 회개하도록 돕기 위함이다. 그러나 만일 그가 회개를 촉구하는 것을 듣고자 아니하거나 그의 죄가 전체 회중 가운데 공공연히 드러나게 된다면, 전체 회중이 그 죄인을 공개적으로 회개하도록 촉구하고 그를 권면해야만 한다 마 8:17; 살후 3:14. 그 죄인이 교회에서 특별한 직분을 가지고 있다면, 그는 두세 증인의 증거에 의해서만 기소된다. "범죄한 자들을 모든 사람 앞에서 꾸짖어 나머지 사람들로 두려워하게 하라" 딤전 5:20. 회중이 죄 사함과 천국의 열쇠를(마 16:19, 18:18; 요 20:23에 언급된 열쇠를 가리킨다. - 역자 주) 사용하는 일에 중직자들이 동참해야 할 때가 바로 이때이다. 판결은 공적인 것이어야 하며, 회중과 사역팀은 공개적으로 수행해야만 한다.

"하나님과 그리스도 예수와 택하심을 받은 천사들 앞에서 내가 엄히 명하노니 너는 편견이 없이 이것들을 지켜 아무 일도 불공평하게 하지 말며" 딤전 5:21. 이제 하나님 자신의 판결이 그 죄인에게 선고된다. 그가 참된 회개를 보여 주고 공개적으로 자신의 죄를 시인하면, 그는 하나님의 이름으로 죄 용서를 받는다. 그러나 만일 그가 여전히 회개하지 않는다면, 교회는 그의 죄를 그 사람 이름에 확증한다. 바꾸어 말하면 그 죄는 출교되어야만 한다. "만일 그들의 말도 듣지 않거든 교회에 말하고 교회의 말도 듣지 않거든 이방인과 세리와 같이 여기라"마 18:17. "진실로 너희에게 이르노니 무엇이든지 너희가 땅에서 매면 하늘에서도 매일 것이요 무엇이든지 땅에서 풀면 하늘에서도 풀리라"마 18:18ff. 그러나 출교는 이미 존재하는 죄의 상태를 인지하는 것 외에는 다른 의미가 없는데, 회개하지 않는 죄인은 이미 자기 자신을 정죄했기 때문이고딛 3:10 그것은 공동체가 그를 출교시키기 전에 이루어진 것이다. 사도 바울은 출교를 "사탄에게 내주었으니"고전 5:5; 딤전 1:20라고 표현하였다. 죄인은 사탄이 지배하는 세상으로 돌아가도록 넘겨졌다(이 문장은 사도행전 5장에서 시행된 중대한 처벌과 같은 것으로 여겨지지 않는다. 이것은 딤전 1:20, 딤후 2:17, 4:15과의 비교를 통해서 증명될 것이다).

죄인이 회개를 거부할 경우 그리스도의 몸된 교제 공동체로부터 추방된다. 그가 자신을 그리스도의 공동체에서 이미 분리했기 때문이다. 이 극단적인 방법도 죄인을 구원하고자 하는 오직 한 가지 목적을 가지고 실시된다. "이런 자를 사탄에게 내주었으니 이는 육신은 멸하고 영은 주 예수의 날에 구원을 받게 하려 함이라"고전 5:5. "그들로 훈계를 받아 신성을 모독하지 못하게 하려 함이라"딤전 1:20. 교회가 시행하는 권징의 목적은 모든 단계에 있어서 범죄한 죄인을 회개하게 하여 재입교readmission하도록 하며 구원하고자 함이다. 결국 권징은 시종일관 교육적인 과정이다. 죄인이 회개하기를 거절한 장소에서 교회의 판결이 영원한 효력을 가지는 것은 절대적으로 확실하다. 또한 구원의 상실을 의미하는 이 권징의 판결은 공동체의 회복과 구원의 회복

을 위한 마지막 요청이다.[3] 그렇게 교회는 복음에 합당한 삶을 통해

---

[3] 파문(anathema) 그 자체로서도 여전히 자비의 사역이며, 사탄에 속한 가장 완고한 죄인을 사탄의 손에 넘겨줌을 의미하며, 신약에는 저주 중에서 가장 두려운 처벌이다. 이 형벌은 그 죄인을 구원하기를 더 이상 의도하지 않고, 하나님의 심판에 맡긴다. 파문은 구약의 "저주"(cherem)와 일치하는데, 이스라엘 공동체로부터 완전히 배제되어 사형을 당하게 됨을 의미한다. 그 과정은 이중적인 의미를 가진다. 첫째로, 그 죄인에 대해서 더 이상 속죄가 불가능함을 의미하며, 그는 완전히 하나님의 손에 넘겨진다. 그러나 둘째로, 파문은 그 죄인이 저주를 받았고, 불결하다는 것이다. 그러므로 공동체는 그를 구원하기 위해서 시도할 힘이 없다는 것이다. 로마서 9:3에 의하면 파문(저주)은 '구원에 대해서 모든 소망이 상실되었음'을 의미한다. 고린도전서 16:22; 갈라디아서 1:8f(anathema; 갈 1:8에서 '저주를 받을지어다'로 번역된다. -역자 주)에서 '일부러 복음을 왜곡하는 사람들에게는 저주(anathema)가 임한다'는 사실을 보여 준다. 저주(anathema)는 이단 사설을 가르친 거짓 교사에게 임한다(루터).
교리적인 권징과 목회적인 권징의 차이는 무엇인가? 목회적인 권징은 바른 교리를 적용한 결과이며, 그 열쇠(마 16:19, 18:18; 요 20:23)의 바른 사용이다. 교리적인 권징은 교리의 오용에 대한 직접적인 대항의 결과이다. 거짓 교리는 교회의 생명을 그 원천으로부터 부패하게 하고, 그것이 바로 교리적인 죄가 윤리적인 죄보다 더 심각한 이유이다. 윤리적인 타락을 한 사람은 그를 도울 수 있는 복음이 있지만, 교회로부터 복음을 도둑질하는 사람은 최종적인 처벌을 받아 마땅하다. 교회에서 가르치는 직분을 가진 사람에게 교리적인 권징이 먼저 시행되어야 한다. "가르칠 수 있는"(didactikoi; 딤전 3:2; 딤후 2:24; 딛 1:9), 그리고 "다른 사람을 가르칠 수 있는"(딤후 2:2) 사람만이 목회에 들어오도록 허용되어야 함이 타당하다고 여겨져 왔다. 사람이 직분을 감당할 준비가 되기 전에 안수를 받게 되면, 그 책임은 그 사람이 임직하도록 안수한 목회자에게 있다(딤전 5:22). 따라서 교리적인 권징은 실제로 임직이 이루어지기 전에 시작되어야 한다. 교리적인 권징은 교회의 생명과 죽음의 문제이기 때문에 임직에 관해서는 세심한 주의를 기울일 필요가 있다. 그러나 임직은 시작에 불과하다. 임직 후 보자가 인정을 받고 그의 직분을 감당하도록 허락을 받으면, 그는 디모데와 같이 참된 구원의 교리를 유지하도록 쉼 없이 권면을 받아야 한다. 임직 준비에 관련하여 성경을 읽는 것이 특별히 강조되었다. 잘못된 신앙의 위험이 너무나 크기 때문이다(딤후 3:10, 14, 4:2, 2:15; 딤전 4:13, 16; 딛 1:9, 3:8). 더욱이 사역자는 본이 되는 삶을 살도록 권면을 받는다. "네 자신과 교리에 주의를 기울이라." 디모데가 순결, 겸손, 차별하지 않음, 부지런함을 지켜가도록 권면을 받은 것은 디모데의 성품을 반영한 것이 아니다(디모데의 성품에 문제가 있으므로 그런 권면을 받은 것이 아니라, 그런 성품을 유지하도록 권면을 받았다는 의미이다. -역자 주). 그렇게 직무적인 사역에 대한 권징이 일상적인 교회의 권징에 우선한다. 회중에게 바른 교리를 전파하고 그것을 왜곡하려는 모든 시도를 저지하는 것이 목회자의 책임이다. 명백한 이단이 들어오려 하면, 사역자는 관련된 사람들에게 "다른 교리를 가르치지 않도록"(딤전 1:3) 요구해야만 한다. 가르치는 직무가 임직자의 몫이고, 영적 권위가 그의 것이기 때문이다. 사역자는 회중에게 말씀으로 말미암아 다툼이 나지 않도록 경고해야 할 의무가 있다(딤후 2:14). 이단 사설을 가르치는 거짓 교사가 드러나게 되면, 그는 '첫 번째와 두 번째 권면'을 받아야 한다. 그가 듣지 않으려고 하면, 그는 이단자로 취급을 받고 출교되어야만 한다(딛 3:10; 딤전 6:4f). 그런 사람은 교회를 잘못된 길로 이끌어가기 때문이다(딤후 3:6f). "그리스도의 가르침에 거하지 않는 사람마다 하나

서 교회의 성화를 유지해 나간다. 교회는 이런 과정을 통해서 성령의 열매를 맺고, 말씀의 권징을 통해서 하나님의 지시를 받는다. 교회는 항상 그리스도의 고매한 인격을 성화의 목표로 삼는 공동체이며 고전 1:30, 그리스도께서 재림하시는 날을 고대하며 전진하는 공동체이다.

여기에 참된 성화의 중요한 정의가 내포되어 있다. 성화의 목적은 우리로 하여금 그리스도의 날에 심판을 견디도록 만들기 위함이라는 것이다. "모든 사람과 더불어 화평함과 거룩함을 따르라 이것이 없이는 아무도 주를 보지 못하리라" 히 12:14. 성화는 종말과 연결되어 있다. 성화의 목적은 우리를 세상이나 우리 자신의 심판이 아니라, 주님의 심판을 통과하게 하는 것이다. 세상의 눈으로 보면 성화된 우리의 모습은 죄인처럼 보일 것이다. 성도의 신앙 수준은 불신앙처럼 보일 것이다. 사랑의 강도는 마음의 강퍅함으로 보일 것이다. 성도의 현실적 권징은 연약함처럼 보일 것이다. 성도의 참된 성화는 항상 숨겨져 있다. 하지만 그리스도는 당신의 교회를 준비하고 계시기에 교회가 그의 심판 앞에서 견디게 하실 것이다. "남편들아 아내 사랑하기를 그리스도께서 교회를 사랑하시고 그 교회를 위하여 자신을 주심 같이 하라 이는 곧 물로 씻어 말씀으로 깨끗하게 하사 거룩하게 하시고 자기 앞에 영광스러운 교회로 세우사 티나 주름 잡힌 것이나 이런 것들이 없이 거룩하고 흠이 없게 하려 하심이라" 엡 5:25-27; 골 1:22; 엡 1:4.

오직 성화된 교회만이 그리스도의 편에 설 수 있다. 그리스도께서

님이 없는 사람이다." 그런 사람에게는 '손님을 대접함'과 '그리스도인의 인사'도 거절된다(요이 1:10). 거짓 교리는 적그리스도의 도래이다. 거짓 교사에게는 윤리적인 죄를 지은 사람들에게 적용되는 용어가 아니라, 갈라디아서 1:9의 저주(anathema)의 용어를 사용함이 합당하다. 사도 바울은 교회적인 권징이 없이 분파를 일으키는 것에 대해서 고린도 교회를 꾸짖는다. 그리스도의 교회에서 교리와 도덕성을 분리하는 것은 불가능하다.

하나님의 원수들을 화해시키셨고 불경건한 자들을 위해서 당신의 생명을 내어 주셨기에, 주님께서 다시 오실 때까지 주님의 교회는 거룩할 것이다. 교회는 성령으로 인침을 받았기에 거룩하게 되었고, 성도들은 그 인침으로 교회의 성소 안에 봉인됨으로써 보호함을 받아 예수 그리스도의 날까지 보존된다. 그날에 성도들은 주님 앞에서 티나 수치가 없이 거룩하고, 몸과 마음과 영혼에 흠이 없이 세워질 것이다. "불의한 자가 하나님의 나라를 유업으로 받지 못할 줄을 알지 못하느냐 미혹을 받지 말라 음행하는 자나 우상 숭배하는 자나 간음하는 자나 탐색하는 자나 남색하는 자나 도적이나 탐욕을 부리는 자나 술 취하는 자나 모욕하는 자나 속여 빼앗는 자들은 하나님의 나라를 유업으로 받지 못하리라 너희 중에 이와 같은 자들이 있더니 주 예수 그리스도의 이름과 우리 하나님의 성령 안에서 씻음과 거룩함과 의롭다 하심을 받았느니라"고전 6:9-11.

만일 어떤 사람이 죄 안에 거하기를 선택한다면, 하나님의 은혜를 이용하지 못하게 하라. 오직 성화된 공동체만이 주 예수 그리스도의 날에 진노하심에서 건짐을 받게 될 것이다. "이는 우리가 다 반드시 그리스도의 심판대 앞에 나타나게 되어 각각 선악간에 그 몸으로 행한 것을 따라 받으려 함이라"고후 5:10; 롬 2:6ff; 마 16:26. 지상에서 심판을 피한 어떤 자도 심판의 날에 심판받게 됨을 피할 수 없을 것이다. 그러면 누가 심판으로부터 살아남아 있을 것인가? 선을 행하는 자들이다. 듣기만 하는 자들이 아니라, 율법을 행한 자들이 의롭다 함을 받을 것이다롬 2:13. 예수님 당신이 말씀하셨듯이 하늘에 계신 그의 아버지의 뜻대로 행하는 자라야만 천국에 들어갈 것이다.

우리는 우리의 행한 일에 근거해서 심판을 받을 것이다. 이것이 우리가 선한 일을 하도록 권면을 받는 이유이다. 성경은 선행을 장려한다. 선행을 통해서 우리는 우리 자신을 변명하고 우리 자신의 악한 행위들을 정당화하려고 한다. 믿음을 방해하고 파괴하는 것은 선한 행위보다는 악한 행위이다. 은혜와 적극적인 순종은 서로 상호보완적이다. 선한 행위가 없는 믿음은 없고, 믿음이 없는 선한 행위도 없다.[4)]

그리스도인이 구원을 받고자 한다면, 그는 선한 행위를 해야 한다. 악한 일을 하다가 들킨 사람은 하나님의 나라를 보지 못하기 때문이다. 바로 선을 행하는 것이 그리스도인의 목표이다. 그리스도인의 삶에 있어서 가장 중요한 질문이 한 가지가 있는데, 그것은 우리가 어떻게 최후 심판을 견뎌 내느냐는 것이다. 우리는 우리가 행한 일로 심판을 받을 것이기 때문에, 우리가 선한 일을 하도록 훈련받아야 한다는 것이 지극히 중요하다. 선한 일을 행함은 그리스도 안에서 새로운 피조물의 목표이다. "너희는 그 은혜에 의하여 믿음으로 말미암아 구원을 받았으니 이것은 너희에게서 난 것이 아니요 하나님의 선물이라 행위에서 난 것이 아니니 이는 누구든지 자랑하지 못하게 함이라 우리는 그가 만드신 바라 그리스도 예수 안에서 선한 일을 위하여 지으심을 받은 자니 이 일은 하나님이 전에 예비하사 우리로 그 가운데서 행하게 하려 하심이니라"엡 2:8-10; cf. 딤후 2:21, 3:17, 3:1, 8, 14.

이 말씀의 의미는 너무도 분명하다. 그리스도인의 삶의 목표는 하

[4)] 사도 바울과 야고보(야고보서의 저자를 의미한다. -역자 주)의 차이점은 다음과 같다. 야고보는 믿음으로 하여금 자기 자신의 겸손을 자랑하지 못하도록 노력한 것이고, 사도 바울은 행위로 하여금 자신의 겸손을 자랑하지 못하게 한 것이다. 야고보는 오직 믿음으로 얻는 칭의를 부인하는 데 관심이 없고, 오히려 신자로 하여금 믿음의 월계관에 만족한 채로 있지 않도록 촉구하고 있다. 두 사람 모두 그리스도인들이 자기 자신의 성취나 업적이 아니라, 하나님의 은혜를 순전하고 완전하게 의지하기를 원한다.

나님께서 요구하시는 선한 일들을 수행하는 것이다. 하나님의 율법은 아직 시행 중이고, 여전히 성취를 요구한다 롬 3:31. 그리고 선한 일을 하는 것만이 그 율법을 성취하는 유일한 길이다. 그리스도 안에서 하나님 당신이 행하심을 통해서 우리는 구원을 받았고 우리 자신의 행위로 구원을 받은 것이 아니다. 우리는 스스로를 자랑할 수 없는데, 우리 자신은 하나님의 지으신 바이기 때문이다. 그리스도 안에서 우리가 새로운 피조물이 된 목적은 그리스도 안에서 선한 일에 이루어 가기 위함이다.

그러나 우리가 행하는 모든 선한 일은 하나님 당신이 하신 일이며, 하나님께서 전에 우리를 위해서 예비하신 일들이다. 따라서 선한 일은 구원을 위해서 이미 정해진 것이고, 결국은 하나님께서 우리 안에서 일하시는 것이다. 선한 일은 하나님의 선물이지만, 우리가 행하는 그 어떤 선한 일도 하나님의 심판을 견딜 수 있도록 도와줄 수 없다. 삶의 모든 순간마다 선한 일들을 행하며 살아가는 것이 우리의 일상이다. 우리는 오직 그리스도와 그리스도께서 우리를 위해서 행하신 일에 대한 믿음을 견지한다. 우리에게는 '그리스도 안에 있는 사람은 심판의 날에 우리를 위해서 증언해 줄 선한 일을 할 수 있게 된다'는 약속이 있다. 성도들은 마지막 날까지 보존되고 거룩하게 될 것이다. 우리가 할 수 있는 일은 하나님의 말씀을 믿고 그의 약속을 의지하며, 우리를 위해서 예비하신 선한 일들을 계속 행하는 것이다.

우리의 성화는 모든 비밀이 드러나게 될 마지막 날까지 우리의 눈에 가려져 있다. 우리가 여기서 몇몇 결과들을 보고 우리 자신의 영적인 상태를 평가하기 원하고 기다릴 수 있는 인내력이 없다면, 우리는 이미 상을 받은 것이다. 우리가 성화의 길을 따라서 약간의 진전이 있음으로 인해서 만족감을 느끼기 시작한다면, 필연적으로 회개해야 한다. 우리의 모든 의가 더러운 옷과 같음을 고백하는 것이 더욱 필요하다. 그럼에도 불구하고 그리스도인의 삶은 우울한 삶이 아니라 주님 앞에서 점점 더 큰 기쁨을 누리는 삶이다. 하나님 한 분만이 우리가 행한 선한 일들을 아신다. 그리고 그분이 행하신 선한 일들을 우리가 안다. 우리가 할 수 있는 것이라고는 주님의 명령에 귀를 기울여서 시행하고 주님의 은혜를 의지하고, 그의 명령에 따라 행하는 것이다.

"너희 안에서 착한 일을 시작하신 이가 그리스도 예수의 날까지 이루실 줄을 우리는 확신하노라"빌 1:6. 그날에 그리스도께서 우리가 알지 못하는 선한 일들을 우리에게 보여 주실 것이다. 우리가 한 일이 선한 일인지 알지 못하는 동안, 우리는 주님께 음식과 음료와 옷을 드렸고, 주님을 방문했으며, 때로 우리가 알지 못할 동안 우리는 주님을 거부하기도 하였다. 그날에 우리의 놀람이 클 것이다. 과거에 우리 자신의 의지나 의도에 따른 그 어떤 노력도 없이, 주님의 선하신 때에 우리를 통해서 하나님께서 친히 하신 일들이 결국 남은 것을 알게 될 것이다마 25:31ff. 다시 한번 우리는 단순히 우리의 시선을 자신으로부터 돌려서 우리를 위해서 몸소 모든 것을 성취하신 주님을 바라보고 그를 따라야 한다.

성도는 의롭게 될 것이며, 의롭게 된 사람은 거룩하게 될 것이며, 거룩하게 된 사람은 심판의 날에 구원을 받을 것이다. 우리의 믿음, 우리의 의로움, 우리의 성화가 우리에게 달려 있는 한 우리는 여전히 죄 아래 갇혀 있게 될 것이다. 이 모든 것이 참된 것은 오직 예수 그리스도께서 우리의 지혜와 의로움과 거룩함과 구원함이 되셨기 때문이다. 기록된 바 자랑하는 자는 주 안에서 자랑하라 말씀하셨다고전 1:30.

17장

그리스도의 형상
The Image of Christ

"하나님이 미리 아신 자들을 또한 그 아들의 형상을 본받게 하기 위하여 미리 정하셨으니 이는 그로 많은 형제 중에서 맏아들이 되게 하려 하심이니라"롬 8:29. 여기에 모든 이해를 뛰어넘는 약속이 있다. 그리스도를 따르는 사람은 그리스도의 형상을 지니고 하나님의 맏아들이신 예수님의 형제가 되도록 예정되어 있다. 그들의 목표는 '그리스도와 같이' 되는 것이다. 그리스도를 따르는 자들은 그들의 눈에 그리스도의 형상을 항상 가지고 있고, 그리스도의 빛 안에서 다른 모든 형상은 그들의 시야에서 가려져 있다. 그 빛은 그들의 존재의 깊이까지 뚫고 들어가서 그들을 가득 채우고, 주님을 점점 더 닮아 가게 한다. 예수 그리스도는 제자들의 형상 위에 매일의 교통을 통해서 자신의 형상을 각인한다. 예수님을 따르는 사람 중에서 그 누구도 냉랭한 분리의 마음으로는 그리스도의 형상을 묵상할 수 없다. 그 형상은 우리의 삶을 변화시킬 수 있는 능력이 있다. 우리가 자신을 완전히 그분께 내어 드리면, 우리는 그의 형상을 지니지 않을 수 없다. 우리는 하나님의 자녀가 되어, 우리의 보이지 않으시는 형제이신 그리스도와 함께 하나님의 형상을 지니며 그리스도와 함께 나란히 선다.

세상이 시작되었을 때 하나님은 하나님께서 지으신 창조의 절정으로서 그의 형상을 따라 아담을 창조하셨다. 하나님은 아담 안에서 자기 자신의 반영reflection을 보는 기쁨을 가지기 원하셨다. "보시기에, 심히 좋았더라"(창 1:31 참조 -역자 주). 하나님은 아담 안에서 자기 자신을 보셨다. 바로 이 대목에서, 즉 태초에 사람이라는 존재의 신비한 모순이 시작되었다. 사람은 피조물이고 그의 창조주를 닮도록 예정되었다. 창조된 사람은 창조되지 않으신 하나님의 형상을 지니도록 예정되었다. 아담은 '하나님을 닮은'as God 존재이다. 아담의 운명은 창조주를 향한 감사와 순종 속에서 이 신비를 가지고 살아가는 것이다.

그러나 그 가짜 뱀(뱀 속에 들어간 사탄을 의미한다. -역자 주)이 아담에게 속삭였다. 아담이 하나님처럼 되려면 여전히 무엇인가를 해야 한다고, 즉 아담이 스스로 결정하고 행동함으로 하나님처럼 되는 것을 성취해야 한다고 설득하였다. 아담은 자기 자신의 행동을 하나님의 뜻과 어긋나게 선택함으로써 하나님의 은혜를 거절하였다. 하나님의 형상을 따라서 지음 받은 아담이 스스로 하나님처럼 되려고 하였다. 그것이 바로 인간의 타락이다. 아담은 '하나님처럼'sicut deus 되었다. 그러나 그는 자기 자신을 신god으로 만들고 말았다. 그는 하나님을 버림으로써 죄에 복속된 세상God-forsaken subjected world에서 스스로 창조주인 신creator-god이 되어, 고독 속에서 자신을 스스로 다스렸다.

그러나 인간의 본성이라는 수수께끼는 여전히 풀리지 않았다. 하나님께서 인간에게 주신 본성 즉 하나님을 닮은 본성을 상실하고, 사람은 하나님을 본으로 삼고 순종하는 운명을 저버렸다. 간단히 말하면,

사람은 참된 사람이 되기를 중단하였다. 인간은 참된 인간답게 살 수 있는 능력이 없이 살아야만 하였다. 여기에 인간 본성의 모순과 우리가 가진 모든 문제의 원인이 있다. 그날 이후로 아담의 후손은 교만 속에서 그들 자신의 노력으로 신의 형상을 회복하기 위해서 애써 왔다. 인간들이 잃어버린 형상을 되찾기 위해서 더욱 진지하고 헌신적으로 시도하면 할수록, 그들의 시도가 성공적으로 결실을 맺으면 맺을수록, 하나님을 반역하는 사역은 커져만 갔다. 그들이 스스로 만든 신을 모델로 삼은 기형적인 모습을 그들이 알아차리지 못하기에, 그들은 점점 더 사탄의 형상을 닮아갔다. 하나님께서 은혜 가운데 사람에게 주신 신의 형상은 이 지상에서 영원히 상실되었다.

그러나 하나님은 하나님을 상실한 피조물을 버려두지 않으셨다. 하나님은 사람 안에 하나님의 형상을 다시 창조하기로, 즉 그의 손으로 지으신 작품 안에서 그의 첫 번째 기쁨을 회복하기로 계획하셨다. 하나님은 피조물을 사랑하시기 위해서 인간 안에서 자기 자신의 형상을 찾고 계신다. 그러나 이 목적을 이룰 수 있는 오직 한 가지 방법이 있다. 이는 곧 하나님께서 하나님의 순전한 자비로 타락한 인간의 형상과 형태를 취하시는 것이었다. 신의 형상을 회복하는 것은 단지 인간 본성의 일부로 가능한 것이 아니요, 인간 본성의 전체로 가능한 것이다. 인간이 단지 하나님에 관해서 가지는 바른 생각을 회복하거나, 하나님의 도우심을 거절한 채로 고립된 행동 속에서 하나님의 뜻에 순종하는 것만으로는 충분하지 않다. 아니다, 사람은 하나님의 형상 안에서 살아 있는 전全 존재로서 새로운 모습이 되어야만refashioned 한다. 그의 전 존재, 즉 몸과 혼과 영까지 다시 한번 이 땅에서 하나님의 형상을 지녀야 한다. 그것이 하나님의 목적이요 인간의 운명이다. 하나님께서 누리는 참된 즐거움은 '그의 온전해진 형상'his perfected image 안에서 성취된다.

형상은 살아 있는 대상object이 필요하고 복사본은 모델로부터만 만들어질 수 있다. 사람은 그가 스스로 만든 신을 본 따거나, 살아 계신 하나님을 본 딴다. 사람이 하나님의 형상으로 회복되고자 한다면, 완전한 변화transformation 즉 전체적인 '변형'metamorphosis이 있어야 한다. 그렇다면, 어떻게 그런 변화를 받을 수 있을까?

타락한 인간은 하나님의 형체the form of God를 재발견하거나 닮아 갈 수 없으므로, 유일한 방법은 하나님께서 인간의 형체를 취하셔서 인간에게 오시는 것이었다. 성부 하나님의 형체 안에 거하시던 하나님의 아들께서 그 형체를 포기하시고, 종의 형체를 취하셔서 사람에게 오신다빌 2:5ff. 사람 안에서는 일어날 수 없는 형체의 변화가 이제 하나님 안에서 일어났다. 영원 전부터 하나님과 함께하신 하나님의 형상이 타락한 죄인들의 형상을 취하신다롬 8:2f.

하나님께서 그의 아들을 보내신다. 여기에 유익한 해결책이 있다. 인간에게 새로운 철학이나 더 나은 종교를 주는 것으로 충분하지 않다. 한 사람이 모든 사람에게 왔다(인자이신 예수님께서 죄인들에게 오셨다는 의미이다. –역자 주). 모든 사람은 형상을 가지고 있다. 그 한 사람(예수 그리스도를 의미한다. –역자 주)의 몸과 생명이 육안으로 볼 수 있게 되었다. 그 한 사람은 한 맴몸이나, 한 사상이나, 한 의지가 아니다. 그 한 사람은 모든 것 위에 계시고 항상 한 사람, 한 형체, 한 형상, 한 형제이시다. 그렇게 그는 그의 주위에 새로운 사고방식이나 의지와 행동을 창조하신 것이 아니라, 우리에게 새로운 형상과 새로운 형태를 주신다. 예수 그리스도 안에서 이 일이 방금 일어난 것이다.

하나님의 형상이 타락한 생명의 형태로, 죄악된 육신과 닮은 모습으로(likeness) 우리 가운데 들어오셨다. 예수님의 가르침과 행하심 안에서 그리고 그의 삶과 죽으심 안에서 하나님의 형상이 드러났다. 성육신, 예수님의 말씀과 행하심, 십자가 상에서의 죽으심이 다 예수님의 형상이 담고 있는 필수적인 내용들이다. 예수님은 죄와 죽음의 세상에 들어오셔서, 모든 인간의 슬픔을 스스로 담당하셨고, 죄인에 대한 하나님의 진노와 심판을 온유하게 감당하셨으며, 고난과 죽음 속에서도 주저함 없는 헌신으로 하나님의 뜻에 순종하셨을 뿐만 아니라, 세리와 죄인들의 친구가 되셨고 온갖 고초와 가난 그리고 슬픔을 감당하셨으며, 사람과 하나님께 버림을 당하기까지 하셨다. 예수님의 고난에 찬 전 생애가 하나님의 형상을 보여 준다. 예수님은 하나님의 새로운 형상을 담고 계신다.

우리는 예수님께서 겪으신 수난의 흔적들, 십자가의 상처들이 부활하시고 영광을 받으신 그리스도의 몸에 은혜의 표시로 각인되었음을 잘 알고 있다. 십자가에 못 박힌 자들(갈 5:24에 나타난 '그 정욕과 탐심을 십자가에 못 박은 그리스도 예수의 사람'을 의미한다. —역자 주)의 형상이 하늘에서 우리를 위해서 중보기도하고 계시는 그 영원하신 대제사장의 영광 안에서 살아 있다. 그리스도께서 종의 형태를 취하여 그 안에 사셨던 그 몸은 부활절 아침에 빛과 함께 새로운 몸으로 부활하였다. 우리가 그 영광과 빛 안에 동참하기를 원한다면, 십자가에 죽으시기까지 순종하신 고난당하신 종의 형상을 본받아야만 한다. 우리가 그리스도의 영광의 형상을 지니기를 원한다면 우리는 그리스도가 감당하신 수치의 형상을 먼저 지녀야 한다. 우리가 타락을 통해서 잃어버린 그 형상을 회복할 수 있는 길이 달리 존재하지 아니한다.

그리스도의 형상을 본받는 것은 애쓴다고 실현될 수 있는 이상理想이 아니다. 우리가 예수님을 모방할 수 있다거나 모방해야만 한다는 것도 아니다. 우리는 우리 자신을 그의 형상으로 변화시킬 수 없고, 오히려 그리스도의 형태가 우리 안에서 형성되기를 갈 4:19, 그리고 우리 안에서 나타내지기를 기도할 뿐이다. 우리 안에서 일하시는 그리스도의 사역은 우리 안에 그분 자신의 형상을 온전히 구현하시기까지 끝난 것이 아니다. 우리는 성육신하시고, 십자가에 못 박히시고, 영광을 받으신 그리스도 안에서 그의 형상에 동화되어 가야만 한다.

그리스도는 인간의 몸을 자기 자신에게 입히셨다. 우리가 사람인 것처럼, 그분은 사람이 되셨다. 주님은 사람들이 자신과 같이 될 수 있도록 사람과 같이 되셨다. 그리고 주님의 성육신 안에서 전 인류는 하나님의 형상이 지닌 존엄성을 회복한다. 그러므로 사람 중에 가장 작은 자들에게 가해진 공격도, 하나님의 형상을 회복하신 그리스도를 공격하는 것으로 이해된다. 성육신하신 주님과의 교제와 교통을 통해서 우리는 참된 인간애를 회복할 뿐만 아니라, 죄의 결과인 개인주의에서 해방되어 전 인류와의 결속을 되찾게 된다. 성육신하신 그리스도의 몸에 동참하는 자partaker가 됨으로써, 우리는 그리스도께서 지니신 온전한 인간애humanity에 동참하는 자가 된다.

우리는 이제 그리스도의 인성 안에서 그리스도께서 우리 죄를 담당하시고 짊어지신 것처럼, 우리가 누리고 있는 새로운 본성으로 인해서 우리가 다른 사람들의 죄와 슬픔을 짊어져야만 함을 알고 있다. 성육신하신 그리스도는 그리스도를 따르는 사람들을 전 인류의 형제로 만드신다. 예수님의 성육신 안에서 드러난 하나님의 박애주의博愛主義;

딛 3:4는 사람의 이름을 지닌 지구상의 모든 사람을 향해서 그리스도인이 베푸는 사랑의 기초가 된다. 성육신하신 그리스도의 형상은 교회를 그리스도의 몸으로 만든다. 인류의 모든 슬픔이 그리스도의 형상 안에서 녹아졌고, 오직 그리스도의 형상만이 인류의 슬픔을 떠맡을 수 있다.

하나님의 형상은 십자가에 못 박히신 그리스도의 형상이다. 이것이 바로 제자들이 본받아야 할 형상이다. 다른 말로 하면, 그리스도의 죽음을 본받아야 한다빌 3:10; 롬 6:4f. 세례를 통해서 그리스도께서 취하신 죽음의 형태가 그리스도인 자신의 것으로 새겨진다. 그리스도인들은 육신과 죄에 대해서 죽고, 그리스도인들은 세상에 대해서 죽으며, 세상은 그리스도인들에 대해서 죽는다갈 6:14. 그리스도께서 베푸신 세례의 능력 안에서 살아가는 사람은 누구든지 그리스도께서 겪으신 죽음의 능력 안에서 살아간다. 그리스도인들은 육체와 성령의 사이에서 매일 치열한 싸움을 감당해 왔으며, 사탄the devil이 그리스도인들에게 일으키는 심각한 고뇌 속에서 날마다 죽음을 경험한다. 이것이 바로 지상에 있는 모든 제자가 겪어야만 하는 그리스도의 고난이다.

그러나 그리스도를 따르는 사람 중에서 오직 소수만이 그리스도의 고난과 함께 가장 친밀한 교제를 누리며, 복된 순교자가 되기에 합당한 자로 여김을 받는다. 다른 어떤 그리스도인들도 십자가에 못 박히신 그리스도의 형상과 그렇게 가깝게 동일시되지 않는다. 그리스도인이 공개적인 모욕에 노출되었을 때, 그리고 그리스도인이 그리스도를 위해서 고난당하고 죽게 되었을 때, 그리스도께서 그의 교회 안에서 역동적으로 역사하신다. 여기서 우리는 십자가에 못 박히신 그리스도의 능력을 통해서 새롭게 창조된 신의 형상을 본다. 그러나 세례에서 순교에 이르기까지 그리스도인들은 같은 고난이요 같은 죽음을 맛보며 살아간다.

우리가 그의 성육신과 십자가에 못 박히심 안에서 그의 형상을 본받고자 한다면, 우리는 그의 부활의 영광에 동참하게 될 것이다. "하늘에 속한 이의 형상을 입으리라"고전 15:49. "우리가 그와 같을 줄을 아는 것은 그의 참모습 그대로 볼 것이기 때문이니"요일 3:2. 우리가 십자가에 못 박히신 그리스도의 형상을 묵상함으로 그리스도의 죽음을 본받는 것처럼 우리가 영광을 받으신 그리스도의 형상을 묵상한다면, 우리는 그리스도의 형상을 닮게 될 것이다. 우리는 그의 형상으로 이끌림을 받게 될 것이고, 그의 형태와 동일시될 것이며, 그리스도의 반영reflection이 될 것이다. 우리가 주님의 고뇌를 나누고 주님의 십자가를 질 때, 그의 영광의 반영이 이 땅의 삶 속에서도 빛나게 될 것이다. 우리의 삶은 그제야 비로소 지식에서 지식으로, 영광에서 영광으로, 하나님의 아들이 가지신 형상을 더욱 가깝게 본받음으로 나아가게 될 것이다. "우리가 다 수건을 벗은 얼굴로 거울을 보는 것 같이 주의 영광을 보매 그와 같은 형상으로 변화하여 영광에서 영광에 이르니 곧 주의 영으로 말미암음이니라"고후 3:18.

이것은 바로 우리의 마음에 거하시는 그리스도를 보여 준다. 지상에서의 그리스도의 삶은 아직 끝나지 않았다. 그리스도가 그를 따르는 사람들의 삶 속에서 계속 사시기 때문이다. 정말로 우리가 그리스도인의 삶에 대해서 말하기 전에, 우리는 오히려 우리 안에 사시는 그리스도에 대해서 말해야 한다. "이제는 내가 사는 것이 아니요 오직 내 안에 그리스도께서 사시는 것이라"갈 2:20. 성육신하시고, 십자가에 못 박히시고, 영광을 받으신 예수 그리스도께서 나의 삶 속에 들어오셔서 다스리시고 계시기 때문이다. "내게 사는 것이 그리스도니"빌 1:21. 그리스도께서 사시는 곳에는 성부 하나님께서도 사시고, 성령을 통해서 성부와 성자께서 사신다.

성삼위 하나님께서 그리스도인의 마음속에 사시면서, 그의 전 존재를 채우시고, 그를 신의 형상으로 변화시키신다(벧후 1:4 참조 -역자주). 성육신하시고, 십자가에 못 박히시며, 영광을 받으신 그리스도의 형상이 모든 그리스도인의 영혼 속에 형성된다. 교회는 인간의 형태, 즉 그의 죽음과 부활 안에서 그리스도의 형태를 지니고 있다. 첫째로 교회가 그리스도의 형상이며, 둘째로 교회를 통해서 모든 지체가 그리스도의 형상을 따라 새로운 모습으로 변화되었다. 그리스도의 몸 안에서 우리는 '그리스도와 같이' 되었다.

이제 우리는 왜 신약이 우리가 '그리스도와 같이' 됨에 대해서 항상 말씀하고 있는지 이해하게 되었다. 우리는 그리스도의 형상으로 변화되었기에, 그리스도와 같이 되도록 예정되었다. 그리스도만이 우리가 따라야 할 유일한 '모범'pattern이시다. 또한 그리스도께서 우리 안에서 살아 계시기 때문에, 우리도 또한 "그가 행하시는 대로 행하고"요일 2:6, "그가 하신 것같이 하고"요 13:15, "그가 사랑하신 것같이 사랑하고" 엡 5:2; 요 13:34, 15:12, "그가 용서하신 것같이 용서하고"골 3:13, "이 마음을 품으라 곧 그리스도 예수의 마음이니"빌 2:5. 그러므로 우리는 그가 우리에게 남겨 주신 모범을 따라갈 수 있게 되었다요일 3:16. 우리가 그와 같이 될 수 있도록, 그분이 우리와 같이 되셨다.

오직 우리가 그와 동일시될 때 우리는 그와 같이 될 수 있다. 그의 형상으로 변화됨으로 우리는 그의 삶을 본받을 수 있다. 이제 마침내 그리스도의 형상을 따라 신실하게 제자도를 실현함으로, 선행은 실천

되고, 삶은 살아지며, 주님의 말씀은 우리를 무조건적인 순종으로 안내한다. 우리는 우리 자신의 삶이나 우리가 지닌 새로운 형상에 대해서 관심을 두지 않는다. 우리는 주님과 주님의 형상에 관심을 둔다.

제자는 오직 스승인 주님만 본다. 어떤 사람이 그리스도를 따른다면, 성육신하시고 십자가에 못 박히셨고 부활하신 주님의 형상을 지닌다면, 그리고 그가 하나님의 형상이 되었다면 우리는 마침내 그가 '하나님을 본받는 자'imitator of God로 부르심을 받았다고 말할 수 있다. "그러므로 사랑을 받는 자녀같이 너희는 하나님을 본받는 자가 되라" 엡 5:1.

디트리히 본회퍼 연대표

1906   독일 브레슬라우에서 출생함
1918   큰 형 발터Walter가 제1차 세계대전 중 사망함
1928   박사 학위를 마치고 첫 강의를 함
          교육열이 강한 지역인 그루네발트에서 자란 부유한 아이들과 '목요일 모임'을 가짐
1930   뉴욕 유니언 신학교에서 강의하고 독립적인 연구를 함
          흑인 교회인 아비시니안 침례교회에 참석하며 가스펠 음악의 진정한 힘을 발견함
1932   베를린의 가난한 지역 베딩에서 주일 학교를 맡음
1933   나치가 주도하는 교회 모임에서 학생들과 함께 퇴장함으로 반히틀러 대열에 가담함
          카를 바르트Karl Barth, 마르틴 니묄러Martin Niemoller와 함께 나치의 정책에 반대하며 목사 긴급 연맹을 맺음

	런던의 두 독일 교회에서 목회하며 치체스터의 주교 조지 벨 주교를 만남
1935	독일에서 고백교회의 신학교 학장직을 맡음
	학생 중 하나인 에버하르트 베트게Eberhard Bethge와 가장 친한 친구가 됨
1939	둘째 매형 한스 폰 도흐나니와 함께 첩보국의 사령관 빌헬름 카나리스Wilhelm Canaris가 이끄는 저항 세력을 위해 일함
	제2차 세계대전이 발발함
1941	유대인들의 소매에 육각별이 달린 것을 처음으로 목격함
1942	폰 슈타우펜베르크Von Stauffenberg 장교의 보좌관 베르너Werner를 만나 히틀러를 죽이는 일이 옳은지에 관해서 대화함
	스웨덴에서 조지 벨 주교를 만나 히틀러를 무너뜨릴 저항 세력의 계획을 전달함
1943	마리아 폰 베데마이어Maria Von Wedemeyer와 편지로 약혼함
	한스 폰 도흐나니와 함께 비밀경찰에 체포됨
	마리아와 감옥에서 만남
1944	디트리히가 다른 가족이 체포되었다는 소식을 듣고 탈옥을 포기함
	슈타우펜베르크 장교의 히틀러 암살 시도가 실패하며 많은 사람이 체포됨
1945	플로센뷔르크 강제 노동 수용소에서 교수형에 처함
	제2차 세계대전이 끝남

■ PRECEPT BOOK LIST

Ⅰ. 리더십 · 성공

1. 리더가 저지르기 쉬운 10가지 실수(컴팩트) 한스 핀젤
2. 참된 성공에 이르는 비결 데이비드 쇼트
3. 파워리더 여호수아 김경섭
4. 파워리더 느헤미야 김경섭
5. 모세 지도력의 비밀 김경섭
6. 사사열전 김경섭
7. 담대한 믿음, 여호수아 이윤재
8. 믿음의 영웅들 김경섭

Ⅱ. 영성 · 자기 계발

1. 축복의 언어 존 트렌트 · 게리 스몰리
2. 고통의 의미 케이 아더
3. 소망 케이 아더
4. 하나님을 향한 마음 케이 아더
5. 하나님의 주권 케이 아더
6. 비전의 힘(컴팩트) 마일즈 먼로
7. 축복의 통로 래리 허커
8. 영적 전투의 전략 워렌 W. 위어스비

Ⅲ. 가정 · 상담 · 치유

1. 성, 그 끝없는 유혹 케이 아더
2. 아내를 사랑하는 10가지 방법 한스 & 도나 핀젤
3. 행복한 결혼생활의 비결 케이 아더
4. 영적 치유 케이 아더
5. 자녀를 하나님의 사람으로 만드는 43가지 지혜 앤드류 머레이
6. 자녀와 함께 드리는 가정예배 프리셉트성경연구원

Ⅳ. 목회 · 교회 · 교육

1. OLD & NEW 김우영, 김병삼
2. 장로교와 감리교 무엇이 다른가? 김우영
3. 심방설교 핵심파일 프리셉트성경연구원
4. 존 스토트 설교의 원리와 방법 안병만
5. 청중을 사로잡는 설교자 캘빈 밀러
6. 나의 나 된 것은 하나님의 은혜라 케이 아더
7. 하나님 이름에 숨겨진 비밀 케이 아더
8. 네트워크 은사발견 사역(주교재) 빌 하이벨스 외
9. 성경 길잡이 케이 아더
10. 어린이 전도행전 홍영순
11. 효과적인 목회전략 토니 모건 · 팀 스티븐스
12. 가정교회를 일으켜라 래리 크레이더
13. 교회 갈등, 이렇게 해결하라! 케네스 O. 갱겔 & 새뮤얼 A 캐나인
14. 좋은 교회에서 위대한 교회로 톰 레이너
15. 사명을 수행하는 교회 데니스 비카스
16. 열정적 설교 알렉스 몬토야
17. 주제별 말씀 모음집 김경섭 외
18. 개척 그 이후, 열두광주리교회 이야기 오대희
19. 속죄와 동행 이규봉
20. 왜 이야기인가? 김연수

Ⅴ. 교사 · 리더

1. 감동을 창조하는 인간관계 윌리암 J. 디엄
2. 감정 치유의 6단계 데이비드 클락
3. 프리셉트 귀납적 성경 연구 방법 케이 아더
4. 위대한 교사 위대한 리더 게리 브레드벨트
5. 복음이란 무엇인가? 김경섭

Ⅵ. 기도 · 신앙생활

1. 기도하는 엄마들(소책자) 펀 니콜스
2. 삶을 변화시킨 끄웨르바 이야기 김연수
3. 홍정길 목사의 301가지 감동 스토리Ⅰ 프리셉트성경연구원
4. 홍정길 목사의 301가지 감동 스토리Ⅱ 프리셉트성경연구원

5 나비 이야기 프리셉트성경연구원	10 하나님을 미소짓게 하는 이야기 김병삼
6 언약, 신실하신 하나님의 약속 케이아더	11 하늘의 음성 김경섭
7 하나님, 솔직히 돈이 좋아요! 김병삼	12 항상 기뻐하라 김경섭
8 그리스도의 가상칠언 김경섭	13 고통의 의미 케이아더
9 놀라운 하나님의 이름 김경섭	14 기도하십니까? 후안 카를로스 오르티즈

Ⅶ. 묵상 · 성경공부

1 큐티합시다 오대희	4 성경을 믿어야 하는 일곱 가지 이유 어원 루처
2 QT 첫 걸음 프리셉트성경연구원	5 예수님의 비유로 풀어 쓴 천국 시크릿 김연수
3 효과적인 경건의 시간 케이아더	6 스토리텔링 다윗 설교 김연수

Ⅷ. 핸드북

1 그리스도와 함께 앤드류 머레이	7 성공을 가로막는 일곱가지 장애 김병삼
2 기도, 하나님과의 로망스 후안 카를로스 오르티즈	8 성공을 디자인하는 삶의 비밀 피터 허쉬
3 나를 연단하시는 하나님의 섭리 케이아더	9 인간관계, 감동으로 창조하라 윌리암 J. 디엄
4 십자가 상의 일곱 마디 말씀 김경섭	10 영성회복을 위한 40가지 열쇠 스티븐 아터번 외
5 소리나는 스프 홍정길	11 토마스 아 켐피스의 그리스도를 본받아 토마스 아 켐피스
6 일상에서 배운 삶의 지혜 토드 템플	

Ⅸ. 클래식 시리즈

1 온전한 순종 앤드류 머레이	6 현대인을 위한 참된 목자 리처드 백스터
2 인류 최고의 고전 그리스도를 본받아 토마스 아 켐피스	7 현대인을 위한 성도의 공동생활 디트리히 본회퍼
3 앤드류 머레이의 하늘문을 여는 기도 앤드류 머레이	8 현대인을 위한 죄 죽이기 존 오웬
4 현대인을 위한 예수님이라면 어떻게 하실까? 찰스 쉘던	9 현대인을 위한 천로역정 존 번연
5 현대인을 위한 어거스틴의 참회록 성 어거스틴	

Ⅹ. 어린이

1 놀라운 성경 탐험 메리 홀링스워스	11 꿈과 열정의 전도자 빌 브라이트 킴 트위첼
2 말씀으로 치유되는 십대들의 고민 50가지 필 첼머스	12 살아 있는 순교자 리처드 범브란트 캐서린 맥켄지
3 나의 사랑하는 성경(구약) 오대희	13 종교 개혁의 횃불을 든 마틴 루터 캐서린 맥켄지
4 나의 사랑하는 성경(신약) 오대희	14 열정의 복음 전도자 디엘 무디 낸시 드러먼드
5 파란 눈의 중국인 선교사 허드슨 테일러 캐서린 맥켄지	15 버마를 구한 하나님의 사람 아도니람 저드슨 아이린 호왓
6 고아들의 영웅 조지 뮬러 아이린 호왓	16 어둠을 밝힌 위대한 종교 개혁가 존 칼빈 캐서린 맥켄지
7 어린이를 위한 벤허 루 윌리스	17 천로역정을 저술한 믿음의 순례자 존 번연 브라이언 코즈비
8 어린이를 위한 천로역정 존 번연	18 나치에 저항한 행동하는 양심 디트리히 본회퍼 데이스프링 매클라우드
9 고통 속에서 희망을 노래하는 코리 텐 붐 체스티 호프 바에즈	
10 달리기 챔피언 선교사 에릭 리들 존 케디	

Ⅺ. 청소년

1 수험생을 위한 100일 묵상 프리셉트성경연구원	3 청소년 365일 묵상집 프리셉트성경연구원
2 입시생을 위한 60일 묵상 프리셉트성경연구원	4 청소년을 위한 구약개관 프리셉트성경연구원

옮긴이 · 감수자 **백요한 목사**

총신대학교 목회대학원(Th.D.)
고든-콘웰 신학대학원(Th.M.)
총신대학교 신학대학원(M.Div.)
중앙대학교 영어영문학(B.A.)

현대인을 위한

제자도의 대가

지은이	디트리히 본회퍼
옮긴이	최예자, 백요한
감수자	백요한

| 초판 1쇄 | 2021년 12월 17일 |

발행인	김경섭
국제총무	최복순
협동총무	김상현
기획국장	김현욱
편집부	고유영(편집실장), 김지혜, 허윤희(편집), 박은실(디자인)

발행처	묵상하는사람들
등록번호	20-333
일부총판	생명의말씀사 Tel. (02) 3159-7979 Fax. 080-022-8585

주소	서울시 동작구 사당로2가길 91(사당동) (우) 07028
전화	(02) 588-2218 팩스	(02) 588-2268
홈페이지	www.precept.or.kr

국민은행 772-21-0310-382(김경섭)
2021 ⓒ 묵상하는사람들

값 12,000원
ISBN 978-89-8475-818-6 04230
      978-89-8475-751-6 04230(세트)

독자 여러분의 의견을 기다립니다.
(02) 588-2218 / pmnqt@hanmail.net